만화처럼 읽는
세계사의 흐름과
주요 인물 들

초등학생도 이해할 수 있는

세계사

삐악삐악 속보 지음 · 허영은 옮김

시그마북스
Sigma Books

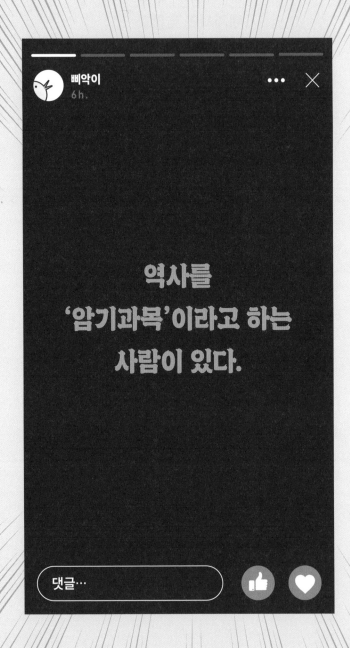

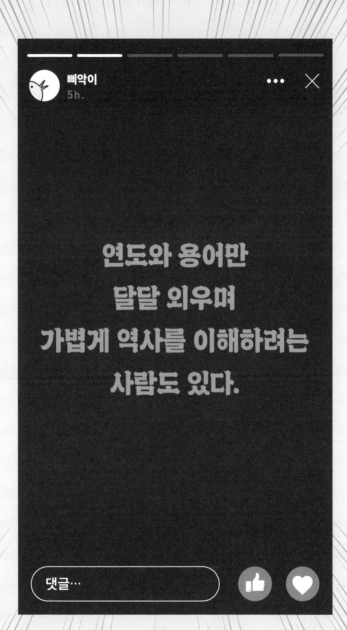

삐악이
4h.

••• ✕

하지만 진짜 역사 속에는
부모가 자식을 죽이고,
자식이 부모를 죽이고,
죽임 당하지 않으려고
적을 학살하는

댓글…

삐악이
2h.

교과서에 등장하는
용어와 연도를
몽땅 외웠으니
역사를 잘 안다고
생각한다면,
수많은 생명이 흘린 피를
모독하는 것과 마찬가지.

댓글…

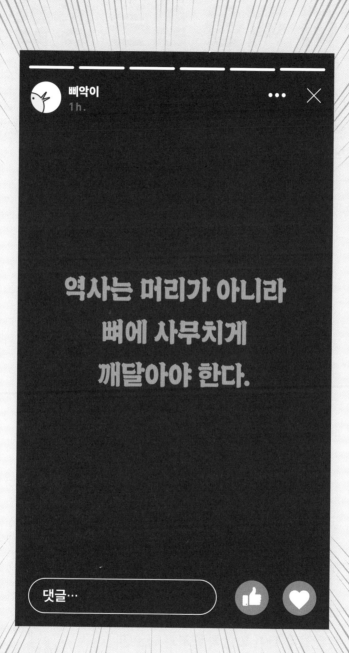

이 책을 읽는 방법

1. 본문을 읽다가 빨간색 글자가 나오면, 번호에 맞는 지도를 보세요.

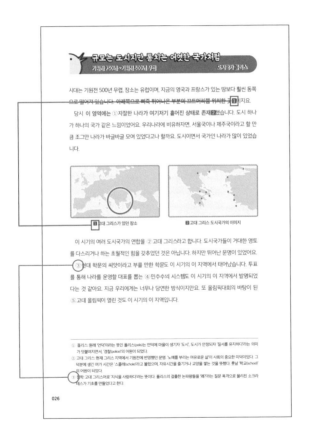

2. 본문을 읽다가 파란색 글자가 나오면, 번호에 맞는 해설을 보세요.

설명 끝!

주의 사항

이 책은 동남아시아의 역사도 다루지 않고, 콜럼버스 이전의 미국 역사와 문화사와 사상사와 종교사도 다루지 않습니다. 역사를 처음부터 끝까지 살펴보지도 않고, 역사적 지식을 토씨하나 틀리지 않게 기억하길 바라는 마음도 별로 크지 않습니다. 그래서 이 책에 나오는 지도는 대충 그린 듯이 적당하고, 설명글은 충분히 검토했음에도 진실인지 의심스러운 부분이 있을지도 모릅니다(정확한 내용을 적으려고 최선을 다한 것은 확실합니다). 그렇다면 이 책의 콘셉트는 무엇일까요? 재밌는 책을 만들고 싶다는 단순한 생각이 컸습니다. 그래서 만화책처럼 즐기기 위한 심심풀이로 대해주면 좋겠습니다. 하지만 시험에 나올 만한 용어는 꽤 많이 등장하니, 공부 쪽으로 연결 지으면 첫걸음 단계의 참고 정도는 되겠지요. 이 책에서 파란색 글자로 적은 해설 부분과 본문의 제목은 미묘하게 문장력이 뛰어난 편집부의 마스다 씨의 힘을 빌렸고, 저자는 감수만 담당했습니다.

차 례

시작하며 ·····································002

이 책을 읽는 방법···················008

주의 사항 ·································009

세계 지도 ·································020

제1장 유럽편

제 1 화
고대 그리스

규모는 도시지만 통치는 어엿한 국가처럼 ·····026
　기원전 750년 ~ 기원전 500년 무렵
　도시국가 폴리스

중동의 어마무시하게 거대한 나라와 전쟁 ·····027
　기원전 500년 ~ 기원전 450년 무렵
　페르시아 전쟁

고대 그리스 나라 사이에서 전쟁 발발 ····· 029
　기원전 400년 ~ 기원전 300년 무렵
　펠로폰네소스 전쟁

압도적으로 차원이 달랐던
알렉산드로스 대왕································ 030
　기원전 350년 ~ 기원전 320년 무렵
　알렉산드로스 대왕의 동방 원정

힘을 키운 고대 로마에 당하다···························· 034
　기원전 200년 ~ 기원전 150년 무렵
　마케도니아 전쟁

제 2 화
고대 로마

기막힌 발전을 이룬 고대 로마 문명················ 036
　기원전 500년 ~ 기원전 300년 무렵
　이탈리아반도 통일 전쟁

지중해 패권이 걸린 라이벌 빅매치 ·················· 038
　기원전 250년 ~ 기원전 150년 무렵
　포에니 전쟁

빈부격차가 커지자 내전 발발························ 042
　기원전 150년 ~ 기원전 50년 무렵
　내란의 한 세기

로마 전체를 다스리는 절대 권력자의 출현···· 044
　기원전 50년 ~ 기원후 180년 무렵
　로마 제국의 탄생

허약해진 제국을 어쩔 수 없이 분할하다 ······ 046
　200년 ~ 400년 무렵
　사두정치(테트라키아)

제 3 화
로마 제국의 붕괴 이후

이민족 vs 로마 제국의 싸움·····························050
　1400년~500년 무렵
　게르만 민족의 대이동

유스티아누스 대제와 로마 제국의 역습·········053
　500년~550년 무렵
　유스티아누스의 통치

어느 중동 국가의 폭발적인 정복 활동···········054
　650년~750년 무렵
　우마이야 왕조의 영토 확장

프랑크 왕국 vs 중동의 위험한 나라의
　전쟁···055
　700년~800년 무렵
　투르-푸아티에 전투

현재의 유럽 형태가 조금씩 드러나다 ···········057
　800년~850년 무렵
　프랑크 왕국의 분열

제 4 화
신성 로마 제국 시대

프랑크 왕국 붕괴 후 유럽의 구도···················060
　500년~900년 무렵
　프랑스와 신성 로마 제국의 탄생

현재 유럽 국가의 조상님 모두 집합···············061
　1050년~1100년 무렵
　노르만족의 습격

이름만 성스러운 '십자군' 파견 ·······················062
　1050년~1300년 무렵
　십자군 원정

상상 초월 수준으로 강한 나라의 습격···········065
　1200년~1250년 무렵
　몽골 제국의 침공

평범한 시골 소녀가
　나라를 멸망에서 구하다·····························066
　1350년~1450년 무렵
　영국과 프랑스의 백년 전쟁

중동에서 온 이슬람 세력을 몰아내자! ·········067
　700년~1500년 무렵
　레콩키스타

몽골 세력을 몰아내자!···································069
　1450년~1500년 무렵
　'타타르의 멍에'에서 해방

로마 제국 2000년 역사의 종말 ·······················070
　1400년~1500년 무렵
　콘스탄티노플 함락

바다에서 전쟁 발발, 영국 vs 스페인··············072
　1500년~1600년 무렵
　아르마다 해전

기독교의 분열이 종교 전쟁으로 발전·············073
　1600년~1650년 무렵
　30년 전쟁

제 5 화
프랑스 혁명 시대

지치지도 않고 전쟁만 하는 유럽······················076
　1600년~1700년 무렵
　영국과 프랑스의 해외 진출

북유럽 두 강대국 사이에 벌어진
　천하 쟁탈전··078
　1700년~1750년 무렵
　대북방 전쟁

먼 훗날의 세계 패권국 탄생······························079
　1750년~1780년 무렵
　미국 독립

프랑스가 내분으로 붕괴한 뒤 폭주하다·········081
1780년~1820년 무렵
프랑스 혁명

제 6 화
제1차 세계대전

저물어가는 신성 로마 제국······························088
1600년~1800년 무렵
베스트팔렌 체제

위험한 황제, 나폴레옹의 등장·····················088
1800년~1850년 무렵
나폴레옹 전쟁

바람처럼 사라진 평화로운 시대······················089
1850년 무렵
빈 체제의 붕괴

유럽 한복판에 매우 강력한 제국 탄생···········091
1850년~1900년 무렵
독일 제국의 탄생

현재 미국의 원형이 완성되다·····················094
1800년~1900년 무렵
미국의 탄생

거대 제국 러시아가
동쪽 나라의 공격을 받다······························095
1850년~1910년 무렵
러일전쟁

유럽의 화약고, 대폭발·································096
1910년 무렵
제1차 세계대전 발발

러시아가 자멸하다·····································098
1910년~1920년 무렵
제1차 러시아 혁명

지옥보다 더 지옥 같았던 전쟁,
드디어 종결································099
1920년 무렵
베르사유 조약 체결

제 7 화
제2차 세계대전

쑥대밭이 된 독일이 평화의 나라로 부활·········102
1920년 무렵
바이마르 공화국의 탄생

엄청난 초강대국이 갑자기 등장·····················103
1915년~1925년 무렵
제2차 러시아 혁명

세계를 혼란에 빠뜨린 공황 발생·····················105
1925년~1935년 무렵
세계 대공황

제2차 세계대전 발발································108
1930년~1941년 무렵
히틀러와 나치 독일

자리를 지키던 미국이 움직이기 시작하다·····112
1941년~1945년 무렵
미국의 제2차 세계대전 참전

둘로 나뉜 인류································116
1945년~1991년 무렵
냉전

제 2 장 중동 편

제 1 화
고대 메소포타미아

인류를 급격하게 발전시킨
외계인(?)의 고대 문명·······················122
기원전 3200년~기원전 2000년 무렵
수메르

'철'이 완성한 고대 문명·······················122
기원전 2000년~기원전 1150년 무렵
히타이트

메소포타미아 최초의 천하통일·······················124
기원전 1100년~기원전 600년 무렵
아시리아

인류사상 최초의 초거대 제국·······················125
기원전 600년~기원전 300년 무렵
아케메네스 왕조 페르시아

세계사를 새로운 차원으로 이동시킨
종교 탄생·······················127
200년~700년 무렵
이슬람교의 탄생

제 2 화
이슬람 제국

세계에 큰 영향을 준 남자·······················130
570년~630년 무렵
무함마드의 등장

점점 과격해지는 신흥 종교·······················132
630년~730년 무렵
우마이야 왕조의 영토 확장

몽골 vs 이슬람·······················134
740년~1350년 무렵
몽골 제국의 침략

황금기를 맞이한 오스만 제국·······················136
1300년~1920년 무렵
오스만 제국의 융성

거대 제국에서 소규모 이슬람 국가로·······················139
1920년 무렵
오스만 제국의 멸망

제 3 화
중동 전쟁

사연이 많은 민족, 유대인·······················142
기원전 1000년 무렵
바빌론 유수

말만 번지르르한 영국의 삼중 외교·······················143
1910년~1925년 무렵
영국의 팔레스타인 전략

유대인을 박해한 히틀러의 영향·······················146
1930년~1948년 무렵
히틀러의 유대인 말살 정책

최초의 중동 전쟁·······················147
1948년~1950년 무렵
제1차 중동 전쟁

큰 강을 둘러싼 중동 전쟁·······················148
1950년~1960년 무렵
제2차 중동 전쟁

헛소문에서 시작된 중동 전쟁·······················150
1965년~1970년 무렵
제3차 중동 전쟁

오일쇼크의 원인이 된 중동 전쟁·······················152
1970년 무렵~현재
제4차 중동 전쟁

제3장 인도 편

제 1 화
인도의 역사

분쟁이 끊이지 않던
  인도를 최초로 (거의) 통일 ·············· 158
  기원전 2600년~기원전 180년 무렵
  마가다국의 번영

북인도에서 분발했던 나라 ························· 159
  300년~650년 무렵
  굽타 왕조의 통치

서쪽을 내주어 침략 당하다 ···················· 160
  800년~1200년 무렵
  라지푸트 시대

인도의 대부분이 이슬람의 지배를 받다 ········ 162
  1200년~1530년 무렵
  델리 술탄 왕조의 탄생

'몽골의 후예'이면서
  '이슬람교'를 믿는 나라 ························· 164
  1530년~1700년 무렵
  무굴 제국의 흥망성쇠

대영 제국이 인도를 침략하다 ···················· 165
  1750년~1880년 무렵
  영국령 인도 제국의 완성

귀신도 혀를 내두르는
  대영 제국의 인도 정책 ························· 167
  1880년~1920년 무렵
  대영 제국의 인도 정책

인도의 독립과 간디 ······························· 168
  1920년~1950년 무렵
  인도 독립운동

제4장 중국 편

제 1 화
진(秦) 이전

이름만 낭만적인 피범벅의 시대 ···················· 174
  기원전 1000년~기원전 400년 무렵
  춘추시대

전국칠웅 중 가장 강력한 왕국, 진 ················ 175
  기원전 400년~기원전 250년 무렵
  전국시대

중국 역사상 최초의 황제 ·························· 176
  기원전 250년~기원전 200년 무렵
  진의 시황제

제 2 화
항우와 유방

고귀한 명장 항우와 백수건달 유방 ················ 180
  기원전 220년 무렵
  항우와 유방

진나라에 대항한 반란과 엄청 강한 장군 ········ 181
  기원전 210년 무렵
  진승·오광의 난

백전백승 항우와 실패 연발 유방 ················ 182
  기원전 210년~기원전 200년 무렵
  진나라의 멸망

중국 역사를 빛낸 두 번째 백수·······················184
　　기원전 210년 ~ 기원전 200년 무렵
　　한신의 등장

천하제일 엘리트 항우 vs 두 명의 전직 백수··187
　　기원전 210년 ~ 기원전 200년 무렵
　　해하 전투

한의 성립과 한량 출신 왕들의 갈등·················190
　　기원전 200년 무렵
　　한신의 반란

제 3 화
한(漢)

전직 한량이 일으킨 거대한 국가, 한나라 ·······192
　　기원전 250년 ~ 기원전 200년 무렵
　　한의 지배 체제

위기의 상황에서 일발 역전!
　　한나라의 급격한 성장···························193
　　기원전 150년 ~ 기원전 100년 무렵
　　한나라의 중앙집권화와 외세 침략

혼탁한 한나라에 되살아난
　　'위대한 백수'의 혈통···························195
　　기원전 50년 ~ 기원후 100년 무렵
　　후한의 성립

한나라의 쇠퇴와 수상한 종교의 대폭동·········198
　　100년 ~ 200년 무렵
　　황건적의 난

제 4 화
삼국지

400년 제국의 한나라를 뒤흔든 위험한 종교··200
　　180년 ~ 190년 무렵
　　황건적의 난

상식을 벗어난 천재, 조조 등장·······················201
　　190년 ~ 200년 무렵
　　조조의 업적

삼국시대를 완성한 '영리한 전략가' 등장·······203
　　200년 ~ 250년 무렵
　　제갈량의 천하삼분지계

삼국지의 왠지 볼품없는 결말 ·························206
　　280년 무렵
　　진나라의 천하통일

제 5 화
삼국지 이후 시대

허망하게 무너진 삼국지의 승자·····················208
　　260년 ~ 320년 무렵
　　진나라의 멸망

이민족이 날뛰는 전쟁의 시대·························209
　　300년 ~ 450년 무렵
　　5호 16국 시대

한족의 '남쪽', 이민족의 '북쪽'·······················211
　　420년 ~ 590년 무렵
　　남북조 시대

완벽한 남자, 양견···211
　　550년 ~ 600년 무렵
　　수나라의 건국

제 6 화
수(隋)와 당(唐)

군사와 정치에
　　독보적인 재능을 타고난 장군·················214
　　550년 ~ 600년 무렵
　　양견의 수나라 통치

나라를 무너뜨린 '해가 지는 나라의 천자'·····214
　　600년 ~ 630년 무렵
　　양제에 의한 수나라의 폭정

당나라를 세운 이연과 역사적 명군 이세민····215
　　620년 ~ 650년 무렵
　　당나라 건국

현종 황제와 나라를 뒤흔든 미녀 양귀비 ········217
　700년~770년 무렵
　안사의 난

태평성세의 나라도 종말을 맞이한다 ············220
　800년~880년 무렵
　당나라 멸망

제 7 화
송(宋)

난세에 마침표를 찍은 초식동물 같은 국가····222
　900년~1000년 무렵
　송나라의 건국

육식동물 같은 이민족 국가, 요나라 탄생········224
　950년~1000년 무렵
　전연의 맹약

최상위 포식동물 같은 이민족 국가,
　금나라의 탄생 ································225
　1100년~1150년 무렵
　송-금 전쟁

압도적인 나라, 몽골 제국의 각성 ···············227
　1200년~1300년 무렵
　송나라의 멸망

제 8 화
원(元)

압도적으로 강한 나라, 몽골 제국과 원나라··230
　1200년~1280년 무렵
　원나라의 건국

동쪽과 남쪽을 압박한 쿠빌라이·················231
　1280년~1300년 무렵
　쿠빌라이 칸의 원정

압도적으로 강한 나라의 약점과
　영광의 그림자································232
　1280년~1350년 무렵
　원나라의 후계자 다툼

카리스마 종교 지도자 주원장과
　명나라 건국··································233
　1350년~1370년 무렵
　원나라의 중국 추방

제 9 화
명(明)

리더십을 갖춘 지도자, 주원장이 등장하다···236
　1300년~1370년 무렵
　주원장의 명나라 건국

주원장이 돌변하다·····························237
　1370년~1400년 무렵
　주원장의 폭정

영락제, 명나라의 기틀을 다지다 ···············238
　1400년~1430년 무렵
　영락제의 치세

북쪽은 이민족, 남쪽은 해적이 들끓는
　아비규환··································239
　1450년~1600년 무렵
　북로남왜

북쪽에서 귀신처럼 센 놈들이 내려오다········241
　1600년~1650년 무렵
　명나라 멸망

제 10 화
청(淸)

이민족의 침략으로 생긴 청나라·················244
　1100년~1650년 무렵
　만주족의 청나라 건국

중국 역사상 가장 위대한 황제, 강희제··········247
　1660년~1720년 무렵
　강희제의 치세

중국이 역사상 가장 번영했던 시대···············249
　1720년~1800년 무렵
　옹정제·건륭제 시대의 발전

위험한 마약, 아편을 둘러싼 전쟁 발발·········· 250
　1800년~1840년 무렵
　아편 전쟁

시험에 낙방한 남자가
　중국을 지옥으로 만들다······················252
　1830년~1860년
　태평천국의 난

전쟁으로 흠씬 두들겨 맞은 '잠자는 사자'····· 253
　1850년~1900년 무렵
　열강의 중국 분할

무적 권법으로 나라를 구하려는 단체··········· 254
　1900년 무렵
　의화단 사건

청나라 멸망과
　중국 2000여 년 전통의 종말·······················255
　1910년 무렵
　청나라의 멸망

제 11 화
중화민국

세계열강들과 어깨를 나란히 하는
　강국이 되자····································· 258
　1910년 무렵
　중화민국의 성립

중화민국의 이상을 버린 독재자······················259
　1910년~1920년 무렵
　위안스카이의 권력 탈취

다시 한번 이상적인 중화민국
　건설을 꿈꾸다·····························261
　1920년~1925년 무렵
　장제스와 국민당

모두가 평등하게 행복할 수 있는
　파라다이스를 만들자································262
　1925년~1930년대 무렵
　마오쩌둥과 공산당

쑨원 세력 vs 낙원을 꿈꾸는 세력의 전투······ 263
　1930년~1935년 무렵
　제1차 국공 내전

기회를 엿보던 일본에 영토를 빼앗기다······· 266
　1931년~1936년 무렵
　만주사변

마침내 중일전쟁이 발발하다··························· 267
　1937년~1945년 무렵
　중일 전쟁

쑨원 세력 vs 낙원을 꿈꾸는 세력의
　두 번째 전투······································· 269
　1945년~1950년 무렵
　제2차 국공 내전

제 12 화
중화인민공화국

모두가 평등하게 행복할 수 있는 나라가
　중국에 탄생···272
　1930년~1950년 무렵
　중화인민공화국의 성립

한방에 중국을 부강한 나라로 만들자············273
　1950년~1960년 무렵
　대약진 정책

갑자기 열혈 학생들이 어른에게 달려들다·····278
　1960년~1980년 무렵
　문화대혁명

현대 중국의 초석을 다진 덩샤오핑·················279
　1975년~1990년 무렵
　개혁개방

초거대 국가인 중화인민공화국의 행보··········281
　2000년 무렵~현재
　중국의 경제 성장

제 5 장 세계를 뒤흔든 나라들 편

제 1 화
몽골 제국

누가 봐도 너무 위험한 나라의 각성·············· 286
  1200년 ~ 1230년 무렵
  초대 칭기즈 칸

인류 역사상 최강국의 초석을 다지다·············291
  1230년 ~ 1240년 무렵
  제2대 오고타이 칸

끊임없이 이어진 주변국 침략 활동·············· 294
  1250년 ~ 1260년 무렵
  제4대 몽케 칸

너무 거대해져서 분열하다·····················297
  1260년 ~ 1300년 무렵
  제5대 쿠빌라이 칸

제 2 화
대영 제국

대항해 시대에 벌어진 전심전력의 반격········ 300
  1600년 ~ 1720년 무렵
  스페인 계승전쟁

악마 같은 무역으로 큰돈을 벌다·················· 302
  1700년 ~ 1800년 무렵
  영국의 노예무역

죄수를 가둘 수 있는 편리한 땅을 얻다·········304
  1760년 ~ 1790년 무렵
  미국의 독립과 호주의 식민지화

나폴레옹 덕분에 부국강병해진 영국·············· 306
  1800년 ~ 1820년 무렵
  케이프 식민지 획득

대영 제국 번영의 상징, 빅토리아 여왕·········· 307
  1830년 ~ 1900년 무렵
  빅토리아 여왕 시대의 아시아 전략

아프리카 대륙을 유린하기 시작하다·············· 309
  1860년 ~ 1900년 무렵
  아프리카 종단 정책

너무 거대해져서 분열될 것 같다·····················313
  1900년 ~ 1920년 무렵
  웨스트민스터 헌장

영국 역사상 최악의 전쟁 피해·····················314
  1930년 무렵 ~ 현재
  영국 전투

제 3 화
소비에트 연방

러시아 제국을 무너뜨리자·······························318
  1900년 ~ 1920년 무렵
  제2차 러시아 혁명과 소비에트 연방 성립

모두가 평등하게 행복할 수 있는
  나라를 만들자·····································320
  1920년 ~ 1925년 무렵
  레닌에 의한 소련의 개혁

더 힘내서 모두 평등하게 행복해지는
  나라를 만들자·····································322
  1925년 무렵
  스탈린에 의한 소련 개혁

모두 평등한 나라가 강점을 발휘하다·············324
  1930년 무렵
  5개년 계획과 대숙청

세계 전쟁에 휘말리며 멸망 위기에 돌입········326
  1930년 ~ 1945년 무렵
  제2차 세계대전과 독소 전쟁

전 세계가 둘로 나뉘어 서로 견제하다 ·········· 328
　　1945년 ~ 1985년 무렵
　　흐루쇼프의 스탈린 비판

여러모로 무리한 상황이라서
　　나라를 없애다 ·········· 329
　　1985년 ~ 1991년 무렵
　　고르바초프의 페레스트로이카

제 4 화
미국

평범하지 않은 과정으로 탄생한 미국 ·········· 332
　　1750년 ~ 1800년 무렵
　　미국의 독립

현재의 미국이 거의 완성되다 ·········· 334
　　1800년 ~ 1850년 무렵
　　미국의 영토 확장

미국 국내에서 위험한 전투가 발발하다 ······· 336
　　1850년 ~ 1900년 무렵
　　남북전쟁

인류 역사상 최강 국가의 새싹이 움트다 ······· 338
　　1900년 ~ 1920년대 무렵
　　황금의 20년대

불황과 전쟁이 미국 전역을 뒤흔들다 ·········· 339
　　1930년 ~ 1945년 무렵
　　세계 대공황과 제2차 세계대전

아마도 인류 역사상 가장 강력한 국가 탄생·· 342
　　1945년 무렵 ~ 현재
　　세계의 경찰, 미국

제 5 화
일본

완전히 판을 뒤엎은 근대 개혁 ·········· 344
　　1850년 ~ 1880년 무렵
　　메이지 유신

무패 행진의 섬나라,
　　제국주의 일본의 시작 ·········· 347
　　1890년 ~ 1920년 무렵
　　청일전쟁, 러일전쟁

빈곤해지자 과격해지기 시작하다 ·········· 351
　　1920년 ~ 1940년 무렵
　　세계 대공황과 만주사변

무모한 전쟁을 일으키다 ·········· 354
　　1940년 무렵 ~ 현재
　　태평양 전쟁의 패전

마치며 ·········· 358

참고문헌 ·········· 360

세계 지도

북유럽

러시아

유럽

중앙아시아

중동

동아시아

인도

아프리카

동남아시아

오세아니아

북아메리카

중남미

남아메리카

제1장
유럽 편

유럽

유럽 지역

중동

인도

아프리카

삐악이 코멘트

유럽 지역은 아메바 모양으로 특이하게 생겼고, 반도가 많습니다. 이러한 땅의 모양 때문인지 유럽의 전 지역이 천하통일된 적은 인류 역사상 한 번도 없습니다. 상당히 많은 시기를 각 나라가 서로 노려보며 견제하는 전국시대를 보냈습니다. 항상 전투태세인 역사가 유럽 지역의 특징이라고 할 수 있겠지요. 한편으로는 그래서 복잡하고 이성을 중시하는 유럽만의 독특한 역사가 태어난 게 아닐까 생각합니다.

고대 그리스 ·············· 025

고대 로마 ·············· 035

로마 제국의 붕괴 이후 ·············· 049

신성 로마 제국 시대 ·············· 059

프랑스 혁명 시대 ·············· 075

제1차 세계대전 ·············· 087

제2차 세계대전 ·············· 101

유럽 편

제1화

제1화

01:07

|◀ ▶ ▶|

초등학생도 이해할 수 있는

고대 그리스

시대는 기원전 500년 무렵, 장소는 유럽이며, 지금의 영국과 프랑스가 있는 땅보다 훨씬 동쪽으로 떨어져 있습니다. **아래쪽으로 삐죽 튀어나온 부분의 끄트머리쯤 위치한 곳❶**이지요.

당시 **이 영역**에는 ①자잘한 나라가 여기저기 흩어진 상태로 존재❷했습니다. 도시 하나가 하나의 국가 같은 느낌이었어요. 우리나라에 비유하자면, 서울국이나 제주국이라고 할 만큼 조그만 나라가 바글바글 모여 있었다고나 할까요. 도시이면서 국가인 나라가 많이 있었습니다.

❶ 고대 그리스가 있던 장소

❷ 고대 그리스 도시국가의 이미지

이 시기의 여러 도시국가의 연합을 ②고대 그리스라고 합니다. 도시국가들이 거대한 영토를 다스리거나 하는 초월적인 힘을 갖추었던 것은 아닙니다. 하지만 뛰어난 문명이 있었어요.

③현대 학문의 씨앗이라고 부를 만한 학문도 이 시기의 이 지역에서 태어났습니다. 투표를 통해 나라를 운영할 대표를 뽑는 ④민주주의 시스템도 이 시기의 이 지역에서 발명되었다는 것 같아요. 지금 우리에게는 너무나 당연한 방식이지만요. 또 올림픽대회의 바탕이 된 ⑤고대 올림픽이 열린 것도 이 시기의 이 지역입니다.

---

① 폴리스: 원래 '언덕'이라는 뜻인 폴리스(polis)는 언덕에 마을이 생기자 '도시', 도시가 안정되자 '질서를 유지하다'라는 의미가 덧붙여지면서, '경찰(police)'의 어원이 되었다.

② 고대 그리스: 현재 그리스 지역에서 기원전에 번영했던 문명. '노예를 부리는 여유로운 삶'이 사회의 중요한 미덕이었다. 그덕분에 생긴 여가 시간은 '스콜레(schole)'라고 불렀으며, 자유시간을 즐기거나 교양을 쌓는 것을 뜻했다. 훗날 '학교(school)'의 어원이 되었다.

③ 철학: 고대 그리스어로 '지식을 사랑하다'라는 뜻이다. 폴리스의 걸출한 논파왕들을 '왜?'라는 질문 폭격으로 물리친 소크라테스가 기초를 만들었다고 한다.

'학문의 씨앗'의 주인공들
왼쪽: 플라톤, 오른쪽: 아리스토텔레스

고대 올림픽('판크라티온' 경기 장면)

또한 **굉장한 건축물 3**도 있었고, **최신 기술의 배 4**도 있었습니다.

3 고대 그리스의 굉장한 건축물 / 파르테논 신전

4 고대 그리스의 최신 기술의 배 / 삼단노선

중동의 어마무시하게 거대한 나라와 전쟁
기원전 500년~기원전 450년 무렵
페르시아 전쟁

대단히 높은 수준의 문명을 이룬 이 지역은 화려한 번영을 누렸습니다. 불안 요소라고 한다면, **유럽 동쪽의** ⑥ **중동 지역에 어마무시하게 거대한 나라가 있었어요 5**. 어느 날 이 중동의 엄청 큰 나라의 왕이 이렇게 말했습니다.

---

④ 고대 그리스의 민주정치: 광장에 모두 모여서 실제로 토론을 했다. 하지만 여성과 노예는 참여할 수 없었다. 또한 토론 과정에서 사람들을 선동하는 행위가 사회문제화되었다. 이러한 선동 정치꾼은 '데마고고스(Demagogos)'라고 불렸고, '가짜뉴스(데마; Demagogy)'의 어원이 되었다.

⑤ 고대 올림픽: 그리스의 성지였던 올림피아에서 몇 년에 한 번씩 열린 매우 성대한 제전. 부정행위를 방지하기 위해 선수들은 모두 알몸으로 참가했다. 처음에는 약 192미터의 코스를 달리는 종목 하나밖에 없었다. 개최 기간에는 전쟁도 중단되는 당시 최대 이벤트였기 때문에 '신성한 제전'이라고 불렸다.

⑥ 아케메네스 왕조 참조 → P.126

아~ 유럽이나
쳐들어갈까

아케메네스 왕조 페르시아 왕, 다리우스 1세(재위: 기원전 522년~기원전 486년)

결국 중동의 엄청 큰 나라가 고대 그리스 영역을 침공했어요. **이렇게 시작된 전쟁이** ⑦ **페르시아 전쟁입니다** 5.

5 중동의 거대한 나라 / 아케메네스 왕조 페르시아
(기원전 550년~기원전 330년)

6 페르시아 전쟁
(기원전 500년~기원전 449년)

고대 그리스는 멸망할 수도 있는 절체절명의 위기 앞에 놓이게 되었습니다. 이때 고대 그리스군은 단단한 투구와 갑옷을 두른 병사를 물 샐 틈 없이 밀집시킨 전술 7을 취했어요. 이 단단하고 빽빽한 밀집 전투 대형을 ⑧ 팔랑크스라고 합니다. 이 팔랑크스 전술이 가공할 만한 위력을 발휘해서 **중동의 거대한 왕국을 크게 물리쳤어요** 8.

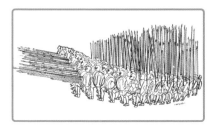

7 고대 그리스의 팔랑크스 전술
(마케도니아 방식)

8 페르시아 전쟁에서 대승리

---

⑦ 페르시아 전쟁: 기원전 500년~기원전 449년. 페르시아가 총 4차례에 걸쳐 그리스를 침공해서 일어난 전쟁. 그리스가 모두 격퇴했다. 두 번째 전쟁에서는 '마라톤' 경기의 기원이 된 마라톤 전투도 발생했다. 마지막에 페르시아가 '다시는 그리스를 공격하지 않겠다'라고 맹세하며 전쟁이 종결되었다.

⑧ 팔랑크스: 최강의 보병 전술. 방패로 자신의 몸 절반과 옆 사람을 가려서 방어하고, 창으로 눈앞의 상대를 공격하는 전술. 뒷사람은 방패로 위를 가려서 쏟아지는 화살을 막아냈다.

⑨ 테미스토클레스: 기원전 524년~기원전 460년. 은광에서 발견된 막대한 은으로 함대를 건설했다. 많은 해전에서 페르시아군을 격파했다. 말년에는 그리스에서 추방당해서 페르시아로 망명했다.

하지만 중동의 거대한 왕국이 뼈아픈 패배를 갚으려고 다시 거세게 쳐들어오자, 또 벼랑 끝에 몰린 상태가 되었습니다. 이때 고대 그리스의 아테네에 ⑨테미스토클레스라는 사람이 나타났어요. 테미스토클레스는 이렇게 말했습니다.

우리 바다에서 한 판 붙자

테미스토클레스(기원전 524년경~기원전 460년경)

테미스토클레스는 ⑩최신 전함을 대량으로 준비해서 중동의 거대한 왕국과 바다에서 격돌했어요(살라미스 해전). 고대 그리스군은 이번에도 탁월한 전략으로 중동의 거대한 왕국을 격퇴했습니다. 이렇게 고대 그리스의 나라들은 훌륭한 전술을 구사해 세 차례에 걸친 페르시아 전쟁에서 완전한 승리를 거두었어요.

고대 그리스 나라 사이에서 전쟁 발발
기원전 400년~기원전 300년 무렵　　　　　　　　　　**펠로폰네소스 전쟁**

고대 그리스에는 작지만 초강국인 나라들이 모여 있었는데, 이렇게 저렇게 복잡한 사건들이 얽히면서 **고대 그리스 나라 사이에 ⑪전운이 감돌기 시작했습니다⑨**.

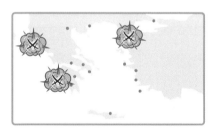

⑨고대 그리스 나라들의 전쟁 / 펠로폰네소스 전쟁　　　　⑩필리포스 2세의 나라 / 마케도니아

⑩ 삼단 노선: 길이 40미터, 너비 5~6미터의 배. 170명의 노잡이가 3단으로 줄지어 노를 젓기 때문에 매우 빠르다. 뱃머리에 달린 돌출부로 적군 함대의 옆구리를 부수며 공격했다.

⑪ 펠로폰네소스 전쟁: 기원전 431년~기원전 404년. 초강대국 페르시아를 물리친 고대 그리스 국가들 사이에서 주도권 다툼이 벌어졌다. 전염병까지 유행해, 거대 도시였던 아테네의 인구가 3분의 2로 줄어들었다.

⑫ 필리포스 2세: 기원전 382년~기원전 336년. 고대 그리스를 통합한 마케도니아의 왕. 큰 전쟁에서 대승리를 거두었음에도 자만하지 않기 위해, 신하 중 한 명에게 '필리포스 왕이시여, 당신도 평범한 인간입니다'라고 반드시 매일 세 번씩 충고하도록 했다.

각 나라가 피비린내 나는 전쟁을 벌일 때 ⑫필리포스 2세가 나타났습니다. **필리포스 2세가 다스리던 나라⑩**는 원래는 별로 강하지 않았어요. 필리포스 2세가 왕위에 오른 뒤 국가 조직을 대범하게 개혁해 국력을 크게 키웠지요. 한편, 필리포스 2세는 이렇게 말했습니다.

⑬엄청나게 긴 창을 준비해라

필리포스 2세(재위: 기원전 359년~기원전 336년)

필리포스 2세는 병사들에게 무려 6미터에 달하는 기다란 창을 들게 했고, 이미 효력이 증명된 단단하고 빽빽한 중장보병의 밀집 전술인 팔랑크스로 진형을 펼쳤습니다. 필리포스 2세가 발명한 6미터의 삐죽삐죽한 밀집 전술은 괴물 같은 힘을 발휘해서 ⑭파죽지세로 상대편 군사를 쓰러뜨렸어요.

결국 고대 그리스 영역의 대부분은 필리포스 2세의 발아래에 놓이게 되었습니다. 필리포스 2세는 폭풍처럼 몰아치며 역사적인 위업을 달성했지만, 안타깝게도 승리를 거머쥔 뒤 측근에게 암살당하고 말았어요.

압도적으로 차원이 달랐던 알렉산드로스 대왕
기원전 350년~기원전 320년 무렵　　　알렉산드로스 대왕의 동방 원정

필리포스 2세의 갑작스러운 죽음으로 마케도니아가 내리막길을 걷게 될 줄 알았더니, 다음 타자로 차원이 다른 절대 강자가 등장했어요. 바로 필리포스 2세 뒤를 이어 새로운 왕이 된 ⑮알렉산드로스 대왕입니다. 참고로 알렉산드로스 대왕은 ⑯인류 역사상 가장 영향력 있었던 인물 33위로 선정된 적이 있습니다.

대단하기로 유명한 알렉산드로스 대왕은 왕위에 오를 때부터 적이 없는 상태나 마찬가지

---

⑬ 사리사: 필리포스 2세가 금광을 개발해서 얻은 풍부한 자금으로 군사 설비 증강에 힘쓴 결과 태어난 엄청나게 긴 창. 당시 일반적인 창의 길이가 약 2.5미터였기 때문에 압도적으로 유리했다.

⑭ 카이로네이아 전투: 기원전 338년. '고대 그리스 지역을 누가 지배할 것인가'를 결정하는 챔피언 결전. 강대국 아테네와 테베의 연합이 패배하면서, 마케도니아 왕국의 필리포스 2세가 주도권을 잡게 되었다. 이후 각 폴리스에 전쟁 금지 조치가 내려졌다.

⑮ 알렉산드로스 대왕: 기원전 356년~기원전 323년. 그리스와 페르시아를 넘어 인도에 이르는 대제국을 건설한 왕. 페르시아어 이름은 이스칸다르. 힌두교의 전쟁신 스칸다의 모델로 꼽히기도 한다. 스칸다는 불교에 흡수되어 '위태천'으로 이름이 바뀌었기 때문에 위태천의 모델도 알렉산드로스라는 의견이 있다.

였어요. 이미 아버지인 필리포스 2세가 고대 그리스를 평정한 상태였거든요. 그래서 알렉산드로스 대왕은 이렇게 말했습니다.

난 동쪽으로 간다

알렉산드로스 대왕(기원전 356년~기원전 323년)

알렉산드로스 대왕은 6미터 창을 높게 세운 밀집 전술인 팔랑크스를 필리포스 2세에게서 계승하고, 고대 그리스를 무너뜨리려고 했던 중동의 거대한 왕국을 역공격했습니다.

지도에 그린 것처럼 유럽 쪽으로 쭉 뻗은 **이 지역⑪**부터 공격을 시작했어요. 이곳은 현재의 튀르키예 지역이에요. 전투가 벌어지는 동안 알렉산드로스 대왕은 직접 선봉에 나서서 싸웠고, 창을 던져서 적의 장군을 쓰러뜨렸습니다. 호랑이처럼 맹렬한 기세로 지금의 튀르키예 지역을 손에 넣었습니다.

그리고 여세를 몰아 현재 이스라엘이 있는 **이 지역⑫**까지 순식간에 차지해 버립니다. 그래도 멈추지 않았어요. 다음에는 **이집트 지역⑬**으로 진군했고, 이곳도 눈 깜빡할 사이에 점령해서 파라오 칭호까지 얻었습니다.

⑪ 중동의 거대한 왕국의 뻗어 나온 부분

⑫ 중동의 거대한 왕국의 유대인 지역

⑬ 중동의 거대한 왕국의 이집트 지역

알렉산드로스 대왕의 군대는 더욱 동쪽으로 나아가서, 드디어 중동의 거대한 왕국의 중심 도시를 압박하기 시작했습니다. 적군도 엄청난 군세로 맞서 싸웠지만, 알렉산드로스 대왕이

---

⑯ 역사에 영향력 있었던 인물 순위: 마이클 H.하트 『랭킹 100: 세계사를 바꾼 사람들』(1998년)의 내용을 참고.

⑰ 다리우스 3세: 기원전 380년경~기원전 330년. 특별히 역사에 남을 만한 업적은 이루지 못한 아케메네스 왕조의 마지막 왕. 전투 초반에는 전쟁터에 나타나지 않았고, 처음 참가한 이수스 전투에서도 잽싸게 달아났다. 이후 전열을 재정비해서 출전한 가우가멜라 전투에서도 일찍 도망쳤다. 결국 다리우스 3세는 아군에게도 신뢰를 잃었고, 망명한 박트리아에서 총독 베소스에게 살해당했다. 배신한 베소스도 왕을 시해한 죄목으로 알렉산드로스에게 처형되었다. 이로써 아케메네스 왕조 페르시아 제국은 멸망했다.

휘두르는 칼 앞에서 허수아비처럼 쓰러졌어요. 결국 ⑰거대한 왕국의 왕이 사망하고, **중동의 거대한 왕국은 200년이 넘는 오랜 역사의 막을 내리며 멸망했습니다🄬**. 역사적 쾌거를 이룩한 알렉산드로스 대왕은 이렇게 말했습니다.

알렉산드로스 대왕

알렉산드로스 대왕의 군대는 동쪽으로 계속 밀고 나갔어요. 심지어 중동의 거대한 왕국과 **별로 관계도 없는** ⑱정체불명의 유목민족이랑도 싸웠는데🄯, 역시나 또 박살 냈습니다.

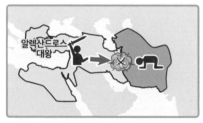

🄬중동의 거대한 왕국 멸망 /
아케메네스 왕조 페르시아 멸망

🄯알렉산드로스 대왕 vs 정체불명의 유목민족

하지만 알렉산드로스 대왕은 이렇게 말했습니다.

알렉산드로스 대왕

알렉산드로스 대왕의 군대는 **또다시 동쪽으로 향했고**, ⑲인도에 살던 민족을 닥치는 대

---

⑱ 소그드인: 주로 중앙아시아에 살면서, 유럽과 중국을 연결하는 무역상으로 활약했던 이란계 사람들. 소그디아나라는 지역을 기반으로 상업에 뛰어났다는 특징이 있다. 안사의 난을 일으킨 안녹산도 소그드인의 피가 흐르고 있었다고 한다. **참조**
➡P.218
⑲ 파우라바족: 현재의 편자브 지방이라는 농업하기 좋은 비옥한 땅에 살던 사람들. 기원전 326년, 파우라바족의 족장인 포로스는 알렉산드로스 대왕과 휴다스페스강에서 전투를 펼쳤다. 이 전투에서 2만 명이 넘는 마케도니아군이 목숨을 잃었고, 알렉산드로스 대왕의 명마 부케팔로스도 희생되었다. 이 전투는 포로스가 붙잡히며 파우라바족의 패배로 끝났다.

로 쳐부수었어요[16]. 이즈음에서 어느 부하가 이렇게 말했습니다.

> 왕이시여,
> 이제 제발 집으로 돌아가시지요…

고대 그리스 전사

그래서 알렉산드로스 대왕은 이만 돌아가기로 하고, **서쪽으로 회군 명령을 내렸습니다[17]**.

[16] 알렉산드로스 대왕 vs 인도 민족

[17] 알렉산드로스 대왕이 바빌론으로 귀환

그런데 바빌론에 거의 도착할 무렵, 알렉산드로스 대왕이 [20] 갑자기 고열을 앓다가 그대로 세상을 떠나버립니다. 알렉산드로스 대왕은 숨을 거두기 직전에 이렇게 말했습니다.

> 최강자가 나의 제국을 계승해라

알렉산드로스 대왕

마치 무협지나 만화 대사로 의심할 만한 유언을 남겼어요. 폭주하듯 이어진 정복 활동 끝에 다소 무책임한 죽음을 맞이했기 때문에, 알렉산드로스 대왕의 후계자를 자처한 부하들이 [21] 저마다 나라를 세워서 지옥 같이 전쟁을 일삼는 시대가 시작됩니다.

---

[20] 알렉산드로스 대왕의 죽음: 기원전 323년. 원정을 마치고 바빌론으로 돌아와 아라비아 침략을 구상하던 32세의 알렉산드로스 대왕은 어느 날 밤 한창 연회를 즐기던 중 쓰러졌다. 그리고 10일 후에 사망. 자세한 사인은 밝혀지지 않았다. 후계자 전쟁이 격화되는 바람에 장례식을 치를 겨를이 없어서, 시신이 30일이 넘도록 매장되지 못했다는 일화도 있다.

[21] 디아도코이 전쟁: 기원전 323년~기원전 281년 무렵. '내가 최강이다!'라고 자부하는 장군들이 각축을 벌인 알렉산드로스 대왕의 후계자(디아도코이) 전쟁. 그 결과 프톨레마이오스 왕조 이집트와 셀레우코스 왕조 시리아, 안티고노스 왕조 마케도니아라는 세 개의 나라로 분열되었다

힘을 키운 고대 로마에 당하다

기원전 200년~기원전 150년 무렵　　　　　　　　마케도니아 전쟁

이번에는 서양사와 어울리는 서양의 이야기를 해볼까 합니다. **고대 그리스 지역에도** ㉒알렉산드로스 대왕을 계승한 왕국**이 있긴 했습니다**[18]. 이 나라는 다른 후계국들에 비해 존재감이 크지 않았어요.

한편, 알렉산드로스 대왕 후계 전쟁과는 거리가 먼 새로운 세력이 서쪽에서 쑥쑥 자라나며 힘을 길렀습니다. 이 나라가 바로 ㉓고대 로마입니다.

[18]알렉산드로스 대왕의 후계 국가 /
안티고노스 왕조(기원전 276년~기원전 168년)

[19]고대 로마 vs 알렉산드로스 대왕의 후계 국가 /
마케도니아 전쟁

어느덧 몰라보게 강해진 **고대 로마에 침공당하며 알렉산드로스 대왕의 후계 왕국이 무너졌고**[19], 고대 그리스 지역은 고대 로마의 지배를 받게 되었습니다. 이렇게 해서 고대 그리스의 역사는 고대 로마의 역사에 삼켜졌어요.

㉒ 안티고노스 왕조: 기원전 276년~기원전 64년. 전통적인 방식을 따라 그리스의 군사력이 중심이 되는 나라를 세웠다. 하지만 포에니 전쟁과 병행해 벌인 마케도니아 전쟁에서 고대 로마에 무릎을 꿇으며 속국이 되었고, 엄청난 세금을 내야만 했다.

㉓ 고대 로마: 일찍이 이탈리아 전 영토를 통일한 나라를 완성했다. 문화를 비롯한 여러 문물을 그리스에서 흡수했고, 발전시켰다. 그래서 그리스와 로마는 예술과 철학 분야에서 비슷한 점이 많다. 작은 도시국가가 모인 그리스는 하나로 통일되어 전쟁에 강했던 로마에 쉽게 점령되었다. 참조 → P.036

유럽 편

제2화

제2화

01:07

⏮ ▶ ⏭

초등학생도 이해할 수 있는

고대 로마

기막힌 발전을 이룬 고대 로마 문명

기원전 500년~기원전 300년 무렵 　　　　 이탈리아반도 통일 전쟁

시대는 기원전 500년 무렵, 장소는 유럽 지역의 거의 한 중간쯤에서 아래로 향해 **길쭉하게 뻗어 있는 곳1**입니다. 지금 이탈리아가 있는 지역이에요. **당시 이곳에 작은 도시가 존재했습니다2**. 바로 ① 고대 로마입니다.

로마는 도시이면서 국가처럼 존재한 조그만 도시국가였습니다. 앞서 말했듯이, 우리나라로 치면 서울국이나 제주국 같은 느낌으로 이해하면 되겠지요.

1 고대 로마가 있던 장소

2 작은 도시 / 고대 로마

사실 이런 형태로 살아가는 나라는 이 시기 유럽 지역에 잔뜩 있었고, 고대 로마도 그중 하나일 뿐이랍니다. 그런데 고대 로마는 왕처럼 단 한 명의 절대적인 권력자가 독단적으로 통치하는 나라가 아니라, ② 뛰어난 사람들이 모인 중앙 정부 비슷한 단체가 있고, 수뇌부 사람들이 진지한 회의를 통해서 나라를 운영하는 방식으로 굴러가는 나라였어요. 현재 우리나라의 국회랑 비슷하겠네요.

아무튼 고대 로마는 이런 도시이자 국가였는데, 장화 모양으로 튀어나온 이탈리아 지역에는 고대 로마 이외에도 **여러 도시가 있었습니다3**. 그래서 고대 로마의 중앙정부는 이렇게 말했습니다.

---

① 고대 로마: 정말 작았던 도시국가가 군비 증강을 통해 찬란하게 발전했다. 주변 영역을 정복하고 흡수하면서 일대 세력을 모두 장악했다. 정복한 땅과 노예 덕분에 고대 로마 사람들은 풍요로운 삶을 살았고, '빵과 서커스'가 허락되는 자유분방한 여유를 즐겼다.

② 로마 공화정: 기원전 509년. 왕자가 루크레치아라는 여성을 강제로 겁탈한 사건에 분노한 남성들이 왕가를 로마에서 추방했다. 그 후 공화정 체제를 선택했다고 한다. 고대 그리스의 민주정과 달리, 수뇌부 인물이 모여 중앙정부(원로원)를 구성하는 점이 특징이다. 시간이 지나면서, 거듭된 전쟁의 최전방에서 활약한 일반인들이 서서히 힘을 얻기 시작했다.

다른 도시를 꿀꺽 삼켜버리자

고대 로마의 중앙 정부에 있던 사람

일단 고대 로마는 ③다른 도시를 하나씩 점령하기로 했습니다. 목표를 이루듯이 침략 활동을 이어 나갔고, 마침내 현재 이탈리아 지역인 **길쭉하게 뻗어 나온 영역을 통째로 손에 넣는 것에 성공했습니다❹**.

원래 작은 도시국가에 지나지 않았던 고대 로마는 다른 많은 도시국가를 집어삼키면서 대국으로 발전했습니다.

❸이탈리아 지역에 있던 다른 도시

❹고대 로마의 이탈리아반도 통일

한편, 고대 로마에는 입이 떡 벌어질 만큼 높은 수준의 문명이 있었어요. 당시로서는 **불가능한 수준의 수도 설비❺**가 있었고, **굉장한 도로 시설❻**도 제대로 갖추어져 있었으니까요.

또한 고대 로마보다 약간 동쪽인 고대 그리스 지역에서는 현대까지도 많은 사람들이 배우는 엄청난 학문과 훌륭한 문화가 많이 태어났는데, ④고대 로마는 그 정보도 모두 흡수했습니다. 문화적으로도 엄청난 힘을 갖고 있었던 거지요.

---

③ 이탈리아반도 통일 전쟁: 기원전 340년경~기원전 272년. 로마는 매우 강한 군사력을 바탕으로 이탈리아 전 지역의 정복을 꾀했다. 점령한 땅의 주민에게도 로마 시민권을 부여했으므로 비교적 순조롭게 통일 작업이 진행되었다. 당시 로마인들도 "패배한 나라의 국민을 로마 사회에 동화시킨 방법만큼 로마의 거대화에 기여한 것은 없다"라고 말한 바 있다.

④ 로마 철학: 오랫동안 '그리스 철학 흉내 내기' 정도로 여겨졌지만, 최근에는 평가가 달라지고 있다. '인문 교양'이라는 개념도 이때부터 널리 퍼졌다. 그중에서 키케로와 마르쿠스 아우렐리우스 등이 유명하다. 정치가로도 활동한 사람이 많다.

5 고대 로마의 믿기 힘든 수준의
수도 설비 / 퐁뒤가르(가르교)

6 고대 로마의 엄청난 도로 시설 /
아피아 가도

지중해 패권이 걸린 라이벌 빅매치
기원전 250년~기원전 150년 무렵

포에니 전쟁

이리 보고 저리 봐도 지금으로부터 2000년도 훨씬 전에 존재했던 나라라고 믿기 힘들 만큼 고도로 발전한 문명과 넓은 영역을 다스렸던 고대 로마. 그런데 이 무렵 **고대 로마 영토가 아닌** ⑤ **아프리카 북쪽 끝에도 꽤 강력한 나라가 있었습니다⑦**.

이 나라는 고대 로마의 최대 경쟁국이었는데, 어느 시점부터 두 나라가 **이 섬⑧**을 두고 옥신각신하는 실랑이를 벌이더니 결국 전쟁이 터졌습니다. 이 전투가 ⑥ **포에니 전쟁**입니다.

7 아프리카 북쪽 끝의 상당히 강한 나라 /
카르타고(불명~기원전 2세기)

8 포에니 전쟁의 발단이 된 섬 / 시칠리아섬

고대 로마는 이 전쟁에서 압승하면서, 유럽 지역의 최강국으로 우뚝 서게 됩니다. 그런데

---

⑤ 카르타고: 아프리카 북쪽 해안에 위치한 항구 도시국가. 지중해 지역에서 활발하게 무역 활동을 펼치며 점점 발전했다. 일명 지중해의 여왕으로 불린다. 그러나 어느 시점부터는 로마에 파괴되어 사료가 거의 남아 있지 않다. '어린아이를 제물로 바치는 전통'에 대한 기록이 로마 시대 책에 남아 있지만, 최근의 고고학 연구에서는 진위를 의심하고 있다.

⑥ 포에니 전쟁: 기원전 264년~기원전 146년. 로마는 이 전쟁에서 승리한 덕분에 강력한 지중해 지배권을 손에 넣었다. 덧붙여 이 전쟁에서 부력을 발견한 수학자 아르키메데스가 죽었다. 원주율 연구에 몰두한 나머지, '내 원을 부수지 마라'라고 로마 병사에게 요구했다가 죽임을 당하고 말았다.

끝난 줄 알았던 포에니 전쟁의 불씨가 다시 살아났습니다. 아프리카 북쪽 나라에 ⑦ 한니발이라는 명장이 나타났거든요. 한니발은 이렇게 말했습니다.

고대 로마 놈들,
뜨겁게 복수해주마!

한니발(기원전 247년~기원전 183년)

이렇게 한니발이 이끄는 아프리카 북쪽 나라의 군대와 고대 로마는 두 번째 포에니 전쟁에 돌입합니다. 한니발은 이렇게 말했지요.

북쪽에서 쳐들어간다

한니발

한니발은 일반적인 전쟁 상식대로 바다를 건너가서 싸우지 않았습니다. **현재의 스페인 지역에 상륙❾한 뒤, 북쪽을 가로질러 알프스산맥을 넘어서❿ 남쪽을 침공하는⓫** 매우 기발한 전술을 사용했어요.

뒷마당으로 진군하는 한니발의 노림수는 적중했고, 고대 로마는 깊숙한 곳까지 엉망진창으로 짓밟히며 지옥의 불길 한가운데에 놓이게 되었습니다.

❾지금의 스페인 지역에 상륙

❿그대로 북진해서 알프스산맥을 넘다

⓫알프스산맥을 넘은 뒤 남쪽을 침공

---

⑦ 한니발: 기원전 247년~기원전 183년. 제2차 포에니 전쟁에서 맹활약한 카르타고의 장군. 4만 명의 병사와 37마리의 코끼리를 이끌고 로마군의 방어가 허술했던 겨울 알프스산맥을 넘어 로마 쪽으로 침공했다. 한니발의 군대가 이탈리아에 도착했을 때는 병사 2만 6000명, 코끼리 20마리 정도로 규모가 크게 줄어 있었다. 로마군은 예상치 못한 전략에 혼비백산해 연이은 패배를 면치 못했다. 그래서 고대 로마에서는 아이를 훈육할 때 '착하게 굴지 않으면, 한니발이 온다'라고 어르는 말까지 생겨났다고 한다. 지금까지도 '전략의 아버지'로 불리는 등 후세의 평가도 높다.

눈부신 번영을 일구어낸 고대 로마는 아프리카 북쪽 나라에 참패하며 멸망의 위기에 내몰렸습니다. 그리고 궤멸 직전 상태인 고대 로마에 ⑧스키피오라는 젊은 장군이 나타났어요. 스키피오는 이렇게 말했습니다.

우리도 뒤통수 작전으로
아프리카 본국을 공격합시다!

스키피오(기원전 235년경~기원전 183년)

스키피오는 고대 로마가 쑥대밭이 된 상황에서, 거꾸로 적국의 본토 공격을 감행합니다. 이런 작전으로 아프리카 북쪽 나라의 식민지였던 현재 스페인의 **이 지역을 차지하지요⑫**. 그리고 그 기세를 놓치지 않고 **아프리카에 상륙해⑬**, 아프리카 영역까지 휩쓸어버렸습니다.

허를 찔린 아프리카 북쪽 나라는 수세에 몰려서 고대 로마에서 활약 중이던 한니발을 서둘러 귀환시켰습니다. 결국 본국으로 돌아온 한니발은 침공을 멈출 생각이 없는 스키피오와 대치하게 됩니다. **한니발과 스키피오의 맞대결이 ⑨자마 전투입니다⑭**. 이 전투에서 스키피오가 이끄는 고대 로마군이 승리했습니다.

⑫ 지금의 스페인 지역을 점령

⑬ 기세를 몰아 아프리카에 상륙

⑭ 자마 전투(기원전 202년)

본토가 참담하게 초토화되었던 고대 로마는 이 승리 덕분에 오히려 영토가 넓어졌고, 아프리카 북쪽 나라는 힘을 잃고 말았습니다.

---

⑧ 스키피오: 기원전 235년경~기원전 183년. 코끼리를 끌고 온 한니발의 카르타고군에 맞서 싸운 로마의 장군. 그의 아버지는 카르타고 군대와 싸우다가 목숨을 잃었다. 로마에 한니발의 군대가 주둔하는 동안, 카르타고 본국을 공격하는 역발상 전략을 세우고 당당히 승리했다. 스키피오는 전쟁이 끝난 후 영웅 대접을 받았지만, 권력이 집중될 것을 두려워한 정적들의 계략으로 횡령죄를 뒤집어쓰고 정계에서 은퇴했다.

⑨ 자마 전투: 기원전 202년. 카르타고 본국을 노린 스키피오와 서둘러 귀환한 한니발이 격돌한 전투. 로마군은 한니발이 돌아오자, 기다렸다는 듯이 협공을 펼치며 덤벼들어 승리했다. 4만 명이던 카르타고군 중 2만 명이 사망하고, 나머지는 포로가 되었다고 한다.

로마를 공격하러 떠나는 한니발과 코끼리

자마 전투

정복 전쟁으로 다른 나라의 영토를 획득하며 재미를 본 고대 로마는 일찍이 고도의 문명을 쌓아 올린 ⑩고대 그리스 지역의 어느 나라를 멸망시키고 **이 지역도 손에 넣었습니다**15.

로마는 영웅이 된 스키피오와 무시무시했던 한니발도 세상을 떠난 뒤 **세 번째 포에니 전쟁**16을 일으켜서, 겨우 목숨줄을 이어가던 아프리카 북쪽 나라를 완전히 멸망시켰고 **땅도 차지했습니다**17.

15고대 그리스의 멸망 / 안티고노스 왕조 멸망

16제3차 포에니 전쟁
(기원전 149년~기원전 146년)

17카르타고의 멸망
(기원전 146년)

이런 식으로 고대 로마는 다른 나라 땅을 모조리 점령하며, 초강대국의 반열에 올라섰습니다.

고대 로마는 누구나 인정하는 나라가 되었지요. 그러나 그 결과 ⑪새로 정복한 영토를 탐욕스럽게 독점해서 엄청난 부를 쌓은 사람들이 나타났습니다.

---

⑩ 안티고노스 왕조 참조 → P.034

⑪ 라티푼디움: '커다란(라티)', '토지(푼디움)'를 뜻한다. 로마가 이웃 나라를 정복해서 영토를 넓히자, 대지주들은 땅을 헐값에 사들이고 노예를 부려서 농장을 경영했다. 주로 포도나 올리브 등을 재배했다. 그리고 농작물을 팔아서 더욱 많은 부를 축적했다. 이에 따라 일반 농민들은 점점 몰락했고, 자산 분배의 불평등이 심각해졌다. 원래 로마 사회는 '모두 평등하므로, 모두 병사가 되어 싸운다'라는 이상을 내세워서 군사력을 끌어올렸기 때문에, 부의 양극화는 나라의 근간을 흔드는 문제였다.

고대 로마가 침략 전쟁을 거듭할수록 국내에서는 부유층은 점점 더 부유해지고, 빈곤층은 점점 더 가난해지는 현상이 나타났습니다. 고대 로마는 돈이 넘쳐나는 사람과 당장 굶주림을 걱정해야 하는 사람이 함께 살아갈 만큼 빈부의 차이가 극단적으로 벌어진 거지요.

결국 생활고에 시달리던 빈곤층이 국내에서 반란을 일으켰고, 고대 로마 사회는 어지러워졌습니다. 그런 가운데 '이건 좀 심각한 문제야'라면서 ⑫빈부격차를 어떻게든 해결하자는 세력이 나타나서 서민들의 지지를 받았습니다. 하지만 국가 운영을 이끌던 사람들, 즉 중앙정부는 끝까지 철저하게 ⑬빈곤층을 외면하는 입장을 바꾸지 않았어요.

이처럼 한 나라 안에서 빈곤층을 도우려는 자들과 빈곤층을 돕지 않으려는 자들이 서로 적대시하는 대립의 시대를 보내게 되었습니다. 이 갈등은 실제로 반대파라는 이유로 인정사정없이 처형하거나, 로마에서 시민들을 아무렇지 않게 죽이기도 하는 매우 위험한 수준이었어요.

그 무렵 ⑭카이사르가 나타났습니다. 카이사르는 빈곤층 구제에 우호적인 입장이었기 때문에 빈곤층에게 인기가 높았고, 상당한 권력을 쥐고 있었습니다. 그리고 당연히 빈곤층을 외면하는 세력의 미움을 받았지요. 카이사르는 이렇게 말했습니다.

유럽 북쪽을 침략할까 해

카이사르(기원전 100년~기원전 44년)

카이사르는 현재의 프랑스가 있는 **이 지역을 점령하러 원정길에 올랐습니다⑱**. 바로 ⑮갈리아 원정입니다.

---

⑫ 평민파(포풀라레스): 일반 시민이 모이는 평민회를 중시하고, 반원로원의 입장을 취하는 개혁파 사람들. 시민층의 지지가 두터웠지만, 구성원은 모두 귀족 출신이었다.

⑬ 벌족파(옵티마테스): 원로원을 중시하며, 전통 수호 성격의 보수파 사람들. 대대로 명문 귀족들이 중심 멤버로 활약했다. '현재의 체제가 최고!'라는 사상을 주장했다.

⑭ 카이사르: 기원전 100년~기원전 44년. 평민파의 정치가이자 군인. 고대 로마에서 다양한 개혁을 실시했다. 율리우스력을 채용해 1년을 365일로 정한 공적은 현대까지 이어지고 있다. 별명은 '대머리 난봉꾼'. 이집트 여왕 클레오파트라와의 사이에서 카이사리온이라는 사생아도 낳았다.

⓲ 갈리아 원정(기원전 58년~기원전 51년)　　　⓳ 서유럽 일대의 로마화

고대 로마는 갈리아 원정에 성공해 **이 지역을 획득**⓳했고, 카이사르는 엄청난 군사력을 확보합니다. 이 군사력을 가진 상태에서 카이사르는 이렇게 말했습니다.

짜증 나는 중앙정부 없애버려야지

카이사르

카이사르는 빈곤층을 외면하는 그룹, 즉 국가를 운영하는 고위직이 모인 ⑯ 중앙정부를 해체할 결심을 했습니다. 이것은 국가에 대한 반역 행위라서 상당히 위험한 일이었지요.

카이사르는 막강한 군사력을 이용해서, 국가를 좌지우지하는 중앙정부를 무너뜨리고 권력을 빼앗았습니다. 고대 로마라는 광활한 국가의 ⑰ 거의 모든 권력을 단 한 사람이 장악하게 된 거지요. 권력의 정점에 선 카이사르는 이렇게 말했습니다.

가난한 자들을 돕겠다

카이사르

카이사르는 진짜로 빈곤층에게 토지를 나누어주는 등 원조 활동을 펼쳤습니다.

---

⑮ 갈리아 원정: 기원전 58년~기원전 51년. 켈트족('서쪽에 사는 사람'이란 뜻)이 살던 지역으로 떠났던 군사 원정. 영리한 전술로 대성공을 거두었다. 이 승리를 계기로 카이사르의 정치적 영향력이 더욱 커졌다.
⑯ 로마 내전: 기원전 49년~기원전 45년. 갈리아 원정 후 원로원은 카이사르에게 군대를 철수하라고 명령했다. 카이사르는 스키피오와 같은 정치적 실각을 피하고자 '주사위는 던져졌다'라는 명언을 남기며 맞섰다. 이후 원로원과의 갈등은 극에 달했고 결국 내전 상태에 돌입했다.
⑰ 종신 독재관: 독재관은 나라가 비상사태에 놓였을 때, 모든 공직자를 지휘할 수 있는 최강의 지위다. 원래 임기는 6개월 이내로 정해져 있었지만, 기원전 44년에 카이사르가 '종신 독재관'으로 취임했다.

하지만 그러한 행보는 또다시 빈곤층 구제를 반대하는 사람들의 분노를 샀고, ⑱카이사르는 반대파에 의해 암살당하고 말았습니다.

갈리아 원정 중에 적을 위협하는 카이사르(오른쪽)

암살당할 뻔한 카이사르(오른쪽)

로마 전체를 다스리는 절대 권력자의 출현
기원전 50년~기원후 180년 무렵   로마 제국의 탄생

중앙정부가 뒤죽박죽되고 최고 권력자인 카이사르마저 세상을 떠났어요. 이제 로마 권력의 주인은 누구인지 가릴 수 없는 상황이 되었습니다. 이때 카이사르의 뒤를 이을 사람으로 ⑲아우구스투스가 나타났습니다.

아우구스투스는 인류 역사상 가장 영향력 있었던 인물 18위로 꼽히기도 했습니다. 그만큼 유명하단 얘기겠지요. 아우구스투스는 카이사르에게 직접 후계자로 지명된 인물이었습니다. 그래서 높은 권력에 접근하고 차지할 수 있었어요. 아우구스투스는 이렇게 말했습니다.

빈곤층 구제 반대파를 제거할 거야

아우구스투스(기원전 63년~기원후 14년)

아우구스투스는 빈곤층 구제에 반대하는 사람들을 하나둘 처형했고, 거의 완전히 뿌리 뽑게 됩니다. 두 그룹의 싸움은 빈곤층에 우호적인 세력의 승리로 끝났지만, ⑳아우구스투스에

---

⑱ 카이사르의 암살: 기원전 44년. 암살자들이 원로원에 참석한 카이사르를 둘러싸고 칼로 몸을 23번 찔렀다. 그 후, 카이사르는 사망했다. 셰익스피어의 『줄리어스 시저』라는 작품 중에서 '브루투스, 너마저?'라는 대사가 매우 유명한데, 실제로는 20명이 넘는 암살자 중 '브루투스'라는 사람이 두 명 있었기 때문에 이 중 누구를 향한 말이었는지 아직도 불분명하다.

⑲ 아우구스투스: 기원전 63년~기원후 14년. 원래 이름은 옥타비아누스 아우구스투스는 '존엄한 자'라는 뜻의 존칭이다. 양아버지 카이사르의 뒤를 이어 황제가 되었다. 달력을 수정할 때 8월(August)을 자기 이름에서 딴 명칭으로 개명했다.

게는 여전히 라이벌이 있었습니다. 이 라이벌도 카이사르의 제자이면서, 빈곤층을 도와야 한다는 세력에 속해 있었어요. 이번에는 같은 편끼리 맞서게 된 거지요.

카이사르의 보살핌을 받았던 인물들이 후계 자리를 걸고 운명적인 싸움에 돌입했습니다. **두 사람이 승패를 겨룬 최후의 결전이** ㉑**악티움 해전입니다**㉒. 아우구스투스의 라이벌은 모르는 사람이 거의 없을 정도로 유명한 ㉒**클레오파트라**와 연합군을 결성해서 치열하게 대항했지만, 아우구스투스가 승리하면서 고대 로마의 오랜 내전이 종식되었습니다.

| 아우구스투스의 정적 마르쿠스 안토니우스 | 절세 미녀로 널리 알려진 클레오파트라 | 악티움 해전의 전투 장면 |

아우구스투스는 고대 로마의 정점에 올라 광활한 영토 전체를 다스릴 권력을 쥔 일인자가 되었습니다. 그래서 아우구스투스는 이렇게 말했습니다.

광장히 대단한 칭호가 갖고 싶도다

아우구스투스

이렇게 아우구스투스는 고대 로마의 황제가 되었습니다. 대표자가 모인 중앙정부를 통해 나라가 운영되던 고대 로마의 수백 년 전통이 끝나고, 단 한 사람의 최고 권력자인 황제가 가장 높은 곳에서 군림하며 나라를 이끄는 구조로 바뀌었습니다.

이후의 고대 로마를 ㉓**로마 제국이라고 부릅니다**㉑.

㉒ 안토니우스: 기원전 83년~기원전 30년. 고대 로마의 정치가이자 군인. 카이사르의 부하였다. 레피두스, 아우구스투스와 셋이 힘을 모아 삼두정치에 힘썼다. 그러나 클레오파트라를 만난 후부터는 사랑에 눈이 멀어 로마 장군으로서의 업무를 등한시했다. 레피두스가 실각한 후 아우구스투스와 대립했다.

㉑ 악티움 해전: 기원전 31년. 그리스 서해안에서 발생. 1538년 프레베자 해전과 거의 같은 장소다. 한창 전쟁이 벌어지던 중에 안토니우스가 전쟁터를 빠져나갔고, 일찌감치 결판이 났다. 참조 → P.138

㉒ 클레오파트라: 기원전 69년~기원전 30년. 세계 3대 미녀 중 한 명으로 꼽힌다. '클레오파트라의 코가 조금만 낮았더라면 역사가 달라졌을 것'이라는 말이 있을 정도로 역사에 영향을 미쳤다.

⑳악티움 해전(기원전 31년)

㉑로마 제국(기원전 27년~기원후 395년)

로마 제국의 초대 황제가 된 아우구스투스는 이후 국내 정치에 힘쓰며 정치적 안정과 경제적 번영을 이루었습니다. 로마 제국은 아우구스투스가 세상을 떠난 뒤에도 새로운 황제가 차례로 즉위하면서 ㉔약 200년 동안 눈부신 평화와 번영의 시대를 누렸답니다.

고대 로마의 뛰어난 수도 시설과 도로 설비는 유럽의 구석구석에 퍼졌고, 콜로세움처럼 웅장한 건축물도 많이 세워졌습니다. 지금까지 많은 사람이 신앙으로 따르는 ㉕기독교가 등장한 것도 이 무렵입니다.

콜로세움에서 사자와 싸울 운명에 놓인
박해받던 기독교 신자들

산꼭대기에서 설교하는 예수 그리스도

허약해진 제국을 어쩔 수 없이 분할하다
200년 ~ 400년 무렵

사두정치(테트라키아)

로마 제국은 한동안 평화로운 시대를 구가했지만, 어느 시점부터 **북방에서 침입한** ㉖이민족

㉓ 로마 제국: 기원전 27년~기원후 395년. 아우구스투스가 황제가 된 이후부터 로마 제국이 동서로 분열될 때까지 '황제가 나라를 다스리는' 정치 구조의 고대 로마를 말한다. 이 기간을 로마 제정이라고 부른다.
㉔ 로마의 평화: 기원전 27년~기원후 180년. 일명 '팍스 로마나'. 패권이 확립된 후 약 200년간 이어진 로마 제국의 안정기를 말한다. 식민지에 엄청난 부담을 강요했다고 한다.
㉕ 기독교: 70년경~현재. 하나님의 아들인 예수가 처형당한 후 부활한 것과 예수가 이 세상의 구세주(그리스도)임을 믿는 종교. 특히 유럽 역사를 움직인 세계적인 종교다. 지금도 세계 전체 인구의 약 30%가 믿고 있다.
㉖ 게르만 민족 참조 → P.050

에게 공격을 받거나, 유럽의 먼 동쪽인 ㉗중동 지역의 거대한 왕국과 전쟁을 치르며 고전하는 등㉒ 나라 밖의 위협이 강해져 갔습니다.

북쪽에서 온 이민족과의 전쟁

중동의 거대한 왕국에 납치된
로마 황제 / 발레리아누스

또한 내부적으로는 ㉘난폭한 황제와 ㉙무능한 황제가 즉위해 폭정을 일삼고, 반란이 발생하고, 전염병까지 유행하면서 로마 제국의 운명은 서서히 쇠락의 길에 접어들었습니다.

㉒북쪽에서 이민족, 동쪽에서 거대한 왕국이 쳐들어오다

난폭한 황제 /
코모두스 황제

무능력한 황제 /
카라칼라 황제

속수무책으로 기울어가는 이 거대한 나라를 황제 한 사람의 힘만으로 관리하기 어려웠기 때문에 그 후 **로마 제국은** ㉚서쪽 황제 두 명, 동쪽 황제 두 명을 각각 뽑아서 총 네 명의 황제가 나라를 다스리는 신기한 체제를 시작했어요㉓. 이 응급처치 덕에 불안한 내정이 가라앉는 듯했지만 북쪽에서 쳐들어오는 이민족의 공격이 예사롭지 않았고, 중동 왕국의 공격에도 끊임없이 시달렸습니다. 황제가 전사하는 일조차 드물지 않게 일어났으니까요. 이렇게 로마 제국은 빠르게 힘을 잃어갔습니다.

㉗ 사산 왕조 페르시아 참조 ➡ P.127

㉘ 코모두스 황제: 161년~192년. '신의 화신'으로 자칭하며, 늑대 모피를 입고 생활했다고 한다. 이해할 수 없는 대학살을 계획했는데, 이토록 위험한 인물을 내버려둘 수 없다고 판단한 사람에 의해 목이 졸려 살해당했다.

㉙ 카라칼라 황제: 188년~217년. 로마 역사상 최악의 황제로 유명하다. 나라가 뿌리째 흔들리는 상황인데도 목욕탕을 건설해서 방탕한 생활에 빠져 지냈다. 한편 다른 나라의 고위 인사들을 속이거나, 마음에 들지 않는 일반 시민들을 주저 없이 학살하는 등 무자비한 만행을 저질렀다. 결국 측근들에게 버림받고 암살당했다.

나라가 위태로운 상황에서 ㉛테오도시우스 황제가 나타났습니다. 테오도시우스 황제는 이렇게 말했습니다.

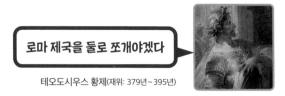

로마 제국을 둘로 쪼개야겠다

테오도시우스 황제(재위: 379년~395년)

그동안 로마 제국은 동서로 나눈 다음 각 두 명의 황제가 맡아서 다스렸는데, 아예 두 나라로 분리해 버린다는 생각이었지요. 그래서 로마 제국은 **동로마 제국과 서로마 제국으로 갈라지게 되었습니다㉔**. 하나의 국가였던 고대 로마의 1000년이 넘는 역사에 마침표가 찍혔고, 동로마 제국과 서로마 제국으로 쪼개져서 명맥을 이어가게 되었습니다.

㉓동쪽과 서쪽의 황제는 각각 두 사람 /
사두정치(테트라키아)

㉔로마 제국의 분할(395년)

㉚ 사두정치(테트라키아): 두 명의 정제와 두 명의 부제를 뽑아 로마 제국을 네 개로 분할해 통치하는 제도. 로마 제국을 외적으로부터 지키는 것이 가장 큰 목적이었다. 네 명의 황제 사이에는 서열이 정해져 있었다. 동쪽 정제의 지위가 가장 높았는데, 그 규칙을 마음에 들어 하지 않는 황제들 간에 대립이 일어났다.

㉛ 테오도시우스 황제: ?~395년. 로마의 마지막 황제. 원래는 스페인 부근 출신의 군사 사령관이었다. 로마의 대립 국가와 화합을 추진하는 등 외교적으로 활약했다. 그러나 390년에는 폭동에 가담한 사람들을 약 7000명이나 살해했다. 392년에는 기독교를 국교로 정하고 그 밖의 종교를 금지했다. 죽기 직전에 제국을 18세와 16세의 젊은 두 아들에게 선물했다.

유럽 편

제3화

제3화

01:07

◀◀ ▶ ▶▶

초등학생도 이해할 수 있는

로마 제국의
붕괴 이후

시대는 400년쯤, 장소는 유럽입니다. 당시 유럽 전역은 로마 제국이 다스렸어요. 로마 제국은 1000년이나 되는 역사가 있었고, 광활한 영토를 가지고 있었으며, 문명이 매우 높은 수준으로 발달해서 인류 역사상 보기 드물다고 할 만한 평화와 번영을 누리고 있었습니다.

하지만 안타깝게도, 어느 날 로마 제국의 북쪽에서 수수께끼의 유목 민족이 나타났습니다. 이들은 머나먼 아시아에서 온 것 같았는데, 무시할 수 없는 막강한 세력을 갖추고 있었습니다. ①아시아 출신인 듯한 수수께끼의 유목 민족은 이렇게 말했습니다.

우리 서쪽으로 진출할래

아시아 출신인 듯한 수수께끼의 유목 민족 / 훈족

수수께끼의 유목 민족은 **점점 서쪽으로 이동했습니다**❶. 이런 상황이다 보니, ②**원래 서쪽에 살던 또 다른 이민족이 더욱 서쪽으로 꾸역꾸역 밀려나게 되었습니다**❷. 동쪽에서 쳐들어온 아시아 출신의 유목 민족을 피해서 서쪽에 살던 원주민 이민족이 어쩔 수 없이 자리를 내주며 더욱 서쪽으로 옮겨가게 된 거지요. 그 과정에서 ③서쪽에 살던 원주민 이민족과 로마 제국 사이에 군사 충돌이 일어났고, 로마 제국 입장에서는 **서쪽에서 온 원주민 이민족의 공격에 시달리는 꼴이 되었습니다**❸.

게다가 로마 제국은 거의 같은 시기에 ④중동에 생긴 거대한 왕국의 공격에도 압박을 받았습니다.

---

① 훈족: 아시아 내륙에 있던 유목 민족이며, 유럽으로 이동했다. 일설에는 중국 한나라에게 격퇴된 '흉노족'의 일부라는 의견도 있다. 참조 → P.192

② 게르만 민족: 원래 독일과 북유럽에 걸쳐 살았던 민족이다. 파란 눈, 금발, 큰 키 등이 특징이다. 유럽에 고기를 먹는 문화와 맥주를 마시는 문화를 가져왔다.

③ 게르만 민족의 대이동: 지구가 추워지면서, 여러 민족 사이에 연쇄 추돌 사고와 같은 이동이 발생했다. 최종적으로 게르만 민족이 로마 제국에 침입했다. 이후 시대를 '중세'라고 부른다.

④ 사산 왕조 페르시아 참조 → P.127

⑤ 동로마 제국: 395년~1453년. 일명 비잔틴 제국. 실제로 살았던 사람들은 대부분 그리스인이었다. 학문의 중심지인 그리스, 당시의 최첨단 지역인 중동, 농업이 번성한 이집트를 아우르며 크게 발전했다. 그리스 문화와 이슬람 문화의 융합을 꾀하기도 했다.

1 아시아 출신의 수수께끼의 유목 민족이 서쪽으로 이동

2 유럽 서북쪽 언저리에 살던 이민족이 더욱 서쪽으로 밀려났다

3 더욱 서쪽으로 밀려난 원주민 이민족이 로마 제국과 충돌

여러 가지 외부적인 요인으로 위험한 상황이 조성되는 가운데, 로마 제국의 황제는 이렇게 말했습니다.

로마 제국을 둘로 쪼개야겠다

로마 제국 테오도시우스 황제(재위: 379년~395년)

로마 제국이 너무 넓어서 하나의 나라로 통치하기 힘들어졌기 때문인지, 나라를 둘로 나누게 되었어요. 그래서 **로마 제국은** ⑤ **동로마 제국과** ⑥ **서로마 제국으로 갈라졌습니다4**.

이후 동쪽에서 쳐들어온 아시아 출신의 수수께끼 유목 민족은 어찌저찌 와해되었지만, **더욱 서쪽으로 밀려난 원주민 이민족의 공격은 심상치 않은 수준으로 계속되었습니다5**. 그러던 중 원주민 이민족에서 ⑦ **오도아케르**라는 인물이 나타납니다. 오도아케르는 이렇게 말했습니다.

로마 제국을 무너뜨리자

게르만족 출신 용병 대장, 오도아케르(434년경~493년)

결국 서쪽 원주민 이민족의 오도아케르가 밀어붙인 공격을 끝까지 받아내지 못하고 **서로마 제국이 분열하며 바로 패망해 버렸어요6**.

---

⑥ 서로마 제국: 395년~476년. 지금은 서유럽의 중심지에 해당하지만, 당시에는 미개한 시골에 불과했다. 농사가 잘되는 땅을 이민족에게 빼앗긴 뒤부터 급속도로 쇠퇴했다.

⑦ 오도아케르: 434년경~493년. 게르만인 용병대장. 서로마 제국을 멸망시킨 후 동로마 제국으로부터 지배권을 인정받았다. 같은 게르만계의 동고트인에게 암살당했다.

맹렬한 기세를 보였던 오도아케르도 이 전쟁을 치르며 얼마 못 살고 사망했습니다. 이렇게 유럽 지역은 서쪽의 원주민이던 이민족이 침입해 오면서 참혹한 전쟁이 반복되는 지옥 같은 시대에 들어서고 말았습니다.

그 이후 서유럽 지역에서는 과거 로마 제국의 세력을 흔적조차 볼 수 없게 되었고, 대신 어디선가 흘러온 이민족끼리 바글바글하게 모여 피 튀기는 싸움을 벌이게 되었습니다.

4 로마 제국 분열

5 서로마 제국이 서쪽으로 밀려난 원주민 이민족에게 계속 공격받다

6 서로마 제국이 서쪽으로 밀려난 원주민 이민족에 의해 멸망

여러 이민족이 난립해 싸우는 가운데, ⑧클로비스라는 인물이 나타났습니다. 클로비스가 세운 **이민족 세력의 나라가** ⑨프랑크 왕국입니다**7**. '프랑크'는 현재 프랑스 국명의 어원이지요. 프랑크 왕국은 **현재의 프랑스 지역을 차근차근 침략합니다8**. 이렇게 프랑크 왕국은 이민족 세력이 세운 나라 중 최강 국가가 되었어요.

클로비스
(465년경~511년)

7 서쪽으로 밀려난 원주민 이민족이 서유럽을 지배

8 유럽의 세력 지도(500년경)

---

⑧ 클로비스: 465년경~511년. 현재의 프랑스 북서부에서 프랑크인 민족을 처음으로 통일했다. 갈리아 지역 일대를 지배했으며, 496년부터는 갈리아 지역에서 많은 사람이 따르던 '기독교'를 믿도록 했다. 이로써 로마 교회는 프랑크 왕국이라는 강한 나라의 뒷받침을 받게 되었다.

⑨ 프랑크 왕국: 481년~887년. 프랑크족이 갈리아 지역에 세운 왕국. 이 나라가 발전하면서 기독교가 유럽에 전파되었다. 프랑크족이 유럽을 침략할 때 건너간 강을 '프랑크푸르트'라고 불렀는데, 그 이름은 여전히 독일의 지명으로 남아 있다. 그리고 이 지역에서 먹던 소시지를 '프랑크 소시지'라고 부른다.

유스티아누스 대제와 로마 제국의 역습

500년~550년 무렵 ⬤ 유스티아누스의 통치

서쪽에서 밀려난 원주민 이민족 세력이 국가 기틀을 다지며 안팎으로 발전하는 상황에서 로마 제국의 영혼을 계승한 동로마 제국에 ⑩유스티니아누스 대제가 나타납니다. 유스티니아누스 대제는 이렇게 말했습니다.

> 촌구석 이민족 놈들한테 당할 수는 없지!
> 복수다!

동로마 제국, 유스티아누스 대제(482년경~565년)

세상을 호령했던 로마 제국의 명맥을 이어온 동로마 제국이 이민족 세력을 향해 반격을 시작했습니다. 그리고 ⑪현재의 이탈리아 지역을 차지하고 있던 이민족 국가를 멸망시켰습니다❾. 유스티니아누스 대제의 활약으로 동로마 제국의 영토는 이만큼 넓어졌지요❿.

❾동로마 제국이 동고트 왕국을 멸망시키다

❿유럽의 세력 지도(550년경)

기세가 계속 불타오르며 이대로 로마 제국이 부활할까 싶었지만, 유감스럽게도 그런 일은 벌어지지 않았습니다. 로마 제국의 영혼을 수호하는 동로마 제국과 이민족 세력 사이의 싸움이 고조될 때 또 다른 세력이 나타났기 때문입니다.

---

⑩ 유스티니아누스 대제: 482년경~565년. 아내와 부하 등 인복을 타고난 동로마 제국의 황제. 막강한 장군과 현명한 법무장관 덕분에 나라를 안정적으로 다스렸다. 가난한 무희 출신이던 아내 테오도라는 반란이 일어났을 때 '황제니까 도망치지 말고 제대로 싸우세요'라고 조언해주며 유스티니아누스의 마음을 진정시키고 반란 진압에 기여했다.

⑪ 동고트 왕국: 493년~555년. 게르만계의 고트족이 현재의 이탈리아 부근에 세운 왕국이다. 고트족은 '야만적이다', '교양이 없다'라고 여겨졌고, 그들의 서체와 건축 양식을 가리켜 '고딕(고트족 스타일)'이라고 불렸다. 당시에는 경멸적인 표현이었다.

이번에는 **유럽보다 훨씬 동쪽인 ⑫ 중동 지역에서 터무니없이 강한 나라가 나타났습니다⑪**.
중동의 강한 나라를 다스리는 통치자는 이렇게 말했습니다.

> 와~ 진짜 우리 너무 강하지 않냐?
> 가만있어 보자, 유럽 쪽도 탐나는데?

중동의 강한 나라의 지배자

그리하여 중동의 강한 나라는 막강한 힘으로 침략해 먼저 동로마 제국을 무너뜨리고 그
영토를 모조리 빼앗았습니다⑫.

⑪ 중동에 말도 안 되게 강한 나라가 탄생

⑫ 유럽의 세력 지도(680년경)

대제국이 된 중동의 강한 나라의 지배자는 이렇게 말했습니다.

> 어디 보자~ 아프리카를 거쳐서
> 유럽으로 쳐들어가면 되겠구나!

중동의 강한 나라의 지배자

중동의 강한 나라는 **다음 목표로 아프리카를 침략했습니다⑬**. 아프리카를 정복한 중동의
강한 나라의 지배자는 이렇게 말했습니다.

---

⑫ 이슬람교: 유럽에서는 '십자군'을 비롯한 활동을 펼치며 이슬람교를 철저히 배척했지만, 학문적 교류는 상당히 활발했다.
그리스와 로마의 학문을 열심히 연구한 이슬람 국가에서 그 성과를 유럽에 역수출하기도 했다고 한다. 참조➔ P.130

⑬ 서고트 왕국: 418년~711년. 분열된 게르만계의 고트족 중 서쪽 사람들이 세운 왕국이다. 이 사람들이 훈족을 피해 로마
제국 영토에 침입하면서, 게르만 민족의 대이동이 시작되었다. 프랑스부터 스페인 주변 영토까지 획득한 뒤 기독교를 바탕
으로 나라를 개조해 번영을 누렸다. 이때 뿌리내린 기독교 전통은 레콩키스타로 이어졌다.

좋았어, 유럽 상륙이다!

중동의 강한 나라의 지배자

마침내 중동의 강한 나라는 **현재 스페인 지역을 통해 유럽 대륙에 발을 들였고,** ⑬ 서쪽에서 밀려난 원주민 이민족이 세운 이 나라를 눈 깜빡할 사이에 멸망시켰습니다⑭. 이제 수수께끼의 이민족이 어떻고, 로마 제국의 영혼이 어떻고 하는 수준의 이야기를 견줄 때가 아니게 되었습니다. 유럽 전체가 중동의 강한 나라에 완전히 정복될 위기에 놓였으니까요.

⑬중동의 강한 나라가 아프리카 해안 영토를 차지
(700년경)

⑭중동의 강한 나라가 현재의 스페인 근처 영토를 차지
(710년경)

프랑크 왕국 vs 중동의 위험한 나라의 전쟁

700년~800년 무렵

투르-푸아티에 전투

이 무렵 프랑크 왕국에서 ⑭ **카를 마르텔**이 나타났습니다. 카를 마르텔은 이렇게 말했습니다.

중동 세력의 장난질은 여기까지다

프랑크 왕국, 카를 마르텔(688년경~741년)

이윽고 프랑크 왕국과 중동의 강한 나라 사이에 전쟁이 일어났습니다.

---

⑭ 카를 마르텔: 688년경~741년. 프랑크 왕국의 총리에 해당하는 역할을 했던 인물. 이 사람이 없었다면 지금쯤 유럽의 대표 종교는 이슬람교가 되었을지도 모른다. 마르텔은 '망치'라는 뜻이다.

⑮**투르-푸아티에 전투로 불리는 전쟁입니다⑮**. 이 싸움에서 프랑크 왕국이 운 좋게 승리했답니다. 현재 스페인 지역을 **최후 저지선으로 지켜내며**⑯ 간신히 중동 세력의 침공을 막았지요. 이후 유럽 지역 입장에서는 행운처럼 중동의 강한 나라가 내분을 겪으며 그대로 ⑯**분열되고 약화되었어요**⑰.

⑮투르-푸아티에 전투(732년)

⑯중동의 강한 세력 밀어내기 성공

⑰중동의 강한 나라가 분열(750년)

프랑크 왕국이 이렇게 분발하는 상황에서 이 나라에 ⑰**카롤루스 대제(샤를마뉴 대제)**가 나타납니다. 카롤루스 대제는 이렇게 말했습니다.

힘내서 더 많이 침략하자

프랑크 왕국, 카롤루스 대제(742년~814년)

프랑크 왕국은 중동의 세력을 무너뜨린 후 사기를 한껏 끌어 올리며 **유럽 지역을 적극적으로 침략했어요**⑱. 그 결과 지도에서 확인할 수 있듯이 **프랑크 왕국의 세력은 눈에 띄게 넓어졌고**⑲, 동로마 제국을 초월한 수준으로 느껴질 만큼 강한 나라가 되었습니다.

---

⑮ 투르-푸아티에 전투: 732년. 말을 타고 싸우는 이슬람 군대를 프랑크 왕국군이 격퇴했다. 투르는 성 마르티노 주교의 연고지로, 성 마르티노가 길가의 걸인에게 자신의 망토를 반으로 잘라 건네주었는데, 알고 보니 그 사람이 예수 그리스도였다는 전설이 있다. 전설 속 망토는 프랑크 왕국에 대로 전해 내려왔고, 이 지역의 카페 왕조는 망토를 뜻하는 'Cape'에서 유래되었다. 예배당(Chapel)이라는 말도 원래는 'Cape를 보관하는 곳'이라는 뜻이다.

⑯ 아바스 혁명: 750년. 정통 가문인 아바스(무함마드의 삼촌)의 후손들이 자신을 무시하는 우마이야 왕조에 분노해 일으킨 혁명. 우마이야 왕조에 불만을 가진 자들의 힘을 빌려 고지식하게 관료제를 시행한 아바스 왕조를 세웠다.

⑰ 카롤루스 대제: 742년~814년. 카를 마르텔의 손자. 46년 동안 재위하면서 50여 차례의 전쟁을 치르며 유럽을 통일하기 위해 온 힘을 기울였다. 사실 '읽기와 쓰기'가 무척 서툴렀다고 하는데, 매일 밤 열심히 공부해서 라틴어를 완벽하게 익혔다. 희귀한 동물을 좋아해서 코끼리와 사자를 기르기도 했다. 트럼프 카드 중 '하트 킹'의 주인공이다.

⑱ 프랑크 왕국의 영토 확장

⑲ 프랑크 왕국이 '서로마 제국'을 부활시키다

현재의 유럽 형태가 조금씩 드러나다

800년~850년 무렵

프랑크 왕국의 분열

카롤루스 대제는 이렇게 말했습니다.

서로마 제국의 부활을 선언하는 바입니다

카롤루스 대제

카롤루스 대제의 선언으로 ⑱ 서로마 제국이 부활했습니다.

애초에 너희 이민족이 쳐들어와서 서로마 제국을 망쳤으면서 이제 와서 무슨 소리를 하는 거냐고 투덜거리고 싶은 사람도 있겠지만, 이 선언으로 인해 프랑크 왕국이 대단한 왕국이 된 것처럼 여겨지게 되었습니다.

그런데 위풍당당하게 부활을 선언한 **카롤루스 대제가 사망하자,** ⑲ 프랑크 왕국은 순식간에 셋으로 분열되고 말았습니다⑳. 당최 어떤 나라가 되고 싶은지 이해할 수 없는 행보를 보여준 나라라고 할 수 있겠지요.

---

⑱ 카롤루스 대제의 대관: 800년. '짐의 의무는 거룩한 그리스도의 교회를 만드는 것'이라던 카롤루스 대제가 기독교의 적을 물리친 공적을 인정받아 교황으로부터 '로마 황제'의 지위를 부여받았다. 고대 로마를 이상향으로 삼고, 고전 문예의 부활도 꾀했다. 이때 사용된 '카롤링거 소문자'는 현재 알파벳 소문자의 바탕이 되었다.

⑲ 프랑크 왕국의 분열: 840년경. 카롤루스 대제의 손자들이 후계자 자리를 놓고 싸움을 시작했다. 결국 '프랑크인 전통이라 할 수 있는 분할 상속을 하자'로 결정하고, 843년에 휴전했다. 이후 프랑크 왕국을 세 지역으로 나누고 각자 통치하기로 정했다.

셋으로 나뉜[21] 나라 중 서쪽이 ⑳ **프랑스 왕국**이 됩니다. 현재 프랑스의 조상님 격이에요. 그리고 동쪽은 ㉑ **신성 로마 제국**이 됩니다. 현재 독일의 조상님이라 할 수 있습니다. 그리고 남쪽 나라는 얼마 지나지 않아 신성 로마 제국에게 삼켜집니다.

이렇게 유럽 지역은 복잡한 정치와 전쟁을 엎치락뒤치락 반복하며 새로운 구도로 재편성 되었습니다.

⑳㉑유럽의 세력 지도(870년경)

㉒지금의 독일과 프랑스의 조상님이 완성

이 구도는 **현재 서유럽의 프랑스와 독일 지역 배치와 거의 비슷합니다㉒.** 시간이 흐르며 유럽의 역사는 대체로 이 두 나라를 중심으로 펼쳐졌습니다.

---

⑳ 프랑스 왕국: 987년~1848년. '프랑크'라는 이름이 순화되어 프랑스가 되었다. 서프랑크 왕국 왕가의 대가 끊기면서, 파리에서 데려온 귀족을 왕으로 추대한 나라다. 프랑스 왕국에서는 여계 왕가나 여성이 왕위에 오르는 것을 금지했다. 그래서 이후에도 여러 차례 왕가의 혈통이 단절되었다. 그때마다 어디선가 다른 왕을 데려왔다. 최종적으로 왕정은 프랑스 혁명이 일어나 끝을 맞이했다. 지금도 프랑스 왕국을 부활시키려는 세력(왕당파)이 존재해서, 2019년에 일본 도쿄의 신주쿠에 대대적으로 집결한 적이 있다.

㉑ 신성 로마 제국 **참조 ➔ P.60**

유럽 편

제4화

제4화

01:07

⏮ ▶ ⏭

초등학생도 이해할 수 있는

신성 로마 제국 시대

시대는 500년 무렵, 장소는 유럽입니다. 당시 유럽 전역은 로마 제국이라는 초강대국이 다스리고 있었습니다. 하지만, **이 초강대국은 북쪽에서 내려온 이민족에게 침략을 받으면서 점점 쇠퇴했어요1.**

그리고 약 400년이 지난 900년 무렵의 로마 제국은 예전 강대국의 면모는 찾아볼 수 없이 약해졌고, 영토도 상당히 줄어들어 있었습니다. 게다가 유럽 동쪽으로 멀리 떨어진 중동 지역에서 아프리카를 통해 침략해 온 ①이슬람 왕조가 현재의 스페인 지역에 새롭게 나라를 세웠습니다2.

그리고 다음이 특히 눈여겨봐야 하는 부분인데, 예전에 로마 제국에 쳐들어왔던 이민족이 현재 프랑스와 독일이 위치한 곳에 나라를 건국했어요.

이 나라는 **시간이 흘러 세 지역으로 분열됩니다3.** 그중 서쪽 지역은 ②프랑스 왕국이 됩니다. 현재 프랑스의 조상님이라 할 수 있는 나라예요. 동쪽 지역은 ③신성 로마 제국이 됩니다. 독일의 조상님이지요. 나머지 남쪽 지역은 신성 로마 제국이 차지했습니다.

1 로마 제국이 이민족의 공격을 받다

2 3 프랑크 왕국이 세 개로 분열

---

① 후기 우마이야 왕조: 756~1031년. 멸망한 우마이야 왕조의 생존자들이 스페인 언저리에 세운 나라.
② 프랑스 왕국 참조 → P.058
③ 신성 로마 제국: 962년~1806년. 동프랑크 왕국의 오토 왕조가 내전으로 어려움을 겪고 있던 교황을 도와준 대가로 '로마 황제'의 지위를 받았다. 이로써 프랑크 왕국에 이어 또다시 로마 제국이 부활한 셈이 되었다. 신성 로마 제국은 이 나라 황제를 '위대하다'라고 인정한 작은 나라들의 집합체다. 그러나 18세기에 이르러 국력이 꺾이면서, 철학자 볼테르의 말처럼 '신성 로마 제국은 신성하지도 않고, 로마도 아니며, 제국도 아닌 나라'로 전락했다.

현재 유럽 국가의 조상님 모두 집합
1050년~1100년 무렵   노르만족의 습격

이제 유럽은 대략 네 개의 세력이 힘겨루기 하는 구도를 갖추게 되었습니다. 이렇게 복잡하게 뒤엉켜 서로를 견제하던 무렵, **북쪽으로부터** ④또 다른 이민족이 습격을 감행했습니다**4**. 이 수수께끼의 이민족이 쳐들어와서 **만만히 볼 수 없는 나라가 세 개 생겼습니다5**.

첫 번째는 북쪽 부분을 차지한 나라입니다. 스웨덴 왕국이지요. 현재 스웨덴의 조상님이라고 할 수 있습니다. 그리고 또 하나는 동쪽을 차지한 나라입니다. ⑤현재 러시아의 조상님이지요. 그리고 ⑥프랑스의 북쪽 부분에 작은 나라가 생겼습니다.

4 또 다른 이민족 습격(900년~1000년경)

5 또 다른 이민족이 나라를 세우다(1066년)

그 후 프랑스 북쪽의 작은 나라에 ⑦윌리엄 1세가 나타납니다. 윌리엄 1세는 이렇게 말했습니다.

북쪽 섬을 침략하자

노르망디 공국, 윌리엄 1세(1027년경~1087년)

이 작은 나라는 마침내 **현재 영국이라 부르는 섬의 남쪽 부분을 점령했어요. 이것이** ⑧잉글랜드 왕국입니다**6**. 현재 영국의 조상님이지요.

---

④ 노르만족: 북유럽에 살고 있던 게르만족의 일파. 조선과 항해에 능숙했다. 프랑크 왕국의 힘이 약해진 틈을 타서 남하했고, 바이킹이라 불리며 유럽을 휩쓸었다.
⑤ 키이우 공국(키예프 공국) 참조 → P.290
⑥ 노르망디 공국: 911년~1204년. 너무 뚱뚱해서 말을 타지 못하고 늘 걸어 다녀야 했던 노르만족 왕 롤로가 세운 나라. 이 왕의 혈통이 현대 영국 왕실까지 이어지고 있다.
⑦ 윌리엄 1세: 1027년경~1087년. 원래는 프랑스의 가신이었다. 왕위 다툼으로 어수선했던 잉글랜드의 전 국토를 점령했다. 당시 윌리엄 1세는 프랑스 왕의 가신이면서, 동시에 영국 왕인 상태였다.

이처럼 조상님들이 땅을 차지하기 위해 앞다투어 활약한 결과, 현재 유럽의 국가 배치가 대체로 이 시기에 결정되었습니다.

노르망디 공국을 세운 노르만족의 수장 / 롤로

⑥ 잉글랜드 왕국(1066년)

북쪽에서 온 또 다른 이민족 / 노르만족

영국 탄생의 계기가 된 전투 / 헤이스팅스 전투

이름만 성스러운 '십자군' 파견

1050년~1300년 무렵

십자군 원정

유럽 여기저기에서 여러 나라가 태어나 몸을 일으키던 시기, 이번에는 로마 제국을 계승한 나라의 황제가 이렇게 말했습니다.

> 얘들아! 동쪽에서 중동 세력이 쳐들어왔어, 이리 와서 나 좀 도와주라!

로마 제국을 계승한 나라

---

⑧ 잉글랜드 왕국: 973년~1707년. 게르만족 일파인 앵글로색슨족이 만든 나라라는 뜻에서 유래한 국명. 앵글로랜드로 불리다가 잉글랜드가 되었다. 이들이 쓰던 언어에 프랑스 어휘가 더해지며 현재 영어의 원형이 생겼다. 실질적인 왕국으로 기능한 것은 윌리엄 1세의 노르만 정복 이후라고 한다. 참조 → P.061
⑨ 우르바노 2세: 1042년~1099년. '교황이 황제나 왕보다 위대하다'라는 생각으로 교회 개혁을 단행한 유능한 교황. 프랑스 클레르몽에서 열린 회의에서 예루살렘을 '젖과 꿀이 흐르는 땅'이라고 표현해 사람들의 십자군에 대한 기대감을 높였다.

그러자 서유럽 쪽에서 ⑨ **우르바노 2세**가 나타났습니다. 우르바노 2세는 ⑩ **기독교** 조직 안에서 가장 높은 지위인 '교황'이었어요. 교황 우르바노 2세는 이렇게 말했습니다.

기독교 세력의 힘을 합쳐 중동 놈들을 박살 내주자!

로마 교황, 우르바노 2세(재위: 1088년~1099년)

당시 유럽 나라들은 **중동 지역과 달리 모두 기독교를 믿었는데**, 하필 기독교의 성지가 중동 쪽에 있었어요 **7**. 그래서 교회의 공인을 받은 원정대를 모집해, 성지를 되찾는 운동을 펼치기로 했습니다. 신의 이름을 걸고 기독교 세력과 이슬람 세력이 몇 차례나 격돌한 이 전쟁을 ⑪ **십자군 원정**이라고 합니다. 1차 원정의 결과, 유럽 세력은 **성지 탈환에 성공하고** ⑫ **왕국을 세웠습니다 8**.

7 유럽의 종교 분포(1090년경)

8 기독교 성지에 생긴 왕국 / 예루살렘 왕국(1099년~1291년)

이후 원정이 여러 번 이어지면서, 십자군이 대의명분을 잊고 이렇게 말했습니다.

동로마 제국을 공격하면 좋을 거 같아

폭주한 십자군 병사

---

⑩ 로마 교황: 전 세계 기독교 사회에서 최고 지위로 군림하는 사람. 존칭은 '파파'. 투표로 선출되며, 시대에 따라서는 '그리스도의 대리인'이라 할 만큼 막강한 힘을 행사했다.

⑪ 십자군: 1095년~1291년. 기독교 세계를 넓히기 위한 침략 활동. 십자군을 구성하던 독일 기사단이 프로이센을 점령했고, 이후 프로이센 왕국으로 거듭났다. 이때 기사단장의 가문은 훗날 독일 황제의 조상이 되었다. 참조 → P.088

⑫ 예루살렘 왕국: 1099년~1291년. 성지에 십자군이 건국했다. 나라의 고위직은 십자군 관련자들이 독점했고, 많은 이슬람 교도가 노예로 끌려갔다. 큰 반발이 일어나 일찍 멸망했다.

황당하게도 서유럽의 기독교 연합군은 같은 편인 로마 제국을 계승한 나라를 침공하기로 마음먹었어요. 그래서 또다시 십자군 원정을 발동시켜 **로마 제국을 계승한 나라로 쳐들어갔지요⑨**. 결국 목표한 대로 로마 제국을 계승한 나라를 박살 내고, **이곳에 ⑬어떤 나라를 세웠습니다⑩**.

⑨ 십자군 vs 로마 제국을 계승한 나라 / 동로마 제국(1202년~1204년)

⑩ 유럽의 세력 지도 (1205년경)

하지만 이후 로마 제국을 계승한 나라는 부활해서 수도 재탈환을 시도했고, 십자군이 세운 나라는 100년을 채 버티지 못하고 멸망하고 말았습니다. 로마 제국을 계승한 나라는 이렇게 다시 살아났지만, 나중에 중동 세력(오스만 제국)에 의해 역사에서 영원히 사라지게 됩니다.

결국 십자군 원정은 무엇을 이루고 싶었는지 알 수 없게 되어버렸습니다. 멋진 이름과 달리 초심을 잃고 엉망으로 끝나버렸지요. 하지만 이 원정으로 인해 중동 지역의 문화가 유럽에 전해졌고, 훗날 ⑭르네상스 문화의 밑거름이 됩니다.

레오나르도 다빈치 / 모나리자

보티첼리 / 프리마베라(봄)

라파엘로 / 대공의 성모

---

⑬ 라틴 제국: 1204년~1261년. 동로마 제국의 수도를 무너뜨리고 세운 나라. 수도를 함락시킬 때 십자군이 제멋대로 날뛰었고, 전쟁에 참여하지 않는 일반인까지 무차별 학살하는 등 끔찍한 일을 저질렀다. 이 사실에 분노한 교황은 폭주한 십자군에게 '파문'의 벌을 내렸다. 그러나 그 후 교황은 이왕 동로마 제국을 정복했으니, 이 땅의 전통적인 기독교 파벌(그리스 정교)을 흡수해야겠다는 생각에 파문을 취소했다. 하지만 두 교회가 지향하는 바가 달랐기 때문에 평화적으로 공존할 수 없었고, 반대를 외치는 그리스 정교회 측 인물이 많이 처형되었다. 이러한 사건으로 인해, 지금까지도 두 교회는 서로 다른 파벌로 활동하고 있다.

어쨌든 유럽 지역이 지리멸렬한 전쟁의 시절을 보냈던 어느 날, 경악할 만한 일이 일어났습니다.

이번에는 유럽에서 한참 멀리 떨어진 아시아에서 너무나 압도적으로 강한 나라가 쳐들어왔습니다. **이 위협적인 나라는 바로** ⑮몽골 제국입니다⓫. 이 몽골 제국의 통치자는 이렇게 말했습니다.

몽골 제국의 침공으로 인해 **이 주변에 퍼져 있던 나라는 러시아의 조상님 격인 국가도 포함해 송두리째 삼켜졌고, 지도에서 보이는 것처럼 모조리 몽골 세력권 아래에 들어가고 말았습니다**⓬. 몽골 제국은 이렇게 말했습니다.

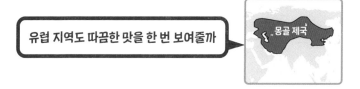

유럽 전 지역의 운명은 바람 앞의 등불 신세가 되었습니다. 그런데 절묘하게도 이때 ⑯몽골 제국의 황제가 병사했다는 소식을 듣고 무시무시했던 몽골 군대가 동쪽으로 말머리를 돌려 썰물처럼 빠져나갔습니다. 이렇게 유럽은 몽골에 완전히 파괴당해 멸망할 위기를 비껴갈 수 있었어요.

---

⑭ 르네상스 문화: '재생'을 뜻하는 문화 운동. 고대 그리스와 고대 로마의 문화를 유럽 땅에 되살리는 것을 목표로 했다. 이 운동을 뒷받침한 것은 무역과 금융으로 큰돈을 벌었던 이탈리아의 대부호들이었다. 전쟁이 멈추면서 지중해 무역이 원활해졌고, 십자군이 베네치아를 통해 출항하는 등 여러 영향으로 경제가 윤택해지면서 이런 부자들이 생겨났다. 이 경제 현상은 '상업 르네상스'라고 불린다.
⑮ 몽골 제국 참조 → P.287
⑯ 오고타이 칸 참조 → P.291

⑪ 몽골 제국(1206년~1388년)

⑫ 몽골 제국(1208년경)

평범한 시골 소녀가 나라를 멸망에서 구하다
1350년~1450년 무렵
영국과 프랑스의 백년 전쟁

그로부터 100년 정도 지났을 무렵, 이번에는 유럽 서쪽의 프랑스와 영국 사이에 왕위 계승권에 대한 실랑이가 벌어져서 **전쟁으로 발전했습니다⑬**. ⑰백년 전쟁이라고 불리지요. 체계적으로 군대를 운용한 영국은 전쟁 내내 우세했고, 일방적으로 적군을 몰아붙였어요. **프랑스는 멸망이 코앞에 닥친 상황에 놓이게 되었지요⑭**.

⑬유럽의 세력 지도
(1335년경)

⑭백년 전쟁 시기의 잉글랜드 최대 지배 영역
(1429년경)

이런 암울한 프랑스 진영에 ⑱잔 다르크가 나타납니다. 잔 다르크는 당시 16세 정도의 어린 소녀였어요. 요즘 길거리에서 흔히 만날 수 있는 여고생처럼 앳된 잔 다르크는 이렇게 말했습니다.

---

⑰ 백년전쟁: 1339년~1453년. 프랑스 왕가가 단절되었을 때 왕위 계승권을 주장한 영국 왕가를 프랑스가 무시하면서 벌어진 전쟁. 이 시기에 페스트(흑사병)가 창궐하고, 분노한 농민들이 반란까지 일으켜서 두 나라가 쑥대밭이 되었다.

⑱ 잔 다르크: 1412년~1431년. 평범한 농민의 딸이며, 프랑스의 국민적 영웅. 신의 계시를 듣고 나타나 백년전쟁에서 열세였던 프랑스 군을 직접 지휘하며 연전연승을 거두었다. 전황이 프랑스가 유리하게 돌아가자, 반대로 기세가 꺾이기 시작한 잔 다르크를 영국군이 포로로 사로잡았다. 금지되어 있던 '남장'을 했다는 사실을 문제 삼아 종교 재판에 회부되었으며, 화형에 처해졌다.

프랑스를 구하라는
신의 말씀을 들었어요

프랑스 왕국, 잔 다르크(1412년~1431년)

그리하여 혜성처럼 나타난 소녀 잔 다르크가 프랑스군을 이끌고 반격에 나섰습니다. 애국심이 고취된 프랑스군은 엄청난 기세로 영국군에게 돌격해 나라를 구했어요. 이후 백년 전쟁은 패망의 위기에서 간신히 살아난 프랑스가 승리하며 일단락 짓게 되었습니다.

중동에서 온 이슬람 세력을 몰아내자!
700년~1500년 무렵
레콩키스타

유럽에서는 이렇게 여러 나라가 서로 으르렁거리고 있었습니다. 이때 **현재의 스페인 지역에 중동 세력 국가가 있었어요.** 원래 이곳에 살던 유럽 세력은 **800년에 가까운 긴 시간 동안 중동 세력 국가를 몰아내기 위해서 숱한 싸움을 반복하고 있었지요15.**

이 스페인 지역에서 유럽의 기독교 세력이 중동의 이슬람 세력을 축출하기 위해 벌인 운동을 ⑲레콩키스타(국토회복운동)라고 합니다.

유럽의 세 개 나라가 800년에 걸쳐 레콩키스타 운동을 펼친 끝에 **중동 세력 국가를 완전히 몰아내는 데 성공했습니다16.**

세 나라 중 왼쪽이 ⑳포르투갈 왕국입니다. ㉑나머지 두 나라는 하나로 뭉칩니다. 합체해서 생긴 나라가 ㉒스페인 왕국이지요. 이렇게 **지금도 존재하는 두 나라의 조상님이 중동 세력을 밀어내는 형태로 이곳에 세워졌습니다17.**

---

⑲ 레콩키스타: 722년~1492년 스페인어로 '재정복'을 뜻한다. 레콩키스타가 성공한 후 이슬람교도와 유대인은 모두 스페인 땅에서 추방당했다.

⑳ 포르투갈 왕국: 1143년~1910년. 예전부터 왕과 재벌 상인이 사이좋게 지내며 부유했던 나라. 대항해 시대에 다른 나라보다 먼저 기독교 포교와 무역을 확대할 목적으로 발 빠르게 움직여서 세계에 진출했다. 15세기에 스페인과 함께 세계를 지배하며 '포르투갈 해상제국'으로 불렸다.

㉑ 카스티야 왕국·아라곤 왕국: 두 나라의 왕이 결혼하면서 스페인 왕국이 태어났다. 이후 부부가 사이좋게 나라를 통치했다. 카스티야 왕국에서 카스텔라 빵이 유래했다.

㉒ 스페인 왕국: 1479년~현재. 원래는 로마의 속주국이었던 히스파니아 지역. 이후 프랑크 왕국에 의해 기독교 국가가 되었고, 이슬람 세력의 침략을 받았다. 레콩키스타 성공 후 스페인 왕국이 탄생했다. 이베리아반도를 모두 탈환한 1492년에 해외로 파견한 콜럼버스가 아메리카 대륙을 발견했다. 한동안 세계의 패권을 쥐었다.

15 레콩키스타
(700년~1500년)

16 유럽 세력의 나라가 융성
(1500년경)

17 스페인 왕국(1479년~현재)과
포르투갈 왕국(1143년~1910년)

그 후 두 나라의 왕은 이렇게 말했습니다.

이 기세가 식어버리기 전에
다른 나라 땅까지 싹쓸이 하자

스페인과 포르투갈은 중동 세력을 몰아낸 힘의 방향을 바꾸어서 ㉓나라 밖에 펼쳐진 미지의 지역을 마구 탐색하고 다녔어요. 그 결과 **이만큼 거대한 영역을 꿀꺽 삼켰습니다**18.

이런 과정을 통해 포르투갈과 스페인은 단숨에 초강대국으로 성장했고, 유럽에서 군림하게 되었습니다.

세계 진출 이전의 스페인과 포르투갈(1500년경)

18 스페인과 포르투갈의 세계 영토(1575년경)

㉓ 대항해 시대: 15~17세기. 아프리카, 아시아, 아메리카 대륙으로 유럽인들이 진출했던 시대. 바다에는 항해하는 배를 노리는 해적도 많았다. '대항해 시대'라는 말은 1963년 일본에서 처음 사용했다고 한다. 서구권에서는 'Age of Discovery(대발견의 시대, 대탐험 시대)'라고 부른다.

몽골 세력을 몰아내자!

1450년~1500년 무렵 　　　　　　　　　　　　 '타타르의 멍에'에서 해방

스페인과 포르투갈이 새로운 강자로 등장해서 세계를 휩쓸던 때, 저 멀리 동쪽에서 **몽골 세력에게 지배받던 나라**[19]에 [24]**이반 3세**가 나타났습니다. 이반 3세는 이렇게 말했습니다.

몽골 세력 정말 지긋지긋해

모스크바 대공국, 이반 3세(1440년~1505년)

　몽골 세력이 집어삼킨 러시아 지역에서 **이반 3세**가 **힘으로 주변 공국을 모두 통일하고 몽골의 지배에서 벗어났습니다**[20].

　러시아 세력의 나라는 한층 힘을 키워 몽골 세력을 역습해서 패퇴시켰고, **광대한 영토를 차지하며** [25]유럽의 초강대국이 되었습니다[21].

[19]유럽의 몽골 세력
(1320년경)

[20]러시아 세력 나라가 독립
(1480년경)

[21]러시아 세력 나라의 거대화
(1570년경)

---

[24] 이반 3세: 1440년~1505년. 모스크바 대공국의 수장으로, 몽골 세력을 러시아 지역에서 몰아냈다. 이후 동로마 제국 마지막 황제의 조카딸과 결혼해 '로마를 계승했다'라고 대내외에 알렸다. 이때부터 스스로 '황제(차르)'라는 칭호를 사용하기 시작했다. 그러나 공식적으로 '제국'으로 인정받기까지는 더 시간이 필요했다.

[25] 모스크바 대공국: 1271년~1721년. '대공'이라는 높은 신분의 사람이 통치하는 러시아 세력의 나라. 킵차크 칸국에게 굴복해 지배를 받았지만, 충실하게 따르는 척하며 몰래 힘을 비축했다. 몽골 세력에서 벗어난 후에는 킵차크 칸국의 후계국을 역습해 영토를 넓혔다.

로마 제국 2000년 역사의 종말
1400년~1500년 무렵   콘스탄티노플 함락

새로운 강대국이 하나둘 태어나는 가운데, 이번에는 유럽에 살짝 걸쳐 있는 **현재 튀르키예 지역에서** ㉖중동 세력의 무시무시한 나라가 **나타났습니다㉒**. 이 나라의 지배자는 이렇게 말했습니다.

> ### 로마 제국을 계승한 나라를 무너뜨리겠다

오스만 제국, 메흐메트 2세(1432년~1481년)

로마 제국이라는 거대한 나라의 계승 국가를 **중동 세력의 무시무시한 나라가 짓밟았습니다㉓**. 이렇게 중동 세력의 무시무시한 나라에 의해 로마 제국 시대부터 그 영혼을 계승한 국가까지 2000여 년에 이르는 ㉗유구한 역사가 끝을 맞이하게 되었습니다. 그 후에도 이 중동 세력의 나라가 떨치는 위세는 보통이 아니었고, **유럽 지역을 사정없이 침략하며 엄청나게 영토를 늘려나갔습니다㉔**.

㉒중동 세력의 무시무시한 나라
(1440년경)

㉓로마 제국을 계승한 나라를 침공
(1450년경)

㉔중동 세력의 무시무시한 나라가
여러 지역을 제압(1550년경)

유럽 지역이 강한 압박을 받으며 전전긍긍할 때, 스페인에서 ㉘펠리페 2세가 나타났습니다. 펠리페 2세는 이렇게 말했습니다.

㉖ 오스만 제국 참조 → P.135
㉗ 콘스탄티노플 함락: 1453년. 수도가 함락되면서 동로마 제국이 멸망한 전쟁. 동로마 제국군은 잘 싸웠지만 성문을 잠그지 않는 실수를 저질렀다. 문을 열고 적군이 쏟아져 들어와서 패배하게 된다. 오스만군은 이 도시에 경의를 표해 약탈을 최소한으로 줄였다.
㉘ 펠리페 2세: 1527년~1598년. '태양이 지지 않는 나라' 스페인의 전성기를 이끈 왕. 각지에서 대량의 보고서가 날아왔기 때문에 매일 잔업 지옥에 빠져 있었다. 그 모습을 보고 '서류왕'이라는 별명이 붙었다. 평소 웃는 일이 거의 없어 냉혹한 성격으로 비추어졌다.

중동의 침략은 여기까지다

스페인 국왕, 펠리페 2세(1527년~1598년)

스페인을 중심으로 해안가에 자리 잡은 작은 나라들이 힘을 모아 연합군을 편성했습니다. 이렇게 중동 세력의 무시무시한 나라 vs 스페인 연합군의 바다 위 한판 대결이 벌어졌습니다㉕. 이것이 ㉙ 레판토 해전입니다. 이 전쟁에서 스페인 연합이 승리해 중동의 무시무시한 나라의 팽창을 저지했습니다.

㉕레판토 해전

레판토 해전의 전투 장면

그 후 스페인은 일시적이었지만, 포르투갈을 병합하며 **매우 거대한 나라가 되었습니다**㉖.

세계 진출 후 스페인과 포르투갈(1575년경)

㉖포르투갈 병합 후의 스페인 영토(1580년)

㉙ 레판토 해전: 1571년. 종횡무진 침략 활동을 펼치는 오스만 제국군을 유럽이 단결해 무찌른 전쟁. 오스만 제국은 총 285척의 배 중 겨우 4척만 돌아왔다. 『돈키호테』의 작가 세르반테스는 이 싸움에 참가했다가 총상을 입어서 왼손을 못 쓰게 되었다.

바다에서 전쟁 발발, 영국 vs 스페인
1500년~1600년 무렵
아르마다 해전

세계를 주름잡는 강대국이 총출동한 분위기에서 이번에는 영국에 ㉚엘리자베스 1세가 나타났습니다. 엘리자베스 1세는 ㉛일반 백성인 뱃사람에게 이렇게 말했습니다.

스페인 배는 마음껏 약탈해도 좋다

잉글랜드, 엘리자베스 1세(1533년 ~ 1603년)

너무 무모한 정책처럼 보이지요. 아무튼 약탈 허가를 받은 영국의 배는 **스페인 배를 공격하며 탈탈 털기 시작했습니다**㉗. 영국이 이렇게 막무가내로 덤비자, 스페인의 펠리페 2세는 당연히 분노하며 이렇게 말했습니다.

**영국 놈들 선 넘네!
후회하게 만들어주지!**

스페인 국왕, 펠리페 2세

이렇게 시작된 엘리자베스 1세의 영국 vs 펠리페 2세의 스페인의 전투가 ㉜아르마다 해전입니다. 펠리페 2세가 이끄는 초강대국 스페인의 해군은 '무적함대'라고 불릴 만큼 막강했습니다. 하지만 아르마다 해전은 완벽하게 엘리자베스 1세가 이끄는 **영국이 승리했습니다**㉘.

㉚ 엘리자베스 1세: 1533년~1603년. 잉글랜드를 황금기로 이끈 여왕. 평생 결혼하지 않고 '나는 영국과 결혼했다'라는 말을 남겼다. 국내 상황을 안정시키고, 새로운 영토를 확보하기 위해 힘을 쏟았다. 한편 소꿉친구였던 로버트 더들리와 연인 관계로 지내기도 했다. 결혼을 하지 않았기 때문에 여왕의 혈통이 끊어지게 되었다.

㉛ 사략선: 국왕을 비롯한 높은 사람에게 '외국 배를 약탈해도 OK'라고 특별히 허가받은 민간 무장선. 실제로는 국가가 공인한 해적인 셈이다. 전리품의 약 10%는 허가를 내어준 사람에게 바치는 것이 정해진 규칙이었다. 그중에는 해군으로 출세해 입신양명한 사람(프랜시스 드레이크)도 있었다.

㉜ 아르마다 해전: 1588년. 사략선 피해에 화가 난 스페인과 영국 사이에 일어난 전쟁. 스페인의 거대한 무적함대와 영국의 꼬마 사략선이 맞붙었다. 사략선은 민첩하게 선회할 수 있는 장점을 활용하며 분전했고, 스페인군은 거센 폭풍우에 피해를 당해서 배를 통제할 수 없게 되었다. 스페인의 배는 30%가 침몰했고, 승무원 중 절반이 목숨을 잃었다고 추정된다.

27 영국의 사략선이 스페인 배를 닥치는 대로 가라앉히다
(1580년경)

28 아르마다 해전에서 영국이 승리
(1588년)

이렇게 중동의 무시무시한 나라를 쓰러뜨린 초강대국 스페인을 영국이 이겼답니다. 결국 누가 최강자인지 가릴 수 없을 만큼 힘의 균형이 자리 잡힌 구도가 형성되었습니다.

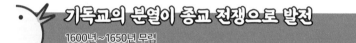

기독교의 분열이 종교 전쟁으로 발전
1600년~1650년 무렵   30년 전쟁

강대국끼리 서로 이를 갈며 노려보는 상황입니다만, 이번에는 유럽 중앙에 자리 잡은 신성 로마 제국에서 어떤 움직임이 생깁니다. 마침 이 무렵에 종교적으로 여러 갈등이 있었거든요. **유럽 사람들이 믿던 기독교29가** ㉝ 두 개의 유파로 나뉘는 사태가 **발생했습니다30**.

29 유럽의 신앙(1580년경)

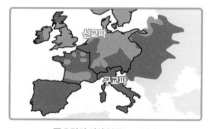

30 유럽의 신앙 분포(1600년경)

신교와 구교의 갈등이 격화되면서 신성 로마 제국에서 종교 전쟁이 벌어졌습니다. 그런데 그 소식을 접한 스페인과 프랑스, 스웨덴 등 여러 나라가 끼어들면서 규모가 걷잡을 수 없이

㉝ 종교 개혁: 1517년~1555년. '돈을 내면 죄를 용서받을 수 있다'라는 면죄부를 팔기 시작한 교황에게 분노한 마르틴 루터가 공개 질의서를 발표하며 비판했다. '신앙이 가장 중요하다'라고 주장한 루터에게 '성직자와 교회 조직'을 중요시하는 교회가 반발했다. 루터는 추방당했지만, 그 후에도 많은 사람들이 읽을 수 있는 언어로 『성경』을 번역하는 등 활약했다. 기독교 개혁 운동은 유럽 전역으로 들불처럼 번졌고, 최고 권력자인 로마 교황과 기독교의 권력을 뒤흔들었다. 구교와 신교의 대립은 결국 유럽에 전쟁을 불러왔고, 지금처럼 종교와 국가 운영이 분리된 형태로 바뀌게 되었다.

커져 버렸지요.

신성 로마 제국에서 일어난 두 교파의 갈등에 **여러 나라가 참견하면서 일어난 종교전쟁을** ㉞**30년 전쟁이라고 합니다**㉛. 신성 로마 제국은 30년 전쟁이 벌어지며 초토화되었고, **300개 정도의 아주 작은 나라들로 분열되고 말았지요**㉜. 신성 로마 제국은 화려한 이름에 비해 눈에 띄는 활약도 별로 못 하고, 30년 전쟁에 휘둘리다가 역사에 종지부를 찍게 되었습니다.

기독교의 새로운 교파를 만들려고　　　　　　30년 전쟁
했던 사람 / 루터(오른쪽)

신성 로마 제국은 이렇게 산산조각으로 무너졌지만, 지금 유럽을 대표하는 나라들의 구도가 이 시대에 대략적으로 확립되었습니다. 그리고 이 강자들은 이후 더욱 치열한 전쟁을 반복합니다.

㉛30년 전쟁(1618년~1648년)　　　　　㉜유럽의 세력 지도(1650년경)

㉞ 30년 전쟁: 1618년~1648년. 가톨릭 신앙을 강요받던 신성 로마 제국에서 신교(프로테스탄트, 개신교) 교회가 폐쇄 위기에 몰리자, 화가 난 귀족들이 황제의 사절들을 창문 밖으로 던졌다. 이 사건이 신성 로마 제국의 내란으로 이어졌고, 나아가 유럽 전체를 뒤흔든 전쟁의 방아쇠가 되었다. 종전 후 독일은 전쟁 이전보다 인구가 3분의 2로 줄어들었다. 전쟁이 끝나고 베스트팔렌 조약이 맺어졌다. 이 조약은 세계 최초의 근대적인 국제 조약으로 평가받고 있으며, 오늘날과 같은 국제 사회의 원형이 이때 완성되었다. 한편, 전쟁의 발단이 된 신성 로마 제국은 약 300개의 영지로 분열되며 허망하게 무너졌다.

유럽 편

제5화

제5화

01:07

⏮ ▶ ⏭

초등학생도 이해할 수 있는
프랑스 혁명 시대

지치지도 않고 전쟁만 하는 유럽

1600년~1700년 무렵 영국과 프랑스의 해외 진출

시대는 1600년 무렵, 장소는 유럽입니다. 당시 유럽과 **연결된 이 지역에 스페인과 포르투갈이 있었습니다 1**. 스페인과 포르투갈은 해외에 대단히 넓은 영역을 가지고 있었어요 2.

1 세계 진출 전의 스페인과 포르투갈(1500년경)

2 스페인과 포르투갈이 차지한 세계 영토(1600년경)

이 모습을 본 ① 프랑스와 ② 영국은 이렇게 말했습니다.

우리도 해외 영토 있으면 좋겠다~

두 나라에 뒤질세라 **영국과 프랑스도 북아메리카 대륙에 땅을 점령했습니다 3**. 그리고 프랑스 왕으로 ③ 루이 14세가 즉위했어요. 루이 14세는 이렇게 말했습니다.

해외 영토 더 많이 갖고 싶다~

프랑스, 루이 14세(1638년~1715년)

---

① 프랑스 왕국 **참조 → P.058**
② 잉글랜드 왕국 **참조 → P.062**
③ 루이 14세: 1638년~1715년. 프랑스 왕국 전성기의 왕. 별명은 태양왕. 루이 14세가 다이아몬드를 사랑했기 때문에 이 시기에 다이아몬드의 가치가 치솟기 시작했다. 번쩍번쩍한 장신구를 몸에 자주 걸쳤다. 당시에는 알몸을 드러내는 문화가 없어서 목욕을 거의 하지 않았다. 게다가 '치아는 만병의 근원'이라고 믿는 의사의 말을 들어 모든 치아를 뽑았다. 그 후로는 부드러운 음식 밖에 먹지 못해서 만성 설사에 시달렸다고 전해진다.

프랑스는 아메리카 대륙의 영토를 더욱 대범하게 차지했습니다**4**.

3 아메리카 대륙의 세력 지도(1640년경)　　　**4** 아메리카 대륙의 세력 지도(1713년경)

루이 14세가 또 이렇게 말했습니다.

나 유럽 땅도 빼앗고 싶은데

프랑스, 루이 14세

프랑스는 ④ **유럽에서도 전쟁을 벌였습니다5**. 루이 14세는 한술 더 떠서 이렇게도 말했습니다.

나 새 궁전도 갖고 싶어

프랑스, 루이 14세

그래서 ⑤ 베르사유 궁전을 지었습니다. 이렇게 프랑스의 왕 루이 14세는 호화로운 활동을 반복했어요.

---

④ 루이 14세의 전쟁: 1667년~1715년경. 루이 14세는 '국경은 자연 지형에 의해 결정되어야 한다'라는 생각을 했다. 그래서 동쪽의 라인강까지 모두 프랑스 영토로 삼으려고 곳곳에서 침략 전쟁을 일으켰다. 루이 14세는 후계자가 없던 스페인 왕자리에 자신의 손자를 앉혔고, 이를 문제 삼은 나라들과 전쟁에 돌입했다. 스페인 계승 전쟁이라고 불리는 이 전쟁은 미국에도 파급되어 앤 여왕 전쟁이 발발했다.

⑤ 베르사유 궁전: 루이 14세가 만든 호화찬란하며 거대한 궁전. 당시에는 화장실 시설이 제대로 갖추어져 있지 않아, 야외에서 볼일을 해결하는 사람이 많았다고 한다. 그래서 정원이 항상 오물로 뒤덮여서 견디기 힘든 악취가 났다고 한다.

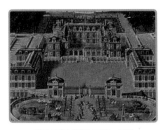

5 루이 14세의 전쟁(1667년~1715년경)　　　베르사유 궁전(1682년~현재)

북유럽 두 강대국 사이에 벌어진 천하 쟁탈전
1700년~1750년 무렵　　　　　　　　　　　　대북방 전쟁

한편 **유럽 북쪽**에는 ⑥스웨덴과 ⑦러시아가 있었습니다⑥. 두 나라는 북유럽의 강국으로
수백 년 동안 군림하고 있었는데, 이 무렵 러시아에 ⑧표트르 대제가 나타났습니다. 표트르
대제는 이렇게 말했습니다.

> 스웨덴과 끝장을 봐야겠다

러시아, 표트르 대제(1672년~1725년)

이렇게 해서 양대 강국 중 누가 북쪽 천하의 주인이 될지 결정하는 전쟁을 시작했습니다.
이것이 ⑨**대북방 전쟁입니다**⑦.

6 유럽 북부의 세력 지도(1700년경)　　　7 러시아 vs 스웨덴의 패권 전쟁(1700년~1721년)

---

⑥ 스웨덴 왕국: 1523년~현재. 노르만인들이 기독교를 믿게 된 후 세운 나라. 꽤 큰 나라였지만, 전쟁에 져서 점차 영토가 작
　아졌다.
⑦ 모스크바 대공국 [참조 → P.069]
⑧ 표트르 대제: 1672년~1725년. 거대한 몸집의 러시아 황제. 25세 때 몰래 유럽 각지를 떠돌아다니며 견학했다. 실제로 치
　과의사와 선박 목수의 제자로 들어가 직접 기술을 배웠다.
⑨ 대북방 전쟁: 1700년~1721년. 네 살 때 말을 타고 열한 살 때 곰을 죽인 스웨덴의 강력한 왕(칼 12세)에게 도전한 전투. 이
　전쟁에서 승리한 러시아는 발트해의 얼지 않는 항구를 얻었다.

대북방 전쟁은 러시아가 승기를 장악하며 끝났습니다. 이 승리로 인해 북유럽에서 러시아의 강대함을 누구도 부정하지 못하게 되었지요. 그 후 표트르 대제는 이렇게 말했습니다.

이제 나는 러시아의 황제다

러시아, 표트르 대제

이때 러시아의 정식 국명은 ⑩ **이도 저도 아닌 이름**이었는데, 표트르 대제가 황제로 즉위하면서 나라 이름을 바꾸었습니다. 바로 ⑪**러시아 제국**으로 말이지요.

그 후 러시아 제국은 세력 확장을 위해 더욱 진군해서 **남쪽에 있던** ⑫**중동 세력의 커다란 제국을 무너뜨렸습니다**8**. 멀리 동쪽으로도 계속 탐색해** ⑬**알래스카까지 얻었지요**9**. 이로써 러시아 제국은 압도적인 초강대국이 되었습니다.

러시아 제국

중동 세력의 커다란 나라

8러시아 제국 VS 중동의 커다란 나라(오스만 제국) 전쟁(1676년~1878년)

러시아 제국

9알래스카가 러시아 제국 영토로 편입

먼 훗날의 세계 패전국 탄생
1750년~1780년 무렵

미국 독립

그 무렵 아메리카 대륙을 차지하고 있던 프랑스와 영국이 북아메리카 땅에서 전쟁을 벌였습

---

⑩ 러시아 차르국: 1547년~1721년경. 이반 4세가 스스로 '차르(황제)'라고 칭한 후, 표트르 대제가 진짜 러시아 제국을 세울 때까지 불리던 나라 이름.
⑪ 러시아 제국: 1721년~1917년. 러시아의 원로원과 교회가 표트르 1세에게 '임페라토르(황제)' 칭호를 부여함으로써 제국이 성립되었다. 이때 황제의 취임 방식은 로마 제국의 방식을 모방했다. 이 칭호는 이전의 '차르'보다 더욱 격이 높은 위엄을 나타냈다.
⑫ 오스만 제국 참조 → P.135
⑬ 알래스카 참조 → P.337

니다. **영국 vs 프랑스의 전쟁**이 ⑭ 프렌치-인디언 전쟁입니다🔟. 프랑스는 이 전쟁에서 패배하면서 북아메리카의 모든 영토를 잃었습니다⓫.

🔟 프렌치-인디언 전쟁(1754년~1763년)

⓫ 프랑스가 아메리카 대륙 영토를 잃다(1763년)

이제 북아메리카 대륙에서 영국의 힘이 더욱 막강해졌습니다. 영국은 프렌치-인디언 전쟁에 소요된 막대한 지출을 어떻게든 보충하기 위해서 ⑮ 아메리카 대륙의 영국 사람들에게 높은 세금을 부과했습니다. 그러자 아메리카 이주민들이 이렇게 말했습니다.

더 이상 못 참겠다! 우리끼리 독립할 거야!

영국계 아메리카 대륙 이주민 대표, 워싱턴(1732년~1799년)

영국령 아메리카 대륙에서 **이 지역의 주민들이 독립해서 세운 나라가** ⑯ 미국(미합중국)입니다⓬. 아메리카 대륙에 존재감이 강렬한 나라가 태어났습니다.

영국에 분노한 아메리카 대륙 사람들 / 미국 독립 전쟁

⓬ 미국의 탄생

---

⑭ 프렌치-인디언 전쟁: 1754~1763년. 아메리카 대륙의 해안에서 내륙 쪽으로 영토를 넓히려는 영국과 내륙에서 바다로 나가려는 프랑스가 격돌한 전쟁이다. 양국 모두 원래 미국에 살고 있던 인디언과 동맹 관계를 맺고, 병사로 동원했다. 유럽 본국보다 덜 세련된 군인들이 동원되었기 때문에 그 약점을 비웃기 위해 <양키 두들>이라는 노래가 작곡되었다. 우리나라에는 <양키두들>을 동요로 편곡한 <팽이치기>가 있다.
⑮ 타운센드법 참조 → P.304
⑯ 미국 참조 → P.333

프랑스가 내분으로 붕괴한 뒤 폭주하다

1780년~1820년 무렵

프랑스 혁명

미국 탄생과 거의 같은 시기에 프랑스에서도 사건이 벌어졌어요. 프랑스는 영국과 마찬가지로 프렌치-인디언 전쟁에 엄청난 돈을 쏟아부었는데, 루이 14세 시절의 호화로운 씀씀이까지 겹쳐서 해결해야 할 지출이 크게 늘어난 상황이었어요. 모든 비용을 감당할 무거운 세금은 국민의 몫이었지요. 그로 인해 가난해질 대로 가난해진 프랑스 국민이 이렇게 말했습니다.

**이러다 굶어 죽겠어!
프랑스를 엎어버리자**

가난해지기만 했던 프랑스 국민

이렇게 일어난 것이 ⑰프랑스 혁명입니다. 프랑스는 약 800년 동안 ⑱왕이 절대적인 권력자로 군림하며 민중을 지배했습니다. 하지만 화가 난 민중이 혁명을 일으켜 나라를 뒤엎고, ⑲절대 권력자인 왕까지 처형해 버렸어요. 프랑스는 건국 이래 처음으로 왕이 없는 세상이 되었지요.

프랑스 혁명의 시작을 알린 감옥 습격 사건
/ ⑳바스티유 감옥 습격

처형당한 프랑스 국왕 / 루이 16세의 처형

그 후 혁명을 일으킨 프랑스 민중은 무슨 생각을 했는지 이렇게 말했습니다.

---

⑰ 프랑스 혁명: 1789년~1799년. 신분 제도가 남아 있던 프랑스에서 부유해진 일반 시민이 권리를 주장했다. 게다가 재정 파탄 직전의 프랑스 상황에 분노한 사람들이 반란을 일으켰다. 이로 인해 프랑스는 왕이 아닌 일반 시민이 권력을 갖고 정치하는 방식으로 바뀌었다.

⑱ 절대왕정: 16~18세기. 왕과 같은 높은 사람이 강력한 절대 권력을 갖는 통치 방식. '왕의 권력은 신이 주신 것'이라는 이론과 식민지에서 강탈한 풍요로 지탱되었다.

⑲ 루이 16세: 1754년~1793년. 프랑스 혁명으로 처형당한 왕. 기아 대책으로 영양가가 높고 재배도 쉬운 감자를 프랑스에 보급하는 등 공적도 컸다.

다른 나라를 침략하자!

혁명을 일으킨 프랑스 국민

왕이 사라진 프랑스는 **유럽과 침략 전쟁(프랑스 혁명 전쟁)을 시작했습니다⑬**. 주변 국가들은 프랑스의 적으로 돌아섰습니다.

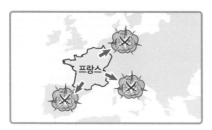

⑬ 프랑스 혁명 후의 침략 전쟁

프랑스와 다른 나라의 전쟁 / 발미 전투

그러던 중 프랑스에 ㉑**나폴레옹**이 나타납니다. 나폴레옹은 인류 역사상 가장 영향력 있었던 인물 순위 중 34위에 올라 있습니다. 당시 나폴레옹은 침략 전쟁을 통해 굉장한 실력자로 소문난 군인이었습니다. 그런 나폴레옹은 이렇게 말했습니다.

프랑스는 이제 내 거야!

프랑스, 나폴레옹(1769년~1821년)

나폴레옹은 혁명의 불길로 엉망이 된 프랑스에서 권력을 잡은 사람들을 막강한 군사력으로 모두 제거하고 ㉒**프랑스를 통째로 차지했습니다**. 프랑스의 최고 권력자가 된 나폴레옹은 다시 이렇게 말했습니다.

---

⑳ 바스티유 감옥 습격: 1789년. 왕정에 반대하는 정치범을 수용하는 시설. 프랑스 혁명 당시 감옥에 대량으로 보관된 탄약과 화약을 탐낸 민중들이 습격했다. 그리고 죄수를 풀어주고 무기까지 손에 넣었다. 감옥 수비대 사령관은 다리 사이의 급소를 세게 걷어차여서 목숨을 잃었다.

㉑ 나폴레옹: 1769년~1821년. 코르시카라는 시골 섬 출신의 장군이자 황제. 전쟁에 재능이 뛰어나서 유럽 대부분의 나라를 정복했다. 그러면서도 고양이를 너무 무서워해서 공포증 수준이었다는 이야기도 있다. 또 원정에 필요한 식량을 확보하기 위해 식품 보존 기술법을 공모하기도 했다. 그 결과 니콜라 아페르가 병조림 원리를 발견해서 현재 통조림 기술의 원형을 만들었다.

또 전쟁하고 싶은데, 돈이 없네

프랑스, 나폴레옹

그리고 이런 말도 했습니다.

미국 땅을 팔아볼까?

프랑스, 나폴레옹

프랑스는 북아메리카의 영토를 전부 잃었지만, 우여곡절 끝에 **스페인에게서 몰래** ㉓**북아메리카의 영토를 받은 일이 있었습니다⒁**. 그 영토를 미국에 굉장히 싸게 팔았지요. 덕분에 갓 독립한 미국은 **단숨에 덩치가 훌쩍 불어났습니다⒂**.

⒁아메리카 대륙의 세력 지도(1800년)

⒂아메리카 대륙의 세력 지도(1803년)

전쟁 자금을 확보한 나폴레옹은 이렇게 말했어요.

이 몸이 프랑스의 황제가 되겠노라

프랑스 제국, 나폴레옹

나폴레옹이 프랑스 황제로 즉위하며 성립된 나라가 ㉔**프랑스 제국**입니다.

㉒ 통령정부: 1799년~1804년. 나폴레옹이 쿠데타로 만든 정치 방식. 세 명의 통령이 권력을 가지고 정치를 이끌었다. 나폴레옹이 제1통령에 취임하면서 사실상 독재 정치가 되었다.
㉓ 미시시피 강 서쪽의 루이지애나: 17세기 프랑스 탐험가가 발견했다. 루이 14세의 이름을 따서 '루이지애나'라는 이름을 붙였다. 한 번 스페인에 양도했다가 나폴레옹이 다시 획득했다.

하지만 너무 활개를 치고 다녔는지 주변 국가의 경계도 높아져서, 그중 매우 강력한 ㉕러시아 제국과 ㉖오스트리아 제국이 손을 잡고 프랑스 제국에 맞섰습니다🔢. 연합한 두 제국 vs 프랑스 제국의 전쟁을 ㉗아우스터리츠의 전투(삼제회전)라고 부릅니다. 프랑스는 이 전쟁에서 승리해서 이만큼 큰 영역을 얻게 됩니다🔢.

🔢아우스터리츠의 전투(삼제회전)(1805년)

🔢유럽의 세력 지도(1806년)

그 후 나폴레옹은 스페인에도 쳐들어갔고🔢, 프랑스 제국은 광대한 나라가 되었습니다🔢.

🔢프랑스 제국 vs 스페인 왕국 / 반도 전쟁
(1808년~1814년)

🔢유럽의 세력 지도(1812년)

나폴레옹은 멈추지 않고 이렇게 말했습니다.

㉔ 프랑스 제국: 1804~1815년. 나폴레옹 황제가 통치한 프랑스 교회의 권위를 악용하려 했기 때문에 교황 피우스 7세와 격렬하게 대립했다. 교황은 나폴레옹이 몰락한 후 나폴레옹 일가를 로마에 숨겨주는 등 상당히 정이 깊었던 인물로 알려져 있다.

㉕ 러시아 제국 참조 → P.079

㉖ 오스트리아 제국 참조 → P.088

㉗ 아우스터리츠의 전투(삼제회전): 1805년. 현재의 체코에서 벌어진 전쟁. 세 명의 황제가 싸웠기 때문에 '삼제회전'이라고 불린다. 나폴레옹이 생전에 벌였던 전쟁 중에서 가장 큰 승리를 거두었다.

㉘ 알렉산드르 1세: 1777년~1825년. 훤칠한 외모, 뛰어난 커뮤니케이션 능력, 강한 동료애를 갖춘 타고난 인기인. 나폴레옹의 라이벌이었다. 팔방미인이었기 때문인지 수많은 여성과 불륜을 저지르기도 했다. 이에 화가 난 아내도 똑같이 불륜으로 맞받아쳤고, 부부 사이가 악화되어 자주 싸웠다.

러시아를 침략할래

프랑스 제국, 나폴레옹

나폴레옹은 러시아 원정까지 나섰습니다. 이때 러시아 제국의 황제는 ㉘ 알렉산드르 1세였습니다. 알렉산드르 1세는 삼제전투에서 프랑스에 한 번 져서 속이 편치 않았지요. 알렉산드르 1세는 이렇게 말했습니다.

나폴레옹에게 치욕을 되갚아주겠다

러시아 황제, 알렉산드르 1세(1777년~1825년)

이렇게 ㉙ 프랑스 제국 vs 러시아 제국 사이에 전쟁이 터졌습니다⒇. 이 전쟁에서 러시아 제국은 당당히 승리의 영광을 차지했어요㉑.

⒇프랑스 제국 vs 러시아 / 러시아 원정(1812년)

㉑러시아 제국의 승리

나폴레옹의 패배를 목격한 프랑스 주변국들은 너도나도 나폴레옹에게 복수하려고 덤벼들었습니다. **반나폴레옹 연합군 vs 프랑스의 전쟁이** ㉚ 라이프치히 전투입니다㉒. 이 전투에서 프랑스군은 전멸에 가까운 타격을 입었고, 나폴레옹은 몰락했습니다. 이후 **나폴레옹은 붙잡혀** ㉛ 어떤 섬으로 보내졌습니다㉓.

㉙ 1812년 러시아 전쟁: 1812년. 러시아가 영국을 고립시키고 싶은 프랑스의 뜻을 따르지 않고 무역 관계를 계속 이어 나가자, 프랑스가 40만 명의 대군을 이끌고 침공했다. 모스크바의 3분의 2가 폐허로 변했다. 침략군은 군사 전략의 천재 쿠투조프가 격퇴했다. 훗날 스탈린은 그를 '국민적 영웅'이라고 불렀다.

㉚ 라이프치히 전투: 1813년. 연합군의 총사령관인 베르나도트는 전 프랑스 제국군 원수였으며, 나폴레옹이 발굴한 인물이었다. 원래는 프랑스의 평민이었지만, 스웨덴 국왕으로 취임하게 된 것이다. 훗날 나폴레옹에게 '세계의 운명을 손에 넣은 프랑스인'이라고 평가받았다. 현재 스웨덴 왕국의 왕가는 그의 후손이다

| 22 라이프치히 전투(1813년) | 23 처음에 나폴레옹이 보내진 엘바섬 |

프랑스에는 다시 왕이 옹립되었습니다. **원래의 프랑스 왕국으로 되돌아온 것이지요**24. 하지만 나중에 나폴레옹이 섬에서 탈출해서 나타나자, 왕이었던 루이 18세는 망명했습니다.

아우스터리츠의 전투(삼제회전, 1805년)

라이프치히 전투(1813년)

나폴레옹은 다시 황제가 되어 전쟁을 일으켰지만, 또 패배했고 **즉시** ㉜ **또 다른 섬에 갇히는 신세가 되었지요**25. 나폴레옹은 이 섬에서 조용히 생을 마감했습니다.

24 유럽의 세력 지도(1814년)

25 두 번째로 나폴레옹이 감금된 세인트헬레나섬

이로써 프랑스 혁명이 발전하면서 난장판이 되었던 유럽은 나폴레옹의 추방으로 잠시 안정을 찾게 되었습니다.

㉛ 엘바섬: 이탈리아 서쪽에 있는 작은 섬. '내 사전에 불가능은 없다'라는 명언으로 유명한 나폴레옹이 유배되자, 'Able was I ere I saw Elba(엘바섬을 보기 전까지는 내게 불가능은 없었다)'는 문장이 만들어지기도 했다.

㉜ 세인트헬레나섬: 남대서양에 홀로 떠 있는 섬. 아프리카 대륙까지 1800km 이상 떨어진 외딴섬이다. 두 달이 넘는 항해 끝에 간신히 섬에 도착했다. 나폴레옹이 이 섬의 커피를 '세인트헬레나섬 생활의 가장 큰 즐거움은 이 커피다'라고 극찬했다. 이후 파리에서는 세인트헬레나산 커피가 화제가 되었다. 오늘날에도 '환상의 커피'라고 불린다.

유럽 편

제6화

제6화

01:07

◄◄ ▶ ►►

초등학생도 이해할 수 있는

제1차 세계대전

저물어가는 신성 로마 제국
1600년~1800년 무렵
베스트팔렌 체제

시대는 1600년 무렵, 장소는 유럽입니다. 당시 유럽 한복판인 **현재의 독일 지역에** ①**신성 로마 제국이라는 화려한 이름의 나라가 있었습니다**❶. 그런데 이 나라는 이름만큼 눈부신 활약은 보여주지 못하고, 전쟁으로 초토화되어 **300개 정도의 작은 나라들로 분열되고 말았어요**❷. 그 후 이 나라의 잔해 속에서 **굉장히 강한 두 나라가 태어났습니다**❸.

첫 번째는 위쪽을 차지한 나라입니다. ②**프로이센 왕국**이지요. 오늘날 독일의 조상님입니다. 그리고 두 번째는 아래쪽의 ③**오스트리아 제국**입니다. 이 나라는 이름만 듣고도 바로 알 수 있듯이 현재 오스트리아의 조상님입니다

❶신성 로마 제국(1600년경)

❷30년 전쟁 후의 신성 로마 제국 (1650년경)

❸유럽의 세력 지도(1800년)

위험한 황제, 나폴레옹의 등장
1800년~1850년 무렵
나폴레옹 전쟁

이처럼 강한 두 나라가 버티고 있는 상황에서, **조금 더 서쪽에 프랑스가 있었어요**❹. 이 프랑스에 ④**나폴레옹**이 나타납니다. 나폴레옹이 이끄는 프랑스는 갑자기 발톱을 드러내며 프로이센 왕국과 오스트리아 제국을 포함한 유럽 국가들을 마구 침략했고, **유럽은 이런 상태가 되었습니다**❺. 폭주처럼 이어진 침략 전쟁은 **동쪽의 강국인 러시아 제국이 나서면서 진정되**

---

① 신성 로마 제국 참조 → P.060
② 프로이센 왕국: 1701년~1918년. 원래는 13세기 독일 기사단령의 나라였다. 당시 기사단장이 계속 정점에서 군림했다. 스페인 계승 전쟁이 벌어졌을 때, 신성 로마 제국에 군사 원조를 한 것을 인정받아 왕국으로 승격되었다. 프리드리히 2세의 노력으로 강국의 반열에 올랐다. 참조 → P.063
③ 오스트리아 제국: 1804년~1867년. 1867년 이후에는 '오스트리아-헝가리 제국'이 되어 1918년까지 존속했다. 이 책에서는 알기 쉽도록 두 나라 모두 '오스트리아 제국'으로 표기했다. 신성 로마 제국의 남동쪽 변두리에 있던 강대국. 프랑크 왕국에 있던 동쪽 방어선 지역인 '오스트마르크'가 기원이다.

었고6, 나폴레옹은 추방당했습니다.

4 유럽의 세력 지도(1800년)　　　5 (1812년)　　　6 (1814년)

나폴레옹이 사라지자, 유럽에는 ⑤ 매우 평화로운 시대가 찾아왔습니다. 그런데 이번에는 프랑스 위쪽 섬나라인 영국에서 ⑥ 새로운 기술을 바탕으로 기계가 많이 발명되면서, 사회 구조가 현대적으로 변용되는 개혁이 일어났습니다. 게다가 **영국은 이미 많은 식민지를 점령하고 있었기 때문에7**, 최신 기술과 거대한 영토를 보유한 세계 최강 국력의 압도적인 국가로 거듭났지요.

나폴레옹의 몰락 후 세계 질서를 의논한 회의 /
빈 회의(1814년~1815년)　　　7 영국의 영토(1900년)

바람처럼 사라진 평화로운 시대
1850년 무렵　　　　　　　　　　　　　　　　　빈 체제의 붕괴

그 후, 이번에는 프랑스에 ⑦ 나폴레옹 3세가 나타났습니다.

---

④ 나폴레옹 참조 → P.082
⑤ 빈 체제: 1814년~1848년. 프랑스 혁명과 나폴레옹에 의해 파괴된 유럽을 재건하기 위해 꾸려진 체제. 나폴레옹 이전의 상태로 되돌리기 위해서 세력 균형을 꾀했다.
⑥ 산업 혁명: 18~19세기. 농업 대신 공업 기반 사회로 전환되었다. 이 무렵 노동자들은 살던 땅을 떠나 임금 노동자가 되었다. 그리고 자본주의가 확립되어 갔다.
⑦ 나폴레옹 3세: 1808년~1873년. 나폴레옹이 '언젠가, 네가 일족의 희망이 될지도 모른다'라고 예언했던 조카. 프랑스의 철도와 은행을 비롯한 도시 시설을 정비했고, 파리 거리 풍경의 원형을 조성했다. 프랑스의 근대화를 추진해서 세계박람회를 파리에서 개최했다.

나폴레옹 3세는 한때 유럽을 쥐락펴락했던 나폴레옹의 친척이기 때문에 프랑스 국민의 절대적인 지지를 받으며 프랑스 황제 자리에 올랐습니다. 나폴레옹 3세는 이렇게 말했습니다.

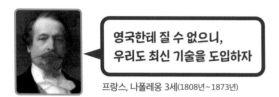

영국한테 질 수 없으니,
우리도 최신 기술을 도입하자

프랑스, 나폴레옹 3세(1808년~1873년)

이렇게 영국에 지지 않으려고, 프랑스를 새로운 기술로 무장시키기 위해 노력했습니다. 그런데 이번에는 과거에 나폴레옹을 쓰러뜨린 러시아 제국이 이렇게 말했습니다.

남쪽 땅, 군침 도는데

러시아 제국

러시아 제국이 남쪽으로 밀고 내려오면서 일어난 전쟁이 ⑧크림 전쟁입니다8. 이에 대항해 나폴레옹 3세의 프랑스와 영국이 군대를 파병해서 **러시아 제국의 침공을 막으려 했습니다9**. 그리고 러시아를 무너뜨리는 데 성공했지요.

8크림 전쟁의 발발(1853년)

9영국과 프랑스가 군대 파견(1853년~1856년)

그러나 이 전쟁으로 인해 유럽의 평화로웠던 시대에 종말이 선고되었습니다. 그 후 나폴레옹 3세는 한층 더 강하게 이런 말을 했거든요.

---

⑧ 크림 전쟁: 1853년~1856년. 러시아는 성지 예루살렘의 관리를 프랑스에 부탁한 오스만 세력에게 크게 반발했다. 그리고 겨울에도 바다가 얼지 않는 항구를 원했다. 하지만 이 전쟁에서 참패해, 금지 조치에 의해 우크라이나 쪽 흑해에 손을 대지 못하게 되었다.

영국이 너무 얄미우니까
우리도 식민지 찾으러 가자

프랑스, 나폴레옹 3세

프랑스는 **아프리카와 동남아시아 지역에 새로운 식민지를 세웠습니다**🔟. 그런 식으로 프랑스도 영국에 뒤처지지 않으려고 노력했습니다.

🔟 프랑스의 영토(1860년)

해외 원정에 나선 나폴레옹 3세

유럽 한복판에 매우 강력한 제국 탄생
1850년~1900년 무렵
독일 제국의 탄생

한편 프로이센 왕국도 영국과 프랑스에 질세라 새로운 기술을 받아들여 변화를 꾀하고 있었습니다. 그러던 이 나라에 ⑨비스마르크가 나타납니다. 비스마르크는 프로이센 왕의 오른팔이라고 부를 만한 인물이었는데, 이렇게 말했습니다.

엄청난 전쟁을 터트려버리겠어

프로이센 왕국, 비스마르크(1815년~1898년)

이렇게 평화가 무너져가는 유럽에서 프로이센 왕국도 본격적인 전쟁을 시작했습니다.

---

⑨ 비스마르크: 1815년~1898년. '철(무기)'과 '피(병사)'를 중요시했던 군비 확장을 무척 좋아했던 인물. 프로이센을 중심으로 독일이 통일되기를 꿈꾸었다. 키가 190센티미터였고 몸집이 컸다. 폭음과 폭식을 반복하기 일쑤였으며, 특히 달걀을 좋아했다. 그래서 반숙란을 얹어 먹는 음식에는 현대 일본에서도 종종 '비스마르크'라는 이름이 붙는다.

먼저 ⑩ 덴마크와 전쟁을 해서 쓰러뜨렸어요⑪. 이후 비스마르크는 이렇게 말했습니다.

이번에는 오스트리아 제국을 뭉개버리자

프로이센 왕국, 비스마르크

이렇게 일어난 **프로이센 왕국 vs 오스트리아 제국의 전쟁**이 ⑪ **보오 전쟁입니다**⑫. 예전에는 똑같이 신성 로마 제국이었던 두 나라가 이제 서로의 목에 칼끝을 겨누며 전쟁을 벌이게 된 거지요. 프로이센 왕국은 이 전쟁에서 크게 승리했습니다.

⑪ 덴마크 전쟁의 발발(1864년)

⑫ 보오 전쟁(1866년)

이처럼 비스마르크의 맹활약으로 프로이센 왕국은 힘을 쑥쑥 키워나갔습니다. 하루가 다르게 강해지는 프로이센 왕국을 보고 프랑스의 나폴레옹 3세가 이렇게 말했습니다.

**프로이센이 아주 신이 났네,
찍소리도 못하게 해주마.**

프랑스, 나폴레옹 3세

이렇게 시작된 **비스마르크가 이끄는 프로이센 왕국 vs 나폴레옹 3세가 이끄는 프랑스의 전쟁**이 ⑫ **보불전쟁입니다**⑬.

⑩ 덴마크 전쟁: 1864년. 비스마르크에 따르면 '내가 가장 자랑스러워하는 외교전'. 유럽 각국에 '덴마크가 국제 협력의 흐름을 깨뜨리고 있다'라고 선동해 전쟁을 일으켰다. 이후에도 비스마르크는 이런 방법을 여러 번 사용했다.

⑪ 보오 전쟁: 1866년. 독일의 주도권을 둘러싸고 독일인끼리 싸웠다. '7주 전쟁'이라고 할 정도로 단기간에 결판이 났다. 비스마르크에 의해 강화된 프로이센군은 매우 강력했고, 1분에 7발을 쏠 수 있는 총을 갖추고 있었다. 반면 오스트리아군의 총은 1분에 2발 정도밖에 쏘지 못했기 때문에 장비 면에서도 큰 차이가 있었던 것으로 보인다.

⑫ 보불 전쟁: 1870년~1871년. 비스마르크가 정보 조작을 통해 양국의 적개심을 부추겨 일어난 전쟁. 잘 훈련된 약 50만 명의 프로이센 군대와 맞붙은 프랑스 군대는 25만 명의 오합지졸이었다. 게다가 프랑스는 탄약조차 부족했기 때문에 전쟁은 시작 전부터 불리한 상황이었다.

⑬ 보불 전쟁의 발발(1870년)

⑭ 프로이센 왕국의 승리(1871년)

이 전쟁에서도 **프로이센 왕국이 크게 승리했습니다⑭**. 게다가 나폴레옹 3세를 사로잡기까지 했습니다. 프로이센 왕국으로서는 예전에 나폴레옹에게 짓밟힌 복수를 훌륭하게 완수한 거지요. 그 후 비스마르크는 이렇게 말했습니다.

우리나라 이제 엄청 강하니까, 이름을 바꾸어야겠다

프로이센 왕국, 비스마르크

'프로이센'이란 원래 일부 지역만을 가리키는 이름이었습니다⑮. 그런데 이 나라는 줄기차게 전쟁을 벌이면서, 이제 누가 봐도 거대한 나라가 되었기 때문에 국명을 바꾸기로 했습니다. **이렇게 성립된 나라가** ⑬**독일 제국입니다⑯**.

유럽 중앙에 대단한 존재감을 가진 나라가 또 하나 태어난 것이지요. 그러나 가장 큰 공로자인 비스마르크는 얼마 지나지 않아 은퇴했습니다.

⑮ 프로이센(1525년경)

⑯ 독일 제국의 탄생(1871년)

---

⑬ 독일 제국: 1871년~1918년. 사실은 74년 만에 단명한 제국. 독일 지역의 여러 나라가 하나로 뭉쳐서 만들어진 나라다. 황제는 프로이센의 왕이 겸임하는 형태로 성립되었다. 황제는 독일어로 '카이저(Kaiser)'라고 불렸는데, 이 호칭은 로마 제국의 황제 '카이사르(Caesar)'의 이름에서 유래했다. 일본은 이 나라의 시스템을 참고해 근대화를 추진했다.

한편 멀리 서쪽에 ⑭미국이 있었습니다⑰. 미국의 영토는 처음에는 작았지만 **나폴레옹 시대에** ⑮이 부분을 프랑스에서 인수했고⑱, 그 후에 ⑯이 부분도 다른 나라에서 인수했으며⑲, 그다음에 ⑰다른 나라였던 이 부분을 합병하고⑳, ⑱영국과 대화해 **이곳을 얻었고**㉑, 그 후에 ⑲전쟁에서 압승해 **이 부분을 확보했습니다**㉒. 이렇게 큰 희생 없이 초대형 국가가 되었답니다.

⑰독립했을 때의 미국(1776년)

⑱미시시피강 서쪽의 루이지애나를
프랑스에서 인수(1803년)

⑲플로리다를 스페인에서 인수
(1819년)

⑳텍사스 공화국과 합병해서
텍사스를 획득(1845년)

㉑영국이 타협을 통해
오리건의 남쪽을 양도(1846년)

㉒멕시코와의 전쟁에서 이겨서
캘리포니아와 뉴멕시코를 획득
(1848년)

게다가 신기술의 도입도 굉장히 빨랐어요. 미국은 거의 고생하지 않고 자연스럽게 최신 기술과 거대한 영토를 보유한 강국으로 성장했습니다. **이후 러시아 제국에게서** ⑳이 부분까지 **인수하면서**㉓, **미국의 영토는 지금과 비슷해졌습니다**㉔.

---

⑭ 미국 참조➡ P.333
⑮ 루이지애나 매수: 1803년. 미국의 제3대 대통령인 제퍼슨이 나폴레옹에게서 미시시피강 서쪽의 프랑스령 땅을 1500만 달러에 사들였다. 참조➡ P.083
⑯ 플로리다 인수: 1819년. 원래 플로리다는 '회춘의 샘'을 찾던 폰세 데 레온이 발견한 땅이다. 스페인의 부활절인 '파스카 플로리다(꽃의 부활절)'에서 이름을 따왔다고 한다. 제5대 대통령인 먼로 재임 시기에 500만 달러를 내고 인수했다.
⑰ 텍사스 공화국 참조➡ P.334

㉓러시아 제국에게서 알래스카를 인수(1867년)

㉔미국의 영토(1870년)

거대 제국 러시아가 동쪽 나라의 공격을 받다

1850년~1910년 무렵 　　　　　　러일전쟁

한편 러시아 제국은 다른 유럽 국가에 비해 새로운 기술의 도입이 상당히 늦어진 상태였습니다. 그래도 **동쪽을 열심히 침략했어요㉕**. 그러던 사이에 새로운 기술을 받아들여서 소화해 낸 나라가 동쪽에 있었습니다. ㉑일본이었지요. 일본은 대범하게 러시아를 공격했습니다. 러시아 제국은 일본에 이렇게 말했습니다.

네놈은 누구냐? 혼나고 싶어?

이렇게 해서 **일본 vs 러시아 제국 사이에 전쟁이 벌어졌어요㉖**. 이것을 ㉒러일전쟁이라고 합니다. 이 전쟁에서 러시아 제국은 패배했습니다.

---

⑱ 오리건 합병: 1846년. 풍요로운 삼림 지대의 오리건은 원래 미국과 영국이 공동으로 지배하고 있었다. 그러나 1830년대부터 미국인이 많이 진출했기 때문에 영국과 미국이 협의해서 영토를 분할했다. 북위 49도를 기준으로 남쪽은 미국령으로 정했다.

⑲ 미묵 전쟁: 1846년~1848년. 양국 간에 영토 문제가 발생해 전쟁으로 발전했다. 이때 대승리를 거둔 사령관이 일본에서는 '흑선 내항'으로 유명한 페리 제독이다. 멕시코는 이 패배를 지금까지 굴욕으로 여기고 있으며, 반미 감정도 여전히 짙게 남아 있다.

⑳ 알래스카 참조 → P.337

㉑ 일본 참조 → P.343

㉒ 러일전쟁 참조 → P.350

㉕러시아가 동쪽으로 진출(1800년 무렵)

㉖러일전쟁(1904년~1905년)

이 패배에 대해서 러시아 민중들은 크게 분노했어요. 그 후 ㉓러시아 제국 안에서 잇달아 반란이 일어났고, 러시아 제국은 내부적 위기 상황에 처하게 되었습니다. 과거 나폴레옹도 고꾸라뜨렸던 강대국 러시아 제국은 기술 도입도 늦고, 전쟁도 패배하고, 민중도 날뛰는 사면초가 상태에 놓이고 말았습니다.

유럽의 화약고, 대폭발
1910년 무렵   제1차 세계대전 발발

이번에는 다시 오스트리아 제국 이야기를 살펴보겠습니다. 이 나라에는 원래 다양한 민족이 살았는데, 보오 전쟁에서 프로이센 왕국에 무릎 꿇은 후 여러 민족 간에 과격한 갈등이 반복되었어요. 오스트리아 제국이 내분을 겪고 있던 상황에서, **이 지역에서 태어난** ㉔**어느 민족의 청년이 이렇게 말했습니다**㉗

오스트리아 황제를 암살하겠어

어느 민족의 청년

㉓ 제1차 러시아 혁명: 1905년~1907년. 러일전쟁 중 러시아 황제를 믿고 '노동 조건을 개선해 달라'고 호소한 민중을 경찰과 군대가 무력으로 탄압하면서 시작된 혁명. 러일전쟁을 반대하는 성격도 있었기 때문에 혁명 분위기는 단숨에 러시아 전역으로 맹렬하게 퍼져나갔다. 병사들에게 배급된 구더기가 끓는 보르시(러시아식 스튜)에 분노해 일어난 전함 포템킨의 반란은 러일전쟁을 단념시킬 정도로 큰 충격을 주었다. 이 단계에서는 '공산주의' 건설을 목표로 하지 않았다.

㉔ 가브릴로 프린치프: 1894년~1918년. 세르비아인으로 자기 민족을 사랑하고 오스트리아를 증오했던 청년. 사라예보 사건이 벌어졌을 때는 19세(미성년)였기 때문에 사형은 면했다.

㉕ 사라예보 사건: 1914년. 오스트리아 황태자가 사랑하는 아내와 결혼기념일 여행으로 사라예보를 방문했다. 그날은 세르비아인들에게 왕국 멸망으로 이어진 전쟁(코소보 전투)의 기념일로 아주 굴욕적인 날이었다. 프린치프의 총알은 첫 번째가 아내의 배에, 두 번째 탄환이 왕세자의 목에 명중했다. 둘 다 즉시 사망했다. 이 부부는 별로 인기가 없었기 때문에 암살 초기에는 국민과 황제도 사건에 관심을 두지 않았다고 한다.

이렇게 오스트리아에 원한을 품고 있던 민족주의 청년이 오스트리아의 황태자를 암살한 사건이 일어났습니다. 바로 ㉕사라예보 사건입니다. 사라예보 사건이 벌어진 후 오스트리아 제국은 이렇게 말했습니다.

오스트리아 제국은 이 청년의 조국에 공격을 퍼붓기로 했습니다. 한편, 그 상황을 지켜보던 러시아 제국이 이렇게 말했습니다.

러시아는 이런 생각으로 전쟁 참가를 결정했습니다. 그러자 이번에는 독일 제국이 이렇게 말했습니다.

그리고 독일 제국은 이렇게도 말했습니다.

독일이 프랑스를 공격하는 바람에, 프랑스도 전쟁에 참가하게 되었습니다. 그런데 이번에

㉖ 제1차 세계대전: 1914년~1918년. 유럽을 중심으로 31개국이 참여한 역사상 최초의 세계 전쟁. 900만 명의 군인과 700만 명의 일반인이 사망한 것으로 추측되고 있다. 또 같은 시기에 독감이 대규모로 퍼진 탓에 전 세계적으로 1억 명 이상의 사망자가 발생했다는 추산도 있다. 전쟁 중이던 1914년의 크리스마스에는 교황의 호소로 '크리스마스 휴전'이 이루어지기도 했다. 평소에는 서로 죽고 죽이는 적군끼리 축구 친선경기를 하며 시간을 보냈다. 이 휴전을 탐탁지 않게 여긴 독일 상병 중 한 명이 아돌프 히틀러였다. 전쟁이 악화되어 감당할 수 없게 된 1915년 이후에는 크리스마스 휴전이 금지되었다.

는 영국이 이렇게 말했습니다.

영국도 전쟁에 참가했습니다.

㉗청년의 고향 / 보스니아-헤르체고비나의 사라예보

㉘제1차 세계대전의 유럽 세력 지도

사라예보 사건을 계기로 도미노 게임처럼 **차례로 유럽 각국이 발을 담그며 대규모 전쟁으로 번지고 말았습니다㉘**. 이것이 ㉖제1차 세계대전입니다. 이쯤 되자 왕세자를 암살한 청년은 아무도 신경 쓰지 않았습니다. 유럽 국가들이 서로를 죽고 죽이는 최악의 살육전으로 바뀌어버렸지요. 이 전쟁에는 ㉗탱크, ㉘독가스, ㉙비행기처럼 지금까지 없었던 최신 기술이 모두 동원되었습니다. 유럽 지역은 인류가 일찍이 경험해본 석 없는 수준의 지옥으로 변했습니다.

러시아가 자멸하다
1910년~1920년 무렵   제1차 러시아 혁명

유럽의 미래가 짙은 안개 속으로 흘러가는 상황에서 러시아 제국 쪽에 어떤 움직임이 생깁니다. 러시아 제국은 러일전쟁 이후 나라 안이 혼란스러웠는데, 제1차 세계대전 중에 대규모 민

㉗ 탱크(전차): 1916년~현재. 영국에서 개발된 '리틀 윌리'가 원조로 꼽힌다. 탱크 개발 계획은 당시의 해군 장관인 처칠이 지지한 육상군함위원회에서 진행했다. 또한 기밀 유지 차원에서 개발 중인 탱크는 전쟁터의 수분 보급용 '수조(탱크)'로 위장했다. 현재까지 전차가 탱크라고 불리는 이유다.

㉘ 독가스: 1915년~현재. 독일의 과학자 프리츠 하버가 개발했다. 벨기에 예페르(이프르)에서 바람이 불어오는 곳에 진을 치고 있던 독일군이 처음 사용했다. 이로 인해 큰 피해를 입은 프랑스군에는 '많은 병사가 심하게 기침했고, 피를 토했다'라는 기록도 남아 있다.

란이 발생하고 말았습니다. 제1차 세계대전 중에 일어난 러시아 제국 내의 반란이 ㉚ 러시아 혁명입니다. 이 러시아 혁명으로 황제가 처형되었고, 러시아 제국은 내부에서 완전히 붕괴하고 말았습니다.

러시아 혁명으로 처형당한
니콜라이 2세

분노한 러시아 국민

연설하는 고위 관계자 / 레닌(중앙)

지옥보다 더 지옥 같았던 전쟁, 드디어 종결
1920년 무렵
베르사유 조약 체결

그 후에도 각 나라가 전쟁을 멈추지 않았기 때문에 유럽은 날이 갈수록 만신창이가 되는 납득하기 힘든 상황이 되었습니다. 그렇게 몇 년이 지났을 무렵, 멀리서 방관하던 미국이 이렇게 말했습니다.

독일이 너무 심한 것 같아,
이젠 모른 척할 수 없겠어

미국

미국도 이렇게 제1차 세계대전에 참전했습니다. 미국의 힘을 등에 업은 반독일 연합군은 일제히 독일 제국으로 돌격했습니다. 독일 제국은 점점 더 궁지에 몰리게 되었지요. 그러자 독일 제국의 병사가 이렇게 말했습니다.

㉙ 비행기: 1903년~현재. 1903년 12월 17일 라이트 형제가 세계 최초로 본격적인 유인 비행에 성공하자, 그 이후에 엄청난 속도로 개량이 거듭되었다. 전쟁에서는 처음에는 정찰용으로 사용되다가, 나중에는 비행하면서 총을 쏘는 방식이 되었다. 또 정찰하면서 벽돌을 떨어뜨리거나 수류탄을 투하하던 공격을 발전시켜서 폭격기도 개발되었다. 기관총을 비행기에 고정한 세계 최초의 전투기를 만든 인물은 지중해 횡단 비행에 성공한 프랑스의 로랑 갈로스라고 한다.
㉚ 러시아 혁명 참조 → P.319

에잇, 못 해 먹겠네!
독일을 없애버리면 되나!?

킬 군항에 있던 독일 해병

이렇게 ㉛독일 제국은 병사들이 반란을 일으키며 내부에서부터 무너졌습니다. 마침내 독일과 오스트리아를 포함한 동맹국이 패배를 선언하며 ㉜제1차 세계대전은 종결되었지요. 독일 제국은 이 패배의 책임을 지면서 황제가 축출되고 **국토도 많이 빼앗겼기** 때문에 크게 **약화되었습니다**㉙. 그리고 오스트리아의 영토 역시 매우 작아졌습니다㉚.

승자가 된 나라들도 러시아 제국은 내란으로 붕괴했고, 프랑스와 영국도 큰 타격을 받았습니다㉛. 그러나 아무 피해도 보지 않은 미국은 자연스럽게 세계적인 초강대국의 지위로 올라서게 되었습니다.

유럽의 세력 지도(1910년)

㉙㉚ (1920년)

㉛전쟁 후의 초라해진 모습

결국 무엇이 목적이었는지 대의명분을 잃은 채 너무나 비참한 상태로, 심지어 어떤 나라도 이득을 보지 못한 최악의 결과를 남기고 전쟁은 종식되었습니다.

㉛ 독일 혁명: 1918년~1919년. 독일의 킬 군항에서 장기전에 지쳐 출격 명령에 따르지 않는 수병이 속출했다. 그들이 군법 회의에서 사형을 선고받자, 동료 병사들이 크게 분노했다. 반란군들은 함선의 지휘권을 빼앗고 거리를 점거했다. 그 후 독일 국내로 반란이 빠르게 퍼져나갔다. 전쟁 중지와 황제의 퇴위는 피할 수 없는 상황이 되었다. 독일은 군주제를 유지할 생각이었지만, '앞으로는 공화정을 채택할 것'이라고 국민에게 잘못 선언하는 바람에 독일 공화국이 성립되었다.
㉜ 베르사유 조약 참조 → P.102

유럽 편

제7화

초등학생도 이해할 수 있는
제2차 세계대전

쑥대밭이 된 독일이 평화의 나라로 부활

1920년 무렵

바이마르 공화국의 탄생

시대는 1900년 무렵, 장소는 유럽입니다. 당시 유럽은 ① 제1차 세계대전에 휘말려 너 죽고 나 죽자는 식의 처절한 전쟁을 치르고 있었습니다.

난장판으로 싸우던 여러 나라 중 제일 동쪽에 러시아 제국이 있었어요. 이 러시아 제국은 제1차 세계대전이 터지기 전부터 반란이 일어났기 때문에 국내 정세가 상당히 불안했지요. 그런데 제1차 세계대전이 한창일 때 민중의 분노가 극단으로 치달아서 큰 폭동이 일어났고 혁명이 추진되었습니다. 그 결과 러시아 제국의 지배자였던 황제가 처형되었고, 러시아 제국은 전쟁에서 패배한 것도 아닌데 내부에서 붕괴되고 말았습니다.

이후에도 제1차 세계대전은 계속되었습니다. 역사상 최악의 규모였던 이 전쟁은 **유럽 한 가운데에 있는 ② 독일이 완패하며 끝났습니다 ▣**. 영국이나 프랑스는 승전국이 되긴 했지만, 독일만큼이나 큰 후유증이 남아 힘이 약해질 수밖에 없었습니다.

이렇게 유럽 국가들은 모두 약해졌지만, 바다 건너 서쪽에 있는 미국은 오히려 이 전쟁에서 무기를 팔아 큰 이득을 챙겼지요. 덕분에 괄목할 만한 성장을 이루며 한순간에 초강대국 지위로 올라섰습니다. 아시아에서 힘을 키운 일본도 제1차 세계대전에서 무기 등을 많이 팔아 돈을 벌어들였어요.

이렇게 전쟁이 끝난 뒤 유럽은 뒤죽박죽된 나라를 어떻게 재건할 것인가 고민해야 하는 상황에 놓였습니다. 특히 패전국이 된 **독일은 완전히 엉망이 되었지요 ▣**.

---

① 제1차 세계 대전 참조 → P.097
② 베르사유 조약: 1919년. 이 조약이 체결된 6월 28일은 5년 전 사라예보 사건이 일어난 날이기도 하다. 독일이 휴전을 결정한 이유는 미국의 윌슨 대통령이 제안한 전후 처리 방향이 그다지 가혹하지 않았기 때문이다. 그러나 국토를 유린당한 승전국 프랑스의 분노가 가라앉지 않자, 실제로는 영토 몰수와 거액의 배상금을 지불하는 쪽으로 방향을 틀었다. 보불전쟁 패배의 치욕을 잊지 않았던 프랑스 국민들은 이 조약이 비준되자 환호성을 질렀다고 한다. 이 조약으로 구축된 국제 질서가 베르사유 체제다.

■1 유럽의 세력 지도(1918년경)

■2 유럽의 세력 지도(1919년)

독일은 상상을 초월하는 수준의 많은 ③배상금을 갚아야 했어요. 그리고 정치 구조를 ④국민 투표로 국가 대표를 선출하는 방식으로 바꾸었습니다. 우매한 군주가 나라를 지배해서 국민을 불행으로 몰아넣는 일은 역사상 많았지만, 국민이 이성적으로 판단해서 통치자를 투표로 결정할 수 있다면 최악의 지배자가 나타나기는 어려울 거로 생각해서 이러한 방식을 선택하게 된 거지요.

⑤국민의 행복을 진지하게 고민하는 훌륭한 나라로 거듭날 시스템도 많이 채택되었어요. 또한 앞으로 제1차 세계대전과 같은 비참한 일이 일어나지 않도록 ⑥각 나라가 의논해 여러 가지 방법을 마련했지요.

이렇게 험난했던 제1차 세계대전 시대가 막을 내리고, 세계는 평화로워졌습니다.

엄청난 초강대국이 갑자기 등장

1915년~1925년 무렵   제2차 러시아 혁명

전쟁에서 진 것도 아닌데, 전쟁 중에 혁명이 일어나 붕괴된 러시아에 ⑦레닌이 나타났습니다. 레닌은 이렇게 말했습니다.

---

③ 독일의 배상금: '천문학적 숫자'라고 할 정도의 금액으로, 1320억 금 마르크(약 1740조 원)를 지불해야 했다. 나중에 30억 금 마르크(약 40조 원)로 축소되었으나, 히틀러가 무시하고 갚지 않았다.
④ 바이마르 체제: 1919년~1933년. 제1차 세계대전 이후 독일에서 시행된 민주적인 정치 체제. 문학가 괴테가 사랑했던 도시이기도 한 바이마르는 독일 중부에 위치한 오래된 문화 도시다.
⑤ 바이마르 헌법: 1919년. 국민 주권, 남녀 평등, 생존권 보장 등이 명문화되었다.
⑥ 국제연맹: 1920년~1946년. 베르사유 조약으로 설립된 세계 최초의 국제평화유지기구. 출범 초기인 1920~1926년에는 일본의 니토베 이나조가 사무국 차장을 맡았다.

모든 국민이 평등한 파라다이스를 만들고 싶어

러시아, 레닌(1870년~1924년)

얼핏 들으면 무슨 뜻인지 알 수 없는 말입니다. 요컨대 ⑧모든 사업을 국가가 운영해 전 국민이 똑같은 노동을 하고, 똑같은 보수를 받아서 평등하게 행복을 누리는 이상적인 국가를 만들자는 이야기입니다.

과연 가능할지 의문을 품게 되는 사상인데, 사실 이런 생각은 오래전부터 있었어요. 실제로 구현한 나라가 현실에는 존재하지 않았을 뿐이었지요. 그런데 유토피아를 러시아에 진짜 세워보려고 노력한 사람이 바로 레닌이었습니다.

이론의 실천 가능성은 모호했지만, 레닌은 많은 사람의 지지를 얻었습니다. 레닌은 폭삭 무너진 러시아를 추스르고 통째로 차지했습니다. 이렇게 레닌의 손에 의해 **새롭게 러시아 땅에 세워진 나라가** ⑨소비에트 연방(소련)**입니다❸**.

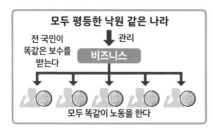

모두 평등한 낙원 같은 나라

전 국민이 똑같은 보수를 받는다 → 관리 → 비즈니스

모두 똑같이 노동을 한다

❸소비에트 연방(1922년~1991년)

그 후 레닌은 이렇게 말했습니다.

---

⑦ 레닌 참조 → P.320
⑧ 공산주의: 갑자기 '유럽에 나타난 유령(마르크스)'. 마르크스와 그의 동료들은 인간의 노동 형태의 변화가 인류 역사를 형성한다고 생각했다. 이에 따르면 처음에는 사냥이나 채집을 하며 다 같이 평등하게 살고, 그 후 조금씩 빈부격차가 생기면서 지배하는 사람과 지배받는 사람이 존재하게 되었고, 그 관계성이 한계에 다다르면 마지막에 또다시 모두 평등하게 일할 수 있는 시대가 찾아온다고 한다.
⑨ 소비에트 연방 참조 → P.320

잘 봐. 낙원 같은 나라를 만들 거니까

소비에트 연방, 레닌

이렇게 해서 레닌은 소비에트 연방을 낙원 같은 나라로 만들기 위해 여러 방면으로 노력했답니다. 하지만 애석하게도 레닌은 얼마 후 세상을 떠나고 말았어요. 레닌의 뒤를 이어 ⑩스탈린이 나타났습니다. 스탈린은 이렇게 말했습니다.

레닌의 뜻을 받들어
내가 낙원 같은 나라를 만들어볼게

소비에트 연방, 스탈린(1879년~1953년)

러시아 땅에서 새롭게 태어난 소비에트 연방은 레닌의 후계자인 스탈린의 지휘 아래 한마음 한뜻으로 노력했습니다.

세계를 혼란에 빠뜨린 공황 발생
1925년~1935년 무렵
세계 대공황

한편, 초강대국이 된 미국은 유럽에서 터진 전쟁의 반사이익으로 돈이 흘러넘치는 상태가 되었습니다. 사람들은 너나 할 것 없이 흥청망청 살았어요. 미국은 전쟁의 상흔을 복구하며 여전히 고통받는 유럽을 곁눈질하며, 최고의 시대를 구가하고 있었지요.

달콤한 하루하루를 보내던 어느 날, 미국에 살던 사람들이 이렇게 말했습니다.

---

⑩ 스탈린: 1879년~1953년. 스탈린이라는 이름은 필명으로, '철강(스틸)처럼 의지가 강한 남자'라는 뜻이다. 출신은 지금의 조지아(그루지야) 지역이다. 가난한 구두장이의 셋째 아들로 태어나 술에 취한 아버지에게 일상적으로 폭력을 당했다. 엄마는 아버지의 폭력에서 벗어나기 위해 어린 스탈린을 데리고 몇 번이나 가출했다고 한다. 스탈린은 어린 시절에 어머니의 강력한 권유로 신학교를 다녔는데, 시간이 지나며 마르크스주의가 더 옳다는 생각을 하게 되었다. 어른이 된 후 1922년부터 소비에트 연방에서 독재 체제를 구축했고, 자신에게 조금이라도 비판적이거나 반대하면 아무리 가까운 사람이더라도 모조리 죽여 없앤 대숙청을 단행했다.

이상하네?
돈이 계속 사라지는 느낌이야

미국에 살고 있는 사람

미국에서 **영문을 모르게 사람들이 가난해지는 이상한 현상이 일어났습니다4**. 회사는 하루아침에 도산하고, 호황을 누리던 사람들은 하나둘 노숙자로 전락했어요. 그러자 미국은 예전처럼 다른 나라를 지원할 수 없게 되었고, **미국의 금융 지원이 끊긴 나라까지 연쇄적으로 가난의 수렁에 빠졌습니다5**. 미국의 가난이 일파만파 퍼져나가며 세계가 순식간에 가난뱅이가 되어버린 거예요.

이렇게 전 세계가 갑자기 가난해진 현상이 ⑪ 세계 대공황입니다. 세계 대공황은 세계 곳곳에 다양한 영향을 끼쳤습니다.

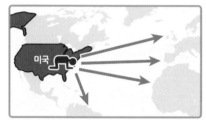

4 미국의 빈곤화 / 암흑의 목요일(1929년)

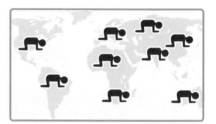

5 전 세계에 가난 전파 / 세계 대공황(1929년)

우선, 전쟁에서 진 독일도 굉장히 먹고 살기 힘들어졌습니다. 독일은 패전국으로서 감당해야 할 천문학적인 규모의 배상금 때문에 경제 상황이 매우 아슬아슬한 지경이었지만, 미국의 지원 덕분에 어떻게든 버티고 있었거든요. 그런데 엎친 데 덮친 격으로 세계 대공황을 직격탄으로 맞자, ⑫ 독일의 살림살이는 지옥처럼 어둡고 참담해졌습니다.

---

⑪ 세계 대공황: 1929년. 1929년 10월 24일 '암흑의 목요일'로 시작된 불황. 기업이 파산해서 돈을 지불할 수 없게 되자 은행도 줄줄이 망했다. 참고로 월가에서 엄청난 부를 쌓아 정치인이 된 조지프 케네디(J.F.케네디의 아버지)는 구두닦이 소년이 주식에 관해 이야기하는 것을 듣고 대폭락 전에 주식을 팔아 치웠다. 그 이유는 일반인들이 주식에 관심이 있다는 것은 현재 주가가 상당히 높은 가격에 형성되어 있는 상태라고 확신했기 때문이다. 이 일화는 지금까지도 회자되고 있다. 그리고 시장이 상승세로 돌아섰을 때 '확실히 돈을 벌 수 있다'라고 생각되는 상태가 더 위험하다는 교훈을 남겼다.
⑫ 세계 대공황 상황의 독일: 1929~1933년. 거액의 배상금에 더해 프랑스에 국내 주요 공업지대를 빼앗긴 독일은 세계 대공황의 타격이 특히 컸다. 실업률은 40% 이상에 이르렀고, 국내 경제는 파탄 직전으로 내몰렸다. 화폐 가치가 바닥까지 떨어져 물물교환이 유행하기도 했다.

유럽에서 멀리 떨어진 아시아 강국 일본도 세계 대공황의 영향으로 궁핍해졌습니다. 그래서 일본은 이렇게 말했습니다.

가난하니까 너무 힘들어, 중국을 공격해야겠어

중국 공격을 계획한 일본인

이렇게 ⑬ 일본은 중국 지역을 공격해 **6** 몽땅 일본의 영토로 만들었습니다 **7** .

6 중국 vs 일본의 전쟁(1931년~1933년)

7 동아시아의 세력 지도(1933년경)

여러 나라가 세계 대공황으로 나락에 빠졌습니다.

한편, 스탈린이 이끄는 소비에트 연방만은 이상향의 나라를 만드는 방식으로 국가를 운영했기 때문에 ⑭ 세계 대공황의 영향을 거의 받지 않았습니다. 오히려 다른 나라가 저절로 약해진 덕분에 어부지리로 강대국이 되었지요.

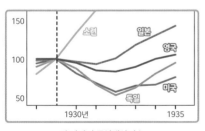

각 나라의 공업생산지수

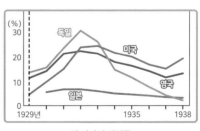

각 나라의 실업률

---

⑬ 만주사변 참조 → P.266
⑭ 제1차 5개년 계획: 1928년~1932년. 스탈린이 공산주의를 추진하기 위해 세운 경제개발 정책. 중공업화나 농업의 집단화 등을 추진했다. 경제가 급속하게 발전해서 자본주의 국가에서도 '새로운 문명의 탄생'이라고 평가하기도 했다. 목표가 상향 조정되면서 계획의 달성 기한이 '4개년'으로 단축되었다.

제2차 세계대전 발발

1930년~1941년 무렵

히틀러와 나치 독일

세계가 위기에 빠진 어수선한 상황, 빈곤에 시달리던 독일이 선거를 진행해서 새로운 통치자를 뽑았어요.

이 선거를 통해 ⑮히틀러가 독일 국민의 선택을 받았습니다. 히틀러는 이렇게 말했습니다.

독일은 내 거야

독일, 히틀러(1889년~1945년)

국민의 선택을 받아 권력자가 된 히틀러는 제1차 세계대전 이후에 생긴 규칙이나 조약을 무시하고, 나라가 본인의 입맛대로 굴러가도록 구조를 바꾸었습니다. 그 후 이렇게 말했습니다.

독일을 가난에서 구해내겠어

독일, 히틀러

⑯히틀러는 국민이 가난에서 탈출할 수 있도록 돕는 정책을 많이 시도했습니다. 그 결과 다른 나라들은 여전히 고통받았지만, 독일은 경제 위기를 극복한 듯이 보였습니다. 이번에는 히틀러가 이렇게 말했습니다.

군대를 팍팍 늘릴 거야

독일, 히틀러

---

⑮ 히틀러: 1889년~1945년. 자유주의 사상을 가진 아버지 밑에서 자라며 화가의 꿈을 키웠지만 좌절했다. 이후 정치 세계에 발을 들이게 되었다. 건강에 관심이 매우 많았고 채식주의자였는데, 단 것을 무척 좋아했다. 특히 초콜릿을 좋아했다. 반유대주의를 부추겨서 유대인 대학살을 일으켰다. 그러나 '히틀러가 청년 시절 좋아했던 첫사랑은 유대인 여성이었다'라고 훗날 히틀러의 어릴 적 친구가 말했다. 또한 당시 한창 유행하던 디즈니 영화를 좋아해서 필름을 수집했다. 특히 '백설 공주'를 좋아했다고 한다. 살아 있는 동안 42차례나 되는 암살 시도를 피했다고 한다.

히틀러는 군대를 조직했습니다🔟. 군비를 강화하는 독일의 모습에 영국이나 프랑스도 위험을 감지했지만, 전쟁 복구 작업으로 빠듯한 상황이었기 때문에 설마 하는 마음으로 지켜보기만 했어요. 기세등등해진 히틀러는 이렇게 말했습니다.

독일, 히틀러

히틀러는 ⑰군대를 움직여 주변국을 마음대로 차지해 버렸습니다❾. 독일의 요구는 터무니없었어요. 그래도 영국과 프랑스는 ⑱한 발 뒤로 물러나며 인정해주었습니다.

❽유럽의 세력 지도(1935년)

❾유럽의 세력 지도(1938년)

뒤이어 히틀러는 이렇게 말했습니다.

독일, 히틀러

먼저 히틀러는 ⑲독일의 오른쪽 나라를 공격했어요🔟. 이렇게 시작된 것이 ⑳제2차 세계대전입니다.

---

⑯ 나치의 경제 정책: 1933년~1945년. 군대 재정비 등을 통해 일자리를 창출했다. 뉴딜정책보다 더 효과적이라고도 평가받았다. 저렴하면서도 성능이 좋은 자동차 폭스바겐 비틀도 제작했다.

⑰ 오스트리아 합병: 1938년. 국경 부근에 집결한 독일 군대를 앞에 두고 '독일과 합병할 것인가'에 대한 국민투표를 실시해 99.9%의 찬성으로 합병이 결정되었다.

⑱ 유화 정책: 1930년대. 나치 독일과 일본 등이 영토 확장을 꾀하는 가운데, 영국과 프랑스는 약소국의 희생을 묵인하며 전쟁을 회피하려는 태도를 취했다. 실제로 이런 생각을 하는 사람들이 상당히 많았지만, 결국 제2차 세계대전을 막지는 못했다.

⑲ 폴란드 침공: 1939년. 9월 1일에 친선 방문 중이던 전함이 갑자기 포격을 개시했다. 침공 이유는 '독일계 주민이 학대받고 있기 때문'이었지만, 그런 사실은 없었다.

그러자 소련의 스탈린이 이렇게 말했습니다.

마침 주먹이 근질근질했는데 잘 됐다!
전쟁 같이 하자!

소비에트 연방, 스탈린

소련이 전쟁에 참전을 선언했고⑪, 독일과 협공해서 이웃 나라를 짓밟았어요.

⑩독일이 이웃 국가를 침공 / 폴란드 침공(1939년)

⑪소련도 이웃 국가를 침공해서 점령(1939년)

평화는 순식간에 흔적도 없이 사라졌지만, 그래도 영국과 프랑스는 말로만 선전포고를 외치고 아무것도 하지 않았습니다. 그 후 히틀러는 이렇게 말했습니다.

이번에는 북쪽으로 공격 개시!

독일, 히틀러

히틀러가 이끄는 독일은 ㉑북쪽 나라를 무너뜨리고 차지했어요⑫. 소련도 ㉒옆 나라를 공격했지만⑬, 완강한 저항에 부딪혀 상당히 고전했습니다.

㉑ 제2차 세계대전: 1939년~1945년. 유럽뿐만 아니라 아시아 태평양 지역에서도 벌어진 세계 전쟁. 합계 5000만~8000만 명에 달하는 사망자가 발생했다고 알려져 있다. 전쟁을 시작한 독일에서는 코카콜라를 수입할 수 없게 되자, 대용품으로 과일맛을 첨가한 탄산음료를 제작했다. 독일어 'Fantasie(상상력)'를 이용해 개발된 이 음료는 지금도 '환타(Fanta)'라는 이름으로 전 세계에서 사랑받고 있다.
㉑ 덴마크·노르웨이 침공: 1940년 4월. 영국과 프랑스를 바다에서 포위하기 위해 독일이 기습 공격을 감행했다. 이 패배로 인해 영국과 프랑스는 본격적으로 독일과의 전쟁에 돌입했다.

**⑫ 독일이 북유럽을 침공 /
덴마크, 노르웨이 침공**(1940년)

**⑬ 소비에트 연방도 북유럽을 침공 /
겨울 전쟁**(제1차 핀란드 전쟁)(1939년~1940년)

세력이 더욱 커진 히틀러는 이렇게 말했습니다.

다음 먹잇감은 프랑스다

독일, 히틀러

히틀러는 제1차 세계대전 당시 독일의 항복문서를 받아낸 프랑스에 복수혈전을 시작했습니다. **프랑스는 속수무책으로 붕괴되어⑭,** ㉓대부분의 영토를 독일에 점령당하고 말았어요.

⑭ 독일의 공격으로 프랑스 붕괴(1940년)

⑮ 이탈리아 참전(1940년)

이번에는 아래쪽에 있던 ㉔**이탈리아**가 이렇게 말했습니다.

㉒ 소련-핀란드 전쟁: 1939년~1944년. 소련군은 자국군을 향해 포격하는 자작극을 벌인 뒤 핀란드의 탓으로 돌리며 공격했다. 이 전쟁에서 핀란드의 전설적인 저격수 '하얀 악령' 시모 해위해가 542명을 사살했다. 이 기록은 지금까지도 총으로 사살한 사망자 수로는 세계 최대 기록으로 남아 있다.

㉓ 파리 함락: 1940년. 서부 전선에서 전쟁이 시작된 지 불과 1개월 만에 파리가 함락되었다. 이처럼 빠른 기동력을 앞세워 공격하는 전법은 '전격전'으로 불렸으며, 독일 구데리안 장군의 주특기였다.

우리도 독일 편으로 참전할게 15

이탈리아, 무솔리니(1883년~1945년)

이로써 독일은 눈 깜짝할 사이에 유럽 대륙 대부분을 장악하면서, 지난 역사에서도 보기 드문 거대 세력이 되었습니다. 그 후 무엇을 생각했는지 히틀러는 이렇게 말했습니다.

소련을 공격하자

독일, 히틀러

이렇게 시작된 히틀러가 이끄는 독일 vs 스탈린이 이끄는 소련의 전쟁이 ㉕ 독소 전쟁입니다 16. 사이좋게 유럽을 불바다로 만들던 두 나라가 서로에게 총구를 겨누는 아수라장이 되었습니다.

16 독일과 소비에트 연방의 전쟁 / 독소 전쟁(1941년)

독소 전쟁의 처참한 모습

자리를 지키던 미국이 움직이기 시작하다
1941년~1945년 무렵   미국의 제2차 세계대전 참전

독일과 소련이 한창 전쟁을 벌이던 무렵, 일본은 중국을 짓밟고 기세등등하게 영토를 점점 늘려나갔어요 17. 일본은 이렇게 말했습니다.

㉔ 무솔리니: 1883년~1945년. 이탈리아의 독재자. 대장장이의 아들로 태어났다. 소년 시절부터 수재로 알려졌고, 사범학교를 수석으로 졸업했다. 교사로 일하다가 1년 만에 퇴직하고, 정치 운동에 빠져들었다. 39세에 총리로 취임해 일당 독재 체제를 구축했다. 엘리트였던 무솔리니는 '나는 이류 국가의 일류 지도자이지만 히틀러는 일류국의 이류 지도자'라고 말했다. 이후 쿠데타로 실각했다. 독일이 전쟁에 패배하자 분노한 민중에게 총살당했다. 시신은 동료, 애인과 함께 밀라노의 주유소 기둥에 거꾸로 매달렸다.
㉕ 독소 전쟁 참조 → P.326

미국 너도 저승으로 가라!

일본, 도조 히데키(1884년~1948년)

이렇게 ㉖일본이 미국의 하와이를 침공했습니다⒅.

⒄일본의 세력 지도(1941년경)

⒅일본 vs 미국의 전쟁 발발 /
태평양 전쟁(1941년~1945년)

그러자 계속 전쟁에 침묵을 지키던 미국이 참지 못하고 이렇게 말했습니다.

㉗ **무슨 짓을 했는지 알고 있나!
지옥을 보여주지**

미국, 프랭클린 루스벨트(1882년~1945년)

이렇게 제2차 세계대전 중에 시작된 일본 vs 미국 사이의 전쟁이 ㉘태평양 전쟁입니다.

일본은 맹렬하게 군사 활동을 펼치며 **놀랄 만큼 많은 영역을 점령했습니다**⒆.

㉖ 진주만 공격: 1941년 12월 8일. 진주만 공격 직전까지 일본과 미국은 전쟁을 피하기 위해 계속 교섭했지만 결렬되었다. 폭탄이 떨어지기 30분 전에 문서로 협상 결렬을 통보할 예정이지만, 일본의 타이핑이 늦어지는 등의 이유로 공격 후에 전달되어 '기습'으로 간주되었다. 덧붙여 일본 해군이 공격을 결행할 때 사용했던 암호는 '신고산에 올라라'인데, 신고산은 대만에 있는 해발 3997미터 높이의 산이다. 1941년에는 대만이 일본 영토였기 때문에 당시 일본에서 가장 높았던 산이었다. 만일 교섭이 잘 되었을 경우를 대비해서 '도네강으로 내려가라'라는 공격 중단 암호도 준비되어 있었다. 도네강은 일본에서 유역 면적이 가장 넓은 강이다.

㉗ 미국 참전: 1941년. 일본과 미국 사이에 전쟁이 시작되자, 일본과 동맹 관계였던 독일도 미국에 선전 포고를 했다. 영국에서는 처칠 수상이 '이것으로 우리의 승리다!'라며 감격과 흥분에 겨워 마음 편히 숙면을 취했다고 한다.

일본의 세력 지도(1941년경)

[19] 일본의 세력 지도(1942년경)

한편, 유럽에서 벌어진 독일 vs 소련의 전쟁에서 독일은 상당히 힘겹게 싸우고 있었습니다. 독일의 전세가 기울기 시작할 무렵, 일본과 싸우던 미국이 이렇게 말했습니다.

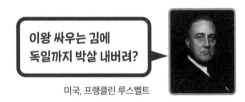

이왕 싸우는 김에
독일까지 박살 내버려?

미국, 프랭클린 루스벨트

마침내 미국이 독일 세력이 장악한 유럽 땅에 상륙했습니다. **미국은 먼저 독일 세력이었던** [29] **이곳의 이탈리아 군대를 물리쳤습니다** [20]. 그다음 본격적으로 **위쪽에서부터 밀고 내려가면서** [21], 독일을 쓰러뜨리기로 했습니다.

[20][21] 미국을 포함한 여러 나라가 프랑스 지역에 난입
(1944년)

[22] 프랑스가 독일 세력권에서 해방 / 파리 해방
(1944년)

---

[28] 태평양 전쟁: 1941년~1945년. 처음에 일본은 대단한 강세를 보이며 태평양의 많은 지역을 점령했다. 그러나 전력이 원활하게 보급되지 못하자 점차 고전을 면치 못했다. 1944년에 미국이 사이판섬을 점령하면서 일본 전역이 공습당하게 된다. 그 이후부터는 상당히 수세에 몰려 힘든 싸움을 이어갔고, 1945년 8월 14일에 포츠담 선언을 수락했다. 다음날 쇼와 천황이 라디오를 통해 전쟁이 끝났음을 알렸다.

[29] 이탈리아 전선: 1943년~1945년. 연합군이 이탈리아에 상륙하자 이탈리아 왕국은 항복했다. 그 후 이탈리아는 연합국 편에 서서 독일군과 괴뢰 국가인 이탈리아 사회공화국과 전투를 벌였다. 이탈리아 병사들은 동기 부여가 부족해서 금세 항복했다는 일화가 많이 남아 있다.

미국 세력이 독일에 전면적인 공격을 퍼붓기 위해 위쪽으로 진입해 침공했던 작전을 ㉚노르망디 상륙 작전이라고 합니다. 이 작전이 성공한 덕분에 프랑스는 독일의 압제에서 해방될 수 있었어요㉒.

연합군의 협공을 받게 되면서 히틀러와 독일의 전세는 단숨에 뒤집혔습니다. 더 이상 진격하지 못하고 연이어 참패한 히틀러는 이렇게 말했습니다.

목숨을 끊는 수밖에

독일, 히틀러

㉛히틀러가 사망하면서 독일은 완전히 패배하게 되었습니다. 이로써 유럽의 제2차 세계대전은 끝이 났어요. 하지만 일본과 미국의 싸움은 여전히 계속되고 있었지요. 미국은 이렇게 말했습니다.

최신 무기를 투입하지

미국, 트루먼(1884년~1972년)

㉜미국은 일본에 원자폭탄을 투하했어요. 그리고 일본은 이렇게 말했습니다.

무조건 항복입니다

일본, 스즈키 간타로(1867년~1948년)

㉚ 노르망디 상륙 작전: 1944년. 나중에 미국의 대통령이 되는 아이젠하워가 전략의 책임자로 활약한 작전. 이 작전에는 6000척이 넘는 함정과 1만 2000대를 넘는 항공기가 출동했다. 독일군의 지휘봉을 잡았던 명장 롬멜이 마침 아내의 생일을 축하하기 위해 전장을 떠나 독일 본국으로 돌아간 상태였기 때문에, 독일군의 반격이 늦어졌다.

㉛ 히틀러의 죽음: 1945년 4월 30일. 히틀러는 부인 에바와 함께 자살했다. 청산가리 종류의 독을 마시고 권총으로 목숨을 끊었다. 시신은 소각되었지만, 소련군이 발견해서 회수했다는 기록도 있다. 소련 붕괴 후 간첩 조직 KGB의 기록이 공개되면서 드러났다.

㉜ 히로시마 · 나가사키 원폭 투하: 1945년. 독일에서 미국으로 망명한 유대인들을 중심으로 원자 폭탄을 개발해 1945년 7월에 첫 원자폭탄 실험에 성공했다. 그 후 히로시마와 나가사키에 인류 사상 최초로 원자폭탄을 실전에 사용했다. 약 20만 명이 사망했다. 원자폭탄의 개발 책임자인 오펜하이머는 '나는 이제 죽음이요, 세상의 파괴자가 되었다'라고 뒤늦게 깊은 후회를 했다고 한다.

일본도 패배했습니다. 이렇게 인류 역사상 최악의 전쟁이었던 제2차 세계대전이 종식되었습니다. 이 전쟁의 사망자를 합산하면 5000만 명에서 8000만 명에 이른다고 합니다.

전쟁으로 유럽 땅은 엉망으로 짓밟혔고, 일본도 불탄 들판이 되었으며, 전쟁에 희생된 나라들도 큰 상처를 입었지요. 오로지 미국과 소련만은 이 전쟁을 계기로 더 큰 힘을 얻게 되었습니다.

둘로 나뉜 인류
1945년~1991년 무렵   냉전

악의 근원 같았던 독일은 **소련 세력과 미국 세력으로 두 동강이 났습니다**23. 그 후 소련처럼 모두가 평등한 낙원을 꿈꾸는 나라들이 많아졌답니다. 이렇게 세계는 소련을 따르는 나라와 미국을 따르는 나라로 **양대 세력이 뚜렷하게 갈라지게 되었지요**24.

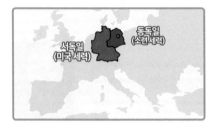

23독일의 세력 지도(1946년)

24전 세계의 세력 지도

두 세력은 사이가 무척 나빴지만, 전쟁이 일어나면 서로 핵폭탄을 주고받으며 세계가 완전히 멸망할 위험이 있었기 때문에 쉽게 전쟁을 일으킬 수는 없었습니다. 핵전쟁을 두려워하면서 미국 세력과 소련 세력이 으르렁대며 견제하는 상태를 33냉전이라고 합니다. 수십 년 동안 팽팽한 냉전 상태가 이어지던 중, 분열된 독일에서 소련 측 사람들이 이렇게 말했습니다.

우리도 미국 편 하고 싶어

동독일(소비에트 연방 세력)에 사는 사람들

---

33 냉전: 1945년~1989년. 1947년에 미국 언론인이 사용하기 시작한 말이다. 미국을 중심으로 한 자유주의 국가들과 소련을 중심으로 한 공산주의 국가들의 대립을 말한다. 보이지 않는 곳에서 스파이 등이 활약했다. 영화를 비롯한 여러 작품으로 많이 만들어지면서 동경하는 사람도 나타났다.

동독일 각지에서 일어난 민주화 시위의 여파로, 수도인 베를린 안에 미국 세력과 소련 세력의 경계선에 세워진 분리벽이 시민들의 힘으로 파괴되었습니다. 이 사건이 바로 ㉞베를린 장벽 붕괴입니다. 그리고 미국 체제를 원하는 국민의 뜻에 따라 동서로 갈라졌던 독일이 하나의 나라로 통일되어 지금의 독일이 되었습니다.

그 후 얼마 지나지 않아서 모두 평등한 낙원의 방식에 문제가 있었던 모양인지, ㉟소비에트 연방도 어느 날 내부에서부터 무너졌어요. 이 지역에는 현재의 러시아가 성립되었고, 냉전 시대는 막을 내렸습니다.

1989년 베를린 장벽 붕괴

1991년 낙원 같은 나라 붕괴 /
소비에트 연방의 깃발(왼쪽)이
러시아 연방의 깃발(오른쪽)로 교체되는 순간

베를린 벽의 붕괴를 기뻐하는 독일 국민

모스크바에서 먹음직스러운
맥도널드 햄버거를 맛보는 러시아 여성

㉞ 베를린 장벽 붕괴: 1989년. 베를린 장벽은 원래 동독에서 서독으로 인구가 유출되는 것을 막기 위해 세워졌다. 그런데 동독의 기자회견에서 '지금 즉시 국경 통과를 허용한다'라고 발표해서 시민들이 흥분했다. 사실 착각으로 발표된 내용이었지만, 국경으로 몰려든 시민들이 베를린 장벽을 파괴했다.
㉟ 소비에트 연방 붕괴 참조 → P.330

제2장
중동 편

중동

유럽

중동 지역

아프리카

인도

삐악이 코멘트

메소포타미아 문명이 발전했을 때 중동 지역은 세계 최고의 선진 지역이었지만, 알렉산드로스 대왕이 휩쓸고 지나간 후에는 유럽에도 공격받고, 몽골 제국에도 공격받고, 러시아에도, 영국에도, 미국에도 간섭받는 동네북 같은 존재가 되었습니다. 유라시아 대륙은 오랜 옛날부터 지금까지 인간을 절망으로 밀어 넣은 비극의 땅입니다. 이것을 단적으로 보여주는 사례 중 하나가 중동 지역이라고 생각합니다.

고대 메소포타미아 ································· 121

이슬람 제국 ································· 129

중동 전쟁 ································· 141

중동 편

제1화

제1화

02:03

◄◄ ▶ ►►

초등학생도 이해할 수 있는

고대
메소포타미아

인류를 급격하게 발전시킨 외계인(?)의 고대 문명
기원전 3200년~기원전 2000년 무렵
수메르

시대는 기원전 3200년 무렵입니다. 그전까지 인류는 원시인에 가까운 생활을 했을 거라고 생각해요. 그런데 뭐라고 설명해야 좋을지 망설이게 되는 **이 지역1**에는 대단한 문명을 가진 민족이 있었습니다. **이 지역을** ①메소포타미아라고 해요**2**.

1 중동의 어느 지역

2 메소포타미아의 위치

이 메소포타미아 지역에는 ②수메르인이 살았습니다. 수메르인들은 국가를 세우고, 문자를 창조하고, 금속 기술을 진보시키고, 새로운 농사 방법을 개발하고, 일주일을 7일로 정하는 등 인류의 문명을 급격하게 진보시켰어요. 이런 식으로 수메르인은 압도적이라 할 만큼 인류 문명을 더 높이 끌어올렸고 외모까지 특이해서, 외계인일지도 모른다는 이야기가 떠도는 것 같아요. 한편, 이 무렵 이집트 지역에도 엄청나게 발전한 ③파라오가 군림하는 문명이 있었다고 합니다.

'철'이 완성한 고대 문명
기원전 2000년~기원전 1150년 무렵
히타이트

그러나 그 후 수메르인은 ④어떤 이민족에게 침략당해서 멸망하고 말았어요. 그리고 **이 근처에** ⑤고바빌로니아 왕국이 **탄생했습니다3**. 이 나라에는 ⑥당한 만큼 복수하는 법률을 만든 왕이 있었다고 해요. 그리고 **이번에는 현재의 튀르키예 지역으로 보이는 곳에** ⑦히타이트인이 **나타났습니다4**.

---

① 메소포타미아: 현재 이라크 공화국 근처의 땅. 그 이름은 유프라테스강과 티그리스강의 '강 사이에 있는 땅'을 의미하는 그리스어에서 유래했다. 이 지역은 특히 홍수가 자주 났는데, 당시에는 신들의 분노라고 여겼기 때문에 홍수에 관한 신화가 많이 남아 있다.

② 수메르인: 계통 불명이며 베일에 싸인 민족. 수메르인의 유적에서는 세계에서 가장 오래된 도장이 많이 출토된다. 문자의 기원이라 볼 수 있는 동전과 숫자를 사용한 흔적도 다수 남아 있다.

③ 이집트 문명: 기원전 3000년~기원전 100년경. 정기적으로 범람하는 나일강 주변의 풍요로운 땅에 싹튼 문명이다. 히엘로그리프(상형문자)라는 글자와 청동기가 광범위하게 사용되었고, 피라미드로 유명하다.

수메르인

③고바빌로니아 왕국(기원전 1894년~기원전 1595년)

히타이트 사람들은 이렇게 말했습니다.

우와! 강철 제련 성공!

히타이트인

당시 사람들은 철을 얻을 때 기본적으로 지구 곳곳에 떨어진 운석에서 채취하는 방법에 의지했던 것 같아요. 그래서 철이 매우 귀했을 것으로 여겨지는데, 히타이트인은 지구의 물질만으로 매우 좋은 강철을 만들어내는 작업에 성공했습니다.

히타이트인의 유적 / 카만칼레호육 유적   철 성분이 들어 있는 운석

그리고 강철 무기를 치켜들고 맹렬하게 침략해 **고바빌로니아 왕국을 멸망시켰고⑤, 이집트에도 큰 피해를 주며 거대한 국가로 거듭났습니다⑥.**

---

④ 아카드인: 아랍인, 이스라엘인과 같은 계통의 민족이다. 아카드인의 조상 '사르곤 왕'은 아기 때 유프라테스강에서 정원사가 발견했다는 전설이 있다.

⑤ 고바빌로니아 왕국: 기원전 1894년~기원전 1595년경. 시리아 사막의 유목민들이 바빌론에 거점을 형성하면서 시작된 왕조. 이후 11대에 걸쳐 왕위가 세습되었다.

⑥ 눈에는 눈, 이에는 이: 고바빌로니아 왕국의 전성기를 이끈 함무라비 왕이 만든 법전에 적용된 사고방식. '당한 것'보다 더 심한 복수가 연쇄적으로 무한정 되풀이되지 못하게 했다. 다만 실제로 적용되지는 않고, 재판이 벌어졌을 때 참고할 수 있는 용도로 사용되었을 것으로 추정된다.

⑦ 히타이트인: 현재의 튀르키예를 중심으로 번성한 나라로 전투에 자신감이 넘치는 민족이었다. 히타이트 군대의 힘을 지탱한 것은 말과 전차, 철이었다. 히타이트의 수도(하투샤)가 19세기에 발굴되었는데, 구약성경에 등장하는 '헷 사람들'의 도시로 추측되었기 때문에 그 이름을 따서 히타이트로 명명되었다.

4 5 히타이트인의 공격으로 고바빌로니아 왕국 멸망
(기원전 16세기 초)

6 히타이트인이 이집트를 공격(기원전 14세기경)

그런데 그 후에 ⑧바다에서 활동하던 막강한 세력이 갑자기 밀어닥쳐서 히타이트가 멸망한 것으로 보입니다**7**. 이집트 역시 크게 약화되었던 것 같아요**8**. 너무나 비참한 상황이었던 모양인지, 이 시대에 대한 자세한 내용은 아직 밝혀진 바가 없습니다.

7 8 바다 민족이 히타이트와 이집트를 파괴
(기원전 12세기경)

바다 민족의 강력함을 표현한 그림

메소포타미아 최초의 천하통일

기원전 1100년~기원전 600년 무렵

아시리아

이 시기에 괴멸적인 타격을 입었던 이 지역에는 사실 꽤 힘을 갖춘 나라가 오래전부터 존재했습니다**9**. ⑨아시리아라는 나라예요. 아시리아는 처음에는 약했지만 힘을 기르며 차츰 강해졌고, 활발한 정복 활동을 통해 광범위한 영토를 차지했지요. 일대 지역을 통합하고 이집트까지 손에 넣어서 거의 천하통일이라고 할 만한 상태까지 달성했습니다**10**.

이렇게 역사에 기록될 만큼 크나큰 쾌거를 이룬 아시리아 대제국. 하지만 너무 커진 탓인지 **10 11** 내부에서 생긴 새로운 세력에 의해 바로 무너져 버렸어요. 그 후 메소포타미아와 이집트 주변 지역은 네 개의 큰 세력이 분립하는 상태가 되었습니다**11**.

---

⑧ 바다 민족: 기원전 12세기경 대규모 민족 이동이 일어났을 때 동지중해를 휩쓸던 사람들. 히타이트를 멸망시켰고, 국가 기밀이었던 제철법이 유출되면서 본격적으로 철기 시대가 시작되었다.

⑨ 아시리아: 기원전 1000년~기원전 609년. 군사 대국으로서 영토를 마구 넓힌 나라. 철과 말을 능숙하게 사용했다. 낙타를 이용해서 물자를 효과적으로 실어 나르며 군사 원정을 지원했다.

⑨ 눈에 띌 만큼 강하지 않은 나라 / 아시리아

⑩ 거대해진 아시리아(기원전 8세기경)

인류사상 최초의 초거대 제국

기원전 600년~기원전 300년 무렵　　　　　　　아케메네스 왕조 페르시아

한편 이쪽 지역에는 ⑫ 페르시아인이 살았어요⑫.

⑪ 기원전 600년경의 메소포타미아 지역

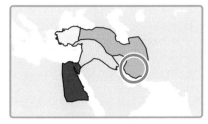

⑫ 페르시아인이 살던 지역

지금도 '페르시아인'이라는 말은 이란 지역 사람들을 가리키는 호칭으로 사용되지요. 당시 페르시아인들은 이 커다란 세력에 복종하며 속해 있던 민족이었어요. 그런 페르시아인들이 이렇게 말했습니다.

우리끼리 독립할 거야

고대 페르시아인들

---

⑩ 신바빌로니아: 기원전 625년~기원전 539년. 아직 밝혀진 사실이 많지 않은 칼데아인이 바빌로니아에 침입해서 만든 나라. 세계 7대 불가사의 중 하나로 꼽히는 '바빌론의 공중정원'이 있었을 것이라고 한다. 중심부에는 바벨탑의 원형인 거대한 에사길라 신전이 있었다고 전해진다.
⑪ 메디아: 기원전 8세기~기원전 6세기. 이웃 나라 리디아와 전쟁을 일삼던 나라. 그 전쟁이 6년째를 맞았을 때 갑자기 일식이 일어났고, 양군 모두 깜짝 놀라 평화협상을 시작했다고 한다.
⑫ 페르시아인: 이란인. 훗날 페르시아 전쟁 이야기를 다룬 그리스인 헤로도토스가 '매우 중요한 일을 술에 취한 상태에서 협의하는 관습이 있다'라고 기술할 만큼 술을 좋아하는 민족이었던 것 같다.

이렇게 페르시아인들이 이 나라에 반기를 들고 세운 나라가 ⑬아케메네스 왕조입니다 ⑬. 아케메네스라는 페르시아인이 있었는데, 그의 핏줄이 대대손손 왕위에 오른 왕국을 아케메네스 왕조라고 합니다. 아케메네스 왕조는 ⑭거친 파도처럼 나머지 세력을 집어삼켰습니다. 마침내 아케메네스 왕조라는 막강한 대제국에 의해, **이집트와 메소포타미아 지역은 거의 완전히 통일되었어요. 이후에는 인도 지역까지 진출했지요⑭.**

중동 세계는 인류 역사상 최초로 등장한 압도적인 대제국이 평정한 상태가 되었습니다. 이 지역은 이후 200여 년 동안 전에 없던 대번영의 시대를 만끽했습니다.

⑬아케메네스 왕조의 성립(기원전 550년경)

⑭아케메네스 왕조의 최대 영역(기원전 323년경)

아케메네스 왕조의 통치 아래에서 좋은 시절이 흘러가던 어느 날, **이번에는 유럽적인 분위기를 갖추기 시작한 이쪽 땅⑮**에 ⑮알렉산드로스 대왕이 나타났습니다.

알렉산드로스 대왕은 별안간 이렇게 말했습니다.

전쟁이 하고 싶다!

알렉산드로스 대왕(기원전 356년~기원전 323년)

생소한 나라의 처음 보는 왕이 갑자기 동쪽으로 질풍노도처럼 침략해오는 바람에, **아케메네스 왕조는 한순간에 멸망했습니다⑯.** 어안이 벙벙해질 상황이었지만, 대제국이 된 알렉산드로스 대왕의 나라도 **오래 가지 못하고 분열되었어요⑰.**

---

⑬ 아케메네스 왕조: 기원전 550년~기원전 330년. 서쪽으로는 나일강, 동쪽은 인더스강에 이르는 매우 넓은 영토를 손에 넣었다. 좋은 말과 강한 전사의 능력을 활용하는 기마민족이 세웠다. 말을 타면서 활을 쏘는 전술로 여러 나라를 압도했다. 나라 곳곳에 '왕의 길'이라는 엄청난 간선도로가 정비되어 있었다. 『역사』를 저술한 헤로도토스가 수도를 방문하고 '거대하고 유례가 없을 정도로 아름다운 거리'라고 표현했다.
⑭ 다리우스 1세: 아케메네스 왕조의 '대왕'. 세금 제도, 화폐 제도, 군대 제도까지 폭넓게 개혁했다. 전쟁에도 매우 강했지만, 그리스 정복이 목표였던 페르시아 전쟁에서는 패배했다. 참조 → P.028
⑮ 알렉산드로스 대왕 참조 → P.030

15 알렉산드로스 대왕의 왕국(기원전 350년경)　　16 아케메네스 왕조의 붕괴(기원전 330년경)

그리고 빈자리를 채우듯이 ⑯ 이란계 유목민 세력이 발흥해 이 지역을 다스렸습니다. 그런데 이 나라는 서쪽의 그 유명한 ⑰ 로마 제국과 시도 때도 없이 전쟁이 일어나서⑱ 고민이 끊이지 않았어요. 그래도 알렉산드로스 대왕 원정으로 초토화되었던 절망을 딛고, 새로운 강대국들에 의해 혼란이 정리되며 각자의 영역을 갖추었습니다.

17 알렉산드로스 대왕의 나라가 분열(기원전 330년경)　　18 새롭게 등장한 파르티아와 로마 제국의 전쟁(기원전 323년경)

세계사를 새로운 차원으로 이동시킨 종교 탄생

200년~700년 무렵　　　　　　　　　　　이슬람교의 탄생

일찍이 대제국 아케메네스 왕조가 태어났던 이 땅에 그 후예를 자처한 새로운 나라가 생겼습니다⑲. 이 나라는 ⑱ 사산 왕조라고 해요. 사산 왕조는 이곳에서 번성했던 이란계 유목민이 세운 나라를 몰아내고 패권을 차지했어요. 서쪽에서 쳐들어온 로마 제국의 후계 국가와도 싸웠지요⑳. 그 와중에 ⑲ 유목 민족에게 공격을 받기도 했지만, 어떻게든 버티며 강대국의 지위를 유지했습니다.

---

⑯ 파르티아: 기원전 247년~기원후 224년. 이란에서 메소포타미아 지역까지 지배한 왕국. 파르티아의 기마군은 말을 타고 달리면서 뒤로 화살을 쐈는데, 이 전술은 '파르티안 샷'이라고 불렸으며, 매우 강력했다. 현대에는 활을 쏘면서 도망치는 수법이란 점에서, '자리를 뜨면서 날리는 악담'이라는 의미도 생겼다.

⑰ 로마 제국 참조 ➔ P.046

⑱ 사산 왕조 페르시아: 224년~651년. 230년에 메소포타미아의 전 지역을 지배했다. 해상 무역에 노력해서 많은 부를 축적했다. 아케메네스 왕조를 이상향으로 삼고 정치 제도 등 여러 방면을 계승했다. 또한 세련된 요리가 발달했는데, 오늘날 길거리 음식으로 익숙한 '케밥'의 원형도 이 시대에 발명되었다.

127

⑲ 사산 왕조의 성립(224년)   ⑳ 사산 왕조의 거대화(550년경)

　정신 차리기 힘든 혼란 속에서 중동 지역의 역사를 근본부터 변화시킨 결정적인 인물이 홀연히 나타났습니다. 이 사람이 바로 ⑳ 무함마드입니다. 무함마드가 지도자가 되어 탄생한 종교가 ㉑ 이슬람교입니다.

　그리고 새롭게 탄생한 이슬람교의 신도(무슬림)들은 **이곳에 거대한 나라를 세웠고㉑**, 혜성처럼 등장한 신흥국의 대단한 힘에 의해 **사산 왕조는 멸망했습니다㉒**.

㉑ 이슬람 세력 나라가 성립(635년경)   ㉒ 사산 왕조의 멸망(651년경)

　그 후 중동 지역에서 이슬람교의 영향은 압도적으로 커졌습니다. 이때부터 지금까지 이 지역은 거의 모든 나라가 이슬람교를 믿으며 살아가고 있어요.

---

⑲ 에프탈: 5세기 중반~6세기 무렵 중앙아시아에서 떠돌아다니며 살았던 기마 유목민. '백훈족'이라는 별명으로도 불린다. 인도의 굽타 왕조가 멸망한 원인이기도 하다. 참조 → P.160
⑳ 무함마드: 570년경~632년. 이름의 뜻은 '칭송받는 자'라는 뜻. 40세 때 동굴에서 신의 말씀을 받았기 때문에 '선지자'라고 부른다. 이슬람교에서 신은 숭배의 대상이며, 무함마드는 경애의 대상이다. 또한 메카에서 포교 활동을 할 때 기적을 일으켜보라는 민중의 무모한 요구에 응해서 달을 두 동강냈다가 원래대로 되돌렸다는 일화도 전해진다.
㉑ 이슬람교 참조 → P.130

중동 편

제2화

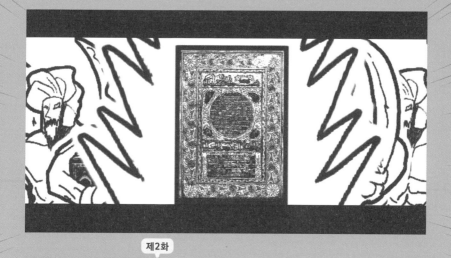

제2화

02:03

⏮ ▶ ⏭

초등학생도 이해할 수 있는
이슬람 제국

세계에 큰 영향을 준 남자

570년 ~ 630년 무렵

무함마드의 등장

시대는 서기 600년 즈음이고, **장소는 중동 지역입니다❶**. 당시 이곳에는 ① 엄청나게 거대한 제국이 있었습니다. 그리고 그 왼쪽에는 ② 로마 제국을 계승한 제국이 굳건하게 버티고 있었어요. 이 초강대국끼리 전쟁도 자주 벌이고는 했습니다.

이렇게 중동 지역의 패권은 **두 나라가 차지하고 있었는데❷**, 이들의 격돌을 곁눈질로 훔쳐보는 **조그만 마을이 있었습니다❸**.

❶중동 지역

❷엄청나게 거대한 제국과 로마 제국을 계승한 제국

이 마을은 딱히 눈에 띄는 특징도 없는 평범한 곳이었어요. 하지만, 어느 날 ③ 무함마드가 나타났지요. 무함마드는 인류 역사상 가장 영향력 있었던 인물 순위에서 당당히 1위 자리에 올라서 있습니다. 무함마드는 누구일까요? 그는 어디서나 볼 수 있을 법한 마을 상인이었습니다.

그러던 어느 날 무함마드는 동굴에 잠깐 머물게 되었어요. 그리고 동굴에서 잠을 자다가 신의 계시를 받습니다. 이후 무함마드가 받은 신의 계시를 믿고 따르겠다는 사람들이 나타나서 동료가 되었습니다. 무함마드의 주장을 믿는 자들의 종교를 ④ 이슬람교라고 합니다.

무함마드를 따르는 이슬람교 사람들은 처음에는 머릿수도 매우 적었고, **괴롭힘을 당해서 마을에서 쫓겨나고 말았습니다❹**.

---

① 사산 왕조 페르시아 참조 → P.127
② 동로마 제국 참조 → P.050
③ 무함마드 참조 → P.128
④ 이슬람교: 7세기 전반~현재. 이슬람이란, 아랍어로 '순종하는 것'을 뜻한다. 무함마드가 천사 지브릴(가브리엘)이 전해준 신의 말씀을 모아 완성한 꾸란(경전)이 신앙의 원천이다. 세계 3대 종교 중 하나로 꼽히며, 전 세계적으로 기독교 다음으로 신자 수가 많다. 점점 영향력이 커지고 있기 때문에 2070년에는 신자 수 1위가 될 것으로 예측한다.

❸무함마드가 나타난 조그만 마을 / 메카

❹무함마드 세력이 마을에서 추방당한 후
정착한 다른 마을 / 메디나(622년)

하지만 이슬람교 사람들은 굴하지 않고 꾸준히 힘을 길렀어요.

결국 무함마드가 이끄는 이슬람 세력은 자신들을 박해하는 무리를 무찔렀습니다. 그 기세로 한층 더 고양된 이슬람교는 점점 세력 범위를 늘려 나갔지요. 그리고 마침내 압도적인 힘의 차이를 보이며 순식간에 **이 지역을 통째로 차지했습니다❺**.

이렇게 해서 중동 지역은 **로마 제국을 계승한 제국과 엄청나게 거대한 제국과 이슬람 세력이 어우러진 삼자 대결 구도로 재편성되었습니다❻**. 그런데 이때, 이슬람교의 교주인 무함마드가 세상을 떠나고 말았습니다.

❺이슬람 세력이 중동 지역에서 영토를 차지하다
(630년경)

❻중동 지역의 세력 지도(635년경)

⑤ 정통 칼리프: 632년~661년. 예언자 무함마드가 사망한 후, 논의를 통해 네 명의 칼리프(예언자의 대리인)가 계속 선출된 시대. 네 사람 모두 무함마드의 계승자로서 신의 올바른 인도를 이해할 수 있을 것이라는 뜻에서 '정통'이라는 이름이 붙었다. 이 시대를 어떻게 평가할 것인지는 현대 이슬람 사회에서도 의견이 분분하다. 또한 사산 왕조와 동로마 제국 등 인근 국가와의 전쟁에서도 승리했다. 많은 땅을 합병해 이 시대에 이슬람 제국의 기초가 마련되었다. 또한 이교도와의 전투는 '성전(지하드)'이라고 불리며, 성전을 치르면 죽어도 천국에 갈 수 있다고 믿었다.

131

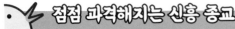

점점 과격해지는 신흥 종교
630년~730년 무렵

우마이야 왕조의 영토 확장

무함마드가 갑자기 사망한 후 ⑤후계자 선출 문제로 이런저런 갈등이 생기긴 했지만, 나름 대로 정리되어 이슬람 세력의 힘은 유지될 수 있었습니다. 그리고 제국으로 거듭난 이슬람 세력은 이렇게 말했습니다.

북쪽의 두 제국을 잘근잘근 밟아주자

이슬람 세력, 정통 칼리프

중동 지역에 샛별처럼 등장한 이슬람이라는 신흥 세력은 대담하게 북쪽의 두 제국을 공격했습니다. 그리고 압도적인 승리를 거듭했지요. 이슬람 제국은 이렇게 말했습니다.

엄청나게 거대한 제국, 멸망을 가져다주마

이슬람 세력, 정통 칼리프

이슬람 제국 vs 엄청나게 거대한 제국 사이에 벌어진 전쟁이 ⑥니하완드 전투입니다❼. 이 싸움으로 인해 엄청나게 거대한 제국은 400년이 훌쩍 넘는 오랜 전통과 역사를 잃고 멸망해버렸어요❽. 이로써 중동 지역의 운명을 지배하는 나라는 의심할 여지 없이 이슬람 제국이 되었습니다.

---

⑥ 니하완드 전투: 642년. 동로마 제국과의 전투로 지쳐 있던 사산 왕조를 이슬람군이 궤멸시킨 전투다. 이슬람군은 특히 활과 화살을 능숙하게 다루기 때문에 사산 왕조의 군대도 '아랍의 화살은 어떤 방패도 뚫을 수 있다'라며 두려워했다. 사산 왕조의 마지막 황제 야즈다기르드 3세는 이슬람군에게 완패한 뒤, 중앙아시아를 떠돌며 당나라와 여러 나라에 도움을 요청하고 재기를 꾀하는 도피 생활을 했다. 어느 날 머물 곳을 찾아 헤매던 야즈다기르드 3세를 하룻밤 재워준 집주인은 그가 입고 있던 아름다운 옷을 보고 변심해, 황제가 깊이 잠든 사이에 보석 장신구를 빼앗으려고 습격했다고 한다.

7니하완드 전투(642년)

8이슬람 제국이 엄청나게 거대한 제국을
멸망시키고 점령

⑦초강대국이 된 이슬람 제국은 또 이렇게 말했습니다.

우리 이대로 유럽까지 침략하자

이슬람 제국

이제 이슬람 제국의 폭주는 아무도 막을 수 없게 되었어요. 이슬람 군대는 **아프리카 북쪽을 지나서9**, 유럽 땅인 **지금의 스페인 지역까지 점령10**했습니다. 이슬람 제국의 영토는 날이 갈수록 거대해졌고, 기독교를 믿는 유럽인들은 공포에 떨었습니다.

이슬람 제국 정벌 활동 개시
(650년경)

9아프리카 북쪽을 통과
(650년~700년경)

10현재 스페인이 있는 곳까지 점령
(700년경)

이제 본격적으로 유럽이 침략당할 차례인가 싶을 정도로 긴장감이 팽팽한 상황에서 이슬람 제국이 **유럽 어느 나라(프랑크 왕국)와의** ⑧**전투에서 패배합니다11**. 이슬람 제국 입장에서는 유감스러운 일입니다만, 여기에서 거대화가 멈추게 되었지요.

---

⑦ 우마이야 왕조: 661년~750년. 제4대 정통 칼리프 알리가 암살당하고, 대상인이었던 우마이야 가문의 무아위야가 칼리프
가 되었다. 이때부터 우마이야 가문을 칼리프로 인정하는 수니파와 정통 칼리프의 자손만을 칼리프로 여기는 시아파가 대
립하게 되었다. 파벌 분열로 인한 갈등은 지금도 계속되고 있다. 이후 우마이야 가문은 칼리프를 세습해 영토를 확장했다.
대제국을 건설한 제5대 칼리프 압드 알 말릭은 '이슬람의 평화'를 실현했다고 평가받는다. 또한 영토가 넓어짐에 따라 아랍
어가 공용어로 사용되었다.
⑧ 투르-푸아티에 전투 참조 → **P.056**

⑪유럽의 어느 나라와 전쟁 /
투르-푸아티에 전투(732년)

투르-푸아티에 전투 장면

몽골 vs 이슬람
740년~1350년 무렵   몽골 제국의 침략

이슬람 제국은 전쟁에서 패한 것도 서러운데, **내부에서 반란이 일어나는 바람에**⑫ 여러
⑨**이슬람교 국가로 분열되고 말았습니다**⑬. 시간이 지나며 **이슬람 국가는 더욱 뿔뿔이 흩**
어졌고⑭, 그들끼리 전쟁을 벌이는 혼란의 시대가 열렸습니다.

⑫이슬람 제국에서 내란이 발생
(750년경)

⑬이슬람 제국이 분열 /
아바스 혁명(750년~800년경)

⑭이슬람 제국이 또다시 분열
(800년~900년경)

이런 상태로 수백 년이 흘렀을 무렵, 저 멀리 동쪽에서 **압도적으로 강한 제국이 갑자기 쳐**
들어왔습니다⑮. 바로 ⑩**몽골 제국**입니다. 몽골 제국은 이렇게 말했습니다.

---

⑨ 아바스 왕조: 750년~1258년. 분열된 우마이야 왕조 중 가장 큰 나라. 아바스(예언자 무함마드의 삼촌)가 조상인 사람들이 바
그다드를 중심으로 세운 왕조다. 우마이야 왕조가 영토가 넓어졌음에도 아랍인만 지나치게 중시하자, 쿠데타가 일어나 아
바스 왕조의 성립을 재촉했다. 아바스 왕조는 아랍인이 아니어도 평등하게 대하고 존중했기 때문에 진정한 '이슬람 제국'
이 여기서 탄생했다고도 한다. 또한 다양한 문화가 꽃피고 상업도 발전했다. '알라딘과 요술램프', '알리바바와 40인의 도
적'으로 유명한 『천일야화』의 무대이기도 하다.
⑩ 몽골 제국 참조 → P.287

여기가 어딘지 모르겠지만,
일단 파괴하자

몽골 제국

몽골 제국은 이슬람교가 무엇이든 아무 상관 없다는 식의 막무가내로 **이 지역을 처참하게 파괴했습니다⑯**. 그 결과 이슬람교의 매우 귀중한 책을 비롯한 많은 문화유산이 손실되는 비극이 일어났지요.

이렇게 이슬람 세력은 갑자기 나타난 무장 세력에게 침략당해서 너무나 큰 피해를 입었습니다.

몽골 제국에 의해 파괴된 모습

몽골 제국이 이슬람 국가의 최대 도시인
바그다드를 파괴

⑮몽골 제국(1219년)

⑯몽골 제국이 중동 지역을 침략(1219년~1225년경)

---

⑪ 오스만 제국: 1300년경~1922년. 오스만 가문이 술탄(종교 외의 권력을 부여받은 군주)이 되어 통치한 제국이다. 오스만 황제는 맘루크 왕조를 타도한 이후 종교 권력까지 흡수하면서, 칼리프와 술탄의 힘을 모두 손에 넣은 것으로 보인다. 능력이 있는 사람을 적극적으로 등용하는 정책으로 유대인이나 기독교인들도 엘리트로 대우했다. 또한 술탄의 자손을 낳기 위해 여성을 노예로 데려와 궁전에 살게 해 하렘을 형성했다. 이 여성들은 이슬람교로 개종하고 아름다움과 자연과 관련된 새로운 이름을 부여받았다. 하렘의 전성기에는 1000명에 가까운 노예가 있었다고 한다.

이슬람교의 가르침은 이렇게 역사의 뒤안길로 사라져 버릴 줄 알았는데, 이후 몽골 제국이 분열되면서 그중 일부 세력이 이 지역에 눌러앉았어요. 이 **몽골 세력의 나라17**는 이렇게 말했습니다.

오늘부터 이슬람교를 믿겠다

몽골 세력 국가의 지배자, 가잔 칸

이슬람교의 문화를 만신창이가 되도록 짓밟은 몽골 세력이 **이슬람교에 귀의하며 이슬람 국가로 다시 태어나는 희한한 사태가 벌어졌습니다18**.

어쨌든 이런 분위기로 몽골 세력이지만 이슬람 국가인 나라가 이 지역에 자리 잡게 되었습니다.

17 몽골 제국의 분열(1240년~1270년경)

18 몽골 제국의 이슬람교 개종(1300년경)

황금기를 맞이한 오스만 제국

1300년~1920년 무렵

오스만 제국의 융성

중동 지역에서 영문을 모르겠는 일들이 벌어지던 이 시기에 이번에는 **유럽과 중동의 경계선19**이라고 할 수 있는 현재의 튀르키예 지역에 **이슬람 국가가 성립되었습니다20**. 바로 ⑪ 오스만 제국입니다.

---

⑫ 맘루크 왕조: 1250년~1517년. 맘루크는 '노예 전사'라는 뜻이며, 이들이 세운 왕조다. 이집트와 시리아를 중심으로 지배했고 수도는 카이로였다. 성지 메카와 메디나도 손에 넣었다. 십자군과 몽골군을 여러 번 격퇴했으며, 몽골 제국의 침략으로 멸망한 아바스 왕조 일족을 카이로에 숨겨주어 명성을 얻기도 했다. 사탕수수, 면화, 향신료 무역을 통해 경제적으로도 눈부신 번영을 이루었다. 그러나 페스트가 창궐하며 국내 상황이 피폐해졌고, 대항해 시대가 열린 후에는 유럽 세력에 밀려 무역도 쇠퇴하게 되었다. 이후 오스만 제국의 침략을 받아 멸망의 길에 오르게 되었다.

⑲유럽과 중동 지역의 경계 부근

⑳현재의 튀르키예 지역에 이슬람교 국가 /
오스만 제국 성립(1300년경)

이 나라는 처음에는 자그마했지만, **그리스를 비롯한 여러 유럽 지역의 나라를 마구 점령** ㉑하며 몸집을 불려 나갔어요. 게다가 이후 오스만 제국은 몽골 제국의 **초월적인 무력에도 굴하지 않았던** ⑫ 강력한 이슬람 국가도 **물리쳤습니다**㉒.

㉑오스만 제국이 그리스 등을 노리다
(1370년~1400년경)

㉒오스만 제국의 적극적인 정복 활동
(1400년~1450년경)

오스만 제국의 영토 확대(1500년경)

그리고 오스만 제국의 10번째 황제로 ⑬ 술레이만 대제가 즉위했습니다. 술레이만 대제는 이렇게 말했습니다.

더 열심히 침략하자

오스만 제국, 술레이만 대제(1494년~1566년)

오스만 제국은 술레이만 대제의 왕성한 정복 전쟁 덕분에 **압도적으로 거대한 영토를 가진 나라가 되었습니다**㉓.

---

⑬ 술레이만 대제: 1494년~1566년. 국내의 많은 제도를 정비했기 때문에 '입법자'라고 불리기도 하고, 호화로운 생활을 했기 때문에 유럽에서 '장엄한 왕'으로 불렸다. 1529년에는 빈을 포위해서 유럽을 공포에 떨게 했다. 측근으로 그리스 출신의 노예였던 이브라힘 파샤를 중용했다. 하지만 이브라힘은 너무 유능했고 권력도 점점 커졌기 때문에 술레이만 대제는 그를 처형하라고 명령했다. 술레이만은 이 명령을 내린 것을 평생 후회했다고 한다. 또한 노예로 잡혀 온 우크라이나 서부 출신의 휴렘을 총애했다. 전통적으로 술탄은 아내를 두지 않았지만 휴렘은 황후로 책봉되며 이례적인 출세를 했고, 음모 공작으로 경쟁자들을 물리치고 절대 권력을 차지했다.

오스만 제국이 유럽과 아프리카도 욕심내다(1520년경)

23 오스만 제국의 확장(1535년)

하루가 다르게 거대해지는 오스만 제국을 보고 유럽에서 스페인을 비롯한 여러 강국이 이렇게 말했습니다.

동쪽에서 위험한 놈들이 왔어, 침략을 막아야 해

스페인, 카를로스 1세(1500년~1558년)

스페인과 유럽 국가들이 연합군을 이루어 오스만 제국과 맞붙었습니다. 이 전투가 ⑭ 프레베자 해전입니다. 이 전투에서 **오스만 제국은 크게 승리했습니다**24. 이슬람 제국은 예전에 그랬듯이 다시 한번 맹위를 떨치며 유럽을 공포에 떨게 했어요.

하지만 다른 유럽 세력과 벌인 전투에서 패배하면서 유럽 침략의 기세는 꺾이게 됩니다. 그 무렵 ⑮ 지도의 오른쪽 지역과 ⑯ 인도 부근에도 **이슬람교를 믿는 강한 나라가 태어났고** 25, 이슬람 제국이 막강한 힘을 휘두르는 시대가 다시 찾아왔습니다.

24 프레베자 해전(1538년)

25 오스만 제국 주변에 이슬람 국가 탄생(1600년경)

⑭ 프레베자 해전: 1538년. 지중해의 지배권을 놓고 벌어진 전투로 스페인이 오스만 제국에 패배했다. 승리의 일등 공신은 뛰어난 기동력을 갖추고 북아프리카에서 활동하던 바르바리 해적. 그 우두머리이자 '붉은 수염'이라는 별명을 가진 바루바로스 하이레딘은 오스만 제국 해군 사령관으로 취임했다.

⑮ 사파비 왕조: 1501년~1736년. 이슬람 신비주의 교단과 튀르키예의 유목민족이 힘을 합쳐 세운 왕조. 지금도 고급 카펫으로 유명한 '페르시아 카펫'은 사파비 왕조 시대에 특히 발전했다. '세계의 절반을 지배했다'라고 일컬어지던 왕가는 카펫 공방의 후원자였는데, 왕조의 몰락과 함께 관련 산업도 쇠퇴했다고 한다.

하지만 그 후 북쪽의 맹주였던 러시아가 더욱 강대국으로 거듭나고, 오스트리아라는 굉장히 강한 나라가 생기면서 오스만 제국은 **이러한 유럽 국가들과의 전쟁에서 점점 패배를 기록하게 되었습니다**㉖. 유명한 **나폴레옹이 쳐들어오기도 하고**㉗, 러시아에 자주 공격당하면서 오스만 제국은 무력화되어 '⑰ 유럽의 병자'라고 불리는 지경에 이르렀지요.

또한 이후 유럽에서는 새로운 산업 기술이 발명되면서 ⑱ 현대적인 기술로 제작된 기계가 순차적으로 도입되었습니다. 유럽 국가들이 새롭게 갖춘 힘은 구시대 기술로만 무장한 이슬람 제국으로서는 전혀 당해낼 수 없는 수준으로 발전했습니다. 이제 시대는 완전히 유럽 국가들이 주름잡게 되었답니다.

㉖러시아 제국과 오스트리아가 공격(18~19세기)

㉗나폴레옹이 이끄는 프랑스군이 공격(1800년 무렵)

거대 제국에서 소규모 이슬람 국가로
1920년 무렵   오스만 제국의 멸망

이슬람 세력이 약화되면서 **오스만 제국이 차지하고 있던 유럽 지역(보스니아-헤르체고비나)에서 반기를 들고 독립을 선언했습니다**㉘. 이후 이 지역에서 국제적인 갈등과 폭력 사건이 벌어지면서, 유럽 국가들이 날을 세워 싸움을 시작했습니다. 그리고 **유럽 전체가 휘말린 대규모 전쟁이 시작되었어요**㉙. 이것이 ⑲ 제1차 세계대전입니다.

---

⑯ 무굴 제국 참조 → P.164
⑰ 유럽의 병자: 근대화에 뒤처지고 전쟁에도 패배해서 통치 능력을 상실한 오스만 제국의 상황을 비꼬는 말이다. 러시아 제국의 니콜라이 1세가 처음 사용했다고 알려져 있다. 크림전쟁 무렵인 1850년쯤부터 많이 쓰였다. 배경으로는 대항해 시대가 열리면서 무역의 중심지가 오스만 제국이 지배했던 지중해에서 대서양으로 옮겨간 것도 큰 영향을 미쳤다. 오스만 제국으로부터의 독립을 추구한 민족 운동과 그 운동에 대한 유럽 강국의 개입도 쇠퇴에 박차를 가했다. 이것을 '동방문제'라고 불렀다.

28 오스만 제국에 대한 반란 / 발칸 전쟁(1910년경)

29 제1차 세계대전의 세력 지도(1915년)

오스만 제국은 제1차 세계대전에 참전했지만 처참하게 패배했습니다. 게다가 제1차 세계 대전이 종식되자마자 600년이 넘는 역사에 종지부를 찍으며 멸망했고, 이로써 이슬람교가 중심인 거대 제국의 시대도 끝이 났지요. 그 후 중동에는 많은 이슬람 국가가 성립되면서 현 대까지 이어지는 혼돈의 시대를 맞이하게 되었습니다30.

오스만 제국의 최대 영토(1550년경)

30 중동의 세력 지도(2020년경)

---

⑲ 제1차 세계대전: 1914년~1918년. 독일 제국과 친분이 두텁고, 오랜 세월을 러시아 제국과 대립했던 오스만 제국은 독일 과 비밀 조약을 맺고 참전했다. 그리고 이 전쟁을 '성전'으로 규정했다. 더욱이 오스만 제국은 관계가 좋지 않은 주변 아랍 국가들과의 분쟁에서도 고전했다. 좀처럼 승리를 거두지 못하고 그대로 패전했다. 이후 세브르 조약을 맺으면서 오스만 제 국의 영토는 대량으로 강탈당했고, 술탄도 망명했다. 오스만 제국이 붕괴된 후에는 이 전쟁에서 활약한 무스타파 케말이 터키 공화국(튀르키예)을 건국해 현재에 이르고 있다. 참조 → P.097

중동 편

제3화

제3화

02:03

⏮ ▶ ⏭

초등학생도 이해할 수 있는

중동 전쟁

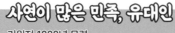
사연이 많은 민족, 유대인
기원전 1000년 무렵 　　　　　　　　　　　　　　바빌론 유수

시대는 기원전 1000년 무렵, **장소는 중동 지역입니다**🟦. 당시 중동 지역 어딘가에 나라가 하나 있었어요. ①**팔레스타인이라는 나라였지요**🟦. 이 지역에는 ②유대인이 살았습니다.

🟦중동 지역

🟦팔레스타인

유대인을 한마디로 설명하면, 유대교라는 종교를 믿는 사람들이에요. 신이 주신 팔레스타인이라는 나라에 살고 있었지요. 그런데 **유대인들이** ③**다른 나라의 공격을 받아 납치되는 일이 벌어졌습니다**🟦. 이렇게 유대인들은 나라를 잃었지만 민족은 살아남아서, 그 후 이어진 역사에도 등장했습니다.

🟦유대인이 한꺼번에 납치되다 /
　바빌론 유수(기원전 550년경)

함께 기도하는 유대인들

---

① 팔레스타인: 종교적 성지이자, 유라시아 대륙과 아프리카 대륙을 잇는 지리적 특성상 상업적으로도 중요한 곳이었다. 지명은 '펠리시테인의 땅'이라는 뜻에서 유래했다.
② 유대인: 구약성서의 아브라함이 조상이라고 한다. 원래는 예루살렘 근처의 유다 왕국에 살던 이스라엘인을 가리켰다. 그러나 나라가 멸망한 후에는 '유다 왕국에 살던 사람'을 뜻하는 '유대인'으로 불렸다.
③ 바빌론 유수: 기원전 586년~기원전 538년. 유다 왕국이 멸망한 후 주민들이 신바빌로니아로 끌려갔다. 아케메네스 왕조가 이들을 해방하자, 예루살렘에 신전을 짓고 유대교를 일으켰다.

말만 번지르르한 영국의 삼중 외교

1910년~1925년 무렵   영국의 팔레스타인 전략

1900년 무렵의 제1차 세계대전이 벌어진 시기로 시간을 훌쩍 뛰어넘어 보겠습니다. 이때 **영국4**이 이렇게 말했습니다.

4 영국 본토(1910년경)

제1차 세계대전의 전쟁터(1915년경)

제1차 세계대전을 확 휘어잡고 싶은데

그리고 이렇게도 말했습니다.

**음~ 저기… 아랍 여러분?
전쟁 도와주면 팔레스타인 땅 줄까 하는데,
관심 있음?**

그러자 당시 **중동 지역의 이 땅에 많이 살고 있던** ④아랍인들은 영국에 협력하기로 **했습니다5**. 한편, 영국은 이런 말도 했습니다.

---

④ 후사인-맥마흔 협정: 1915년. 영국이 오스만 제국으로부터 독립하려는 아랍인들에게 전쟁 협조를 요청했다. 아랍 측의 후사인은 내전을 일으켰고 영국은 이들의 독립을 승인했지만, 이후 사우드 가문이 이끄는 이슬람 국가에 패배해 합병되었다. 현재 이 나라는 '사우드 가문의 나라'라는 뜻의 사우디아라비아 왕국으로 존속하고 있다.

음~ 저기… 프랑스와 러시아 여러분?
전쟁 도와주면 팔레스타인 땅 줄까 하는데,
관심 있음?

당시 영국에 필적하는 강대국으로 프랑스와 러시아가 있었는데, ⑤ 두 나라와도 힘을 빌리는 협력 관계를 맺었습니다 **6**.

5아랍인과 손을 잡은 영국(1915년)

6프랑스와 러시아와도 손을 잡은 영국(1916년경)

3000년 전에 이 땅에 살았던 유대인 이야기를 앞서서 꺼냈던 이유는 바로 여기에 있습니다. 그때의 유대인들은 나라를 잃고 수천 년이 지났는데도, **전 세계 방방곡곡으로 흩어져서 현지인 사이에 섞여 열심히 살아가는 어정쩡한 상태7**였지요. 게다가 유대인들은 각지에 흘러들었을 뿐만 아니라 대단한 능력을 발휘해 세계를 주름잡는 재력가 민족이 되었습니다.

7각지에서 현지인 사이에 섞여 살아가는 유대인

중앙아시아 문화에 녹아들어 살아가는
유대인 / 동화된 유대인

부유한 유대인들에게 영국은 이렇게 말했습니다.

---

⑤ 사이크스-피코 협정: 1916년. 제1차 세계대전에서 영국과 대적한 오스만 제국의 영토를 전후에 어떻게 분할할 것인가를 정한 비밀 조약이다. 영국, 프랑스, 러시아가 모여서 체결했지만, 이후 러시아 제국은 붕괴했다. 러시아에 수립된 새로운 정권이 이 비밀 조약의 존재를 폭로했다.

음~ 저기 ⋯ 유대인 여러분?
전쟁 도와주면 팔레스타인 땅 줄까 하는데,
관심 있음?

영국의 삼중 외교는 질타를 받을 만하다고 생각합니다. 하지만 유대인의 입장에서는 수천 년 만에 조국 땅을 되찾을 수 있는 절호의 기회라서, ⑥ 유대인 사회는 그들의 압도적인 재력을 사용해서 영국을 돕기로 했습니다.

이렇게 영국은 제1차 세계대전에서 다양한 세력과 성공적으로 협력 관계를 구축했고, 전쟁의 결과는 영국이 승리한 분위기였습니다. 그 후 영국은 이렇게 말했습니다.

팔레스타인은 우리 영국이 통치하겠음

황당하게 느껴지는 부분이 참 많은 결과입니다. 어쨌든 이렇게 팔레스타인은 영국의 영토가 되었습니다. 그런데 팔레스타인 땅에 전 세계의 **유대인들이 몰려드는 상황이 벌어졌습니다**⑧. 하지만 원래 이곳에는 아랍인이 많이 살고 있었고 **아랍인과 유대인은 종교도 다르기 때문에 두 세력의 관계는 일촉즉발의 위기 상황을 맞게 되었습니다**⑨.

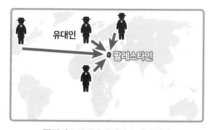

⑧ 팔레스타인에 각지의 유대인 집결

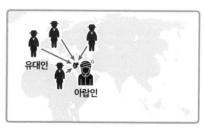

⑨ 아랍인과 유대인의 갈등

---

⑥ 벨푸어 선언: 1917년. 유대인의 민족적 고향(A National Home)을 만드는 것에 대해 찬성한다고 영국이 유대인 대부호 로스차일드 가문에게 약속한 편지. 그러나 실제로는 '비유대인 공동체'의 권리를 해치지 않는 경우로만 한정되어 있었다. 그래서 엄밀히 말하면 후사인-맥마흔 협정과는 모순되지 않는다는 견해도 있다. 비밀에 부친 후사인-맥마흔 협정, 사이크스-피코 협정과는 달리 이 선언은 영국에서 공식적으로 발표되었다. 참고로 이 선언이 발표되기 3개월 전에 작성된 초안이 2005년 경매에 나왔다. 88만 4000달러에 익명으로 낙찰되었다.

유대인을 박해한 히틀러의 영향
1930년~1948년 무렵　　　　　　　　　　히틀러의 유대인 말살 정책

이번에는 독일에 문제아(히틀러)가 **나타났습니다⑩**. 문제아(히틀러)는 이렇게 말했습니다.

⑦ 유대인을 말살해야 해

독일, 히틀러(1889년~1945년)

　히틀러가 저지른 잔혹한 만행은 절대 용서 받을 수 없습니다. 학살 전부터 이루어졌던 나치 독일의 각종 박해를 피해서 팔레스타인 땅에 **유대인들이 많이 유입되었어요⑪**.

　그러던 중 세상은 제2차 세계대전의 시대에 돌입했습니다. 전쟁이 끝나자 많은 유대인이 팔레스타인으로 향하면서, 아랍인과 유대인이 콩나물시루처럼 한곳에 바글바글 모이게 되었어요. 당연히 갈등의 조짐은 더욱 짙어졌습니다.

나치 독일

유대인　팔레스타인

⑩⑪유대인들이 독일에서 팔레스타인으로 피신

유대인과 아랍인의 갈등을 다룬 신문 기사

　두 세력이 강경하게 대립하는 일촉즉발의 상황을 지켜보던 영국은 이렇게 말했습니다.

---

⑦ 홀로코스트: 반유대주의적 정책을 펼친 히틀러와 나치 독일이 1942년에 결정한 '유대인 말살 정책' 때문에 벌어진 대량 학살. 점령지의 유대인들을 강제 수용소에 가두고 대량 학살을 자행했다. 희생자는 약 600만 명에 이르는 것으로 알려졌다. 학살을 피해서 독일에 살던 유대인 약 50만 명 중 약 36만 명이 망명했다.
⑧ 국제연합(유엔): 1945년~현재. 원래는 미국을 중심으로 제2차 세계대전을 치르기 위한 국제기구로 만들어졌다. 영어 명칭인 'United Nations'는 당시 진영인 '연합국'을 계승한 것이다. 전쟁 때 적국이었던 일본은 1956년에 가입이 허용되었다. 우리나라는 1991년에 유엔에 가입했다.

우리 팔레스타인에서 빨리 철수하자

팔레스타인 체류 중인 영국군

말만 번지르르했던 영국은 얌체같이 빠져나갔고, 영국에 의한 팔레스타인 지배는 끝이 났습니다.

최초의 중동 전쟁
1948년~1950년 무렵　　　　　　　제1차 중동 전쟁

그 후 ⑧세계적인 고위직 인물들이 모인 대단한 회의에서 아랍인과 유대인을 분리하기 위해 ⑨팔레스타인 지역을 나누었습니다. 그러나 이로 인해 땅을 빼앗기게 된 아랍인은 이렇게 말했습니다.

유대인을 없애버리면 해결되겠지?

팔레스타인에 살고 있던 아랍인들

이렇게 시작된 유대인 세력과 아랍인 세력의 싸움이 ⑩제1차 중동 전쟁입니다. **지도에서 볼 수 있듯이 유대인 세력은 아랍인 세력에게 완전히 포위당했지만⑫**, 이 전쟁은 유대인 세력이 승리했어요.

유대인들은 국제회의에서 정해진 것보다 더 많은 영토를 확보했고, 팔레스타인 지역의 지배권을 어느 정도 공고히 다졌습니다⑬.

---

⑨ 이스라엘: 1948년~현재. 1947년 11월 29일, 국제연합의 투표로 팔레스타인에 탄생한 유대인 국가. 원래 예상했던 것보다 아랍인 몫의 영토가 줄어든 탓에 그다음 날부터 아랍인과 유대인의 전투가 시작되었다. 공식적으로 독립을 선언한 1948년 이후 지금까지 주변국과의 갈등이 끊이지 않고 있다.

⑩ 제1차 중동전쟁: 1948년~1949년. 이스라엘 vs 이스라엘 건국을 인정하지 않는 아랍 국가들의 전쟁. 서로 테러 전쟁을 벌였다. 이후 아랍군은 예루살렘으로 통하는 도로를 봉쇄하고 이스라엘군의 보급을 차단하는 작전을 펼쳤으나, 이스라엘이 승리해 팔레스타인의 55%를 점령했다.

⑫제1차 중동 전쟁 전의 팔레스타인
영토(1948년)

⑬제1차 중동 전쟁 후의 팔레스타인
영토(1950년경)

제1차 중동 전쟁의 모습

 ## 큰 강을 둘러싼 중동 전쟁
1950년~1960년 무렵
제2차 중동 전쟁

이후 아랍 세력 국가 중 하나인 이집트에⑭ ⑪나세르가 나타났습니다. 나세르는 이렇게 말했습니다.

큰 강을 우리가 차지하자

이집트, 나세르(1918년~1970년)

무슨 일이 벌어진 걸까요? 사실 **이곳에는** ⑫인공적으로 만든 큰 강이 있었는데⑮, 지도에서처럼 유럽 쪽 바다(지중해)에서 아시아 쪽 바다(홍해)로 이동할 때 굉장히 편리한 강이었습니다⑯. 그러나 이 강은 당시 영국과 프랑스를 중심으로 한 유럽 주주들이 소유하고 있었지요. 나세르는 이 강을 빼앗아서 이집트의 것으로 삼으려고 했던 겁니다.

---

⑪ 나세르: 1918년~1970년. 1952년 혁명을 일으켜 이집트 공화국을 세운 군인이다. 제1차 중동전쟁에서 패배를 경험하고, 이집트 변혁의 필요성을 절실히 느꼈다. 영국을 이집트에서 철수시키면서 인기에 불을 붙였다. 그 후 대통령으로 취임해, 시리아와 공동으로 아랍 연합 공화국을 설립했다. 국제적으로도 상당한 인기를 얻으면서 절대적인 권력을 손에 넣었다.
⑫ 수에즈 운하: 1869년~현재. 프랑스인 레셉스가 건설했다. 레셉스는 나폴레옹 3세의 아내와 사촌간이었다. 총길이가 162km에 이르는 인공 강.

14 15 매우 편리한 큰 강 / 수에즈 운하　　　16 큰 강을 사용하려는 영국의 야망

그러자 영국과 프랑스가 이렇게 말했습니다.

야! 네가 뭔데 커다란 강을 꿀꺽하냐?

영국과 프랑스

그리고 또 이런 말도 덧붙였습니다.

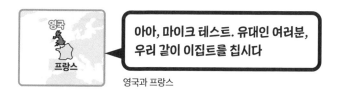

**아아, 마이크 테스트. 유대인 여러분,
우리 같이 이집트를 칩시다**

영국과 프랑스

　이렇게 시작된 전쟁이 ⑬**제2차 중동 전쟁입니다**17. 이집트는 상당히 위험해졌습니다. 그리고 상황은 더욱 복잡해집니다. 당시 지구상에서 거대 국가를 꼽으면 미국이 있었고, 러시아 지역에도 있었습니다. 세계 최강 초강대국인 두 나라는 서로의 존재를 눈엣가시처럼 여기던 사이였지요. 이 두 나라가 영국과 프랑스에 이렇게 말했습니다.

---

⑬ 제2차 중동전쟁: 1956년~1957년. 일명 수에즈 전쟁이라고도 한다. 이스라엘과 이집트의 전투에 영국과 프랑스가 개입
했다. 강대국의 공격을 받은 이집트는 궁지에 몰렸다. 이 전쟁이 시작된 다음 날 유엔 안전보장이사회에서 '철수'를 결의하
는 긴급회의가 열렸다. 이 결의안에 대해서 영국과 프랑스가 '거부권'을 행사했다. 그러나 국제 여론은 이집트를 지지하는
목소리가 컸고, 최종적으로는 이집트가 유엔의 휴전 권고를 받아들였다. 전쟁에서 상당한 어려움을 겪었지만 수에즈 운하
의 국유화라는 당초의 목적을 달성했기 때문에 정치적으로는 이집트가 승리를 거두었다.

적당히 해라~ 이집트에서 당장 발 안 빼?!

미국과 소비에트 연방

결국 영국과 프랑스와 유대인 세력은 이집트에서 철수했고, 큰 강은 이집트가 소유하게 되었어요**18**. 그리고 이로 인해 나세르는 아랍의 영웅 대우를 받았지요.

17 제2차 중동 전쟁(1956년~1957년)

18 큰 강을 이집트가 차지하다

 헛소문에서 시작된 중동 전쟁
1965년 ~ 1970년 무렵   제3차 중동 전쟁

시간이 지나도 아랍인 세력과 유대인 세력은 여전히 사이가 좋지 않았어요. 그래서 이번에는 **러시아 지역 강대국**이 유대 세력이 세운 나라의 ⑭ 이웃 나라와 **이집트19**에 이렇게 말했습니다.

유대인 세력이 또 공격할 거 같던데요?

소련의 스파이, KGB

---

⑭ 시리아: 1946년~현재. 고대부터 농경이 번성했던 많은 농작물을 수확할 수 있는 땅. 그래서 강대국의 지배를 자주 받았다. 1946년에 이르러 마침내 프랑스로부터 독립했지만, 이후에도 쿠데타와 내전이 여러 차례 발생했다. 2011년부터는 특히 비참한 싸움이 계속되고 있다.

19번러시아 지역의 강대국이 아랍인 세력을 부추기다

제2차 중동 전쟁에서
화염에 불타는 이집트의 유전

아마도 새빨간 거짓말이었던 것 같지만, 이 거짓 정보 때문에 긴장감이 더욱 높아졌어요.
언제 전쟁이 터져도 이상하지 않을 것처럼 아슬아슬한 분위기를 감지하고 유대인 세력이 말
했습니다.

아랍인 세력에게 선제공격을 날리자

이스라엘의 고위 군인, 다얀 장군

이렇게 일어난 전쟁이 ⑮**제3차 중동 전쟁입니다**⒇.

이 전쟁에서 유대인 세력은 6일 만에 큰 승리를 거두었어요. **유대인 세력의 영토는 단숨에
커졌고**㉑, 이집트는 큰 타격을 입었습니다.

⒇제3차 중동 전쟁이 발생(1967년)

㉑제3차 중동 전쟁의 결과

제3차 중동 전쟁 당시
이스라엘군의 공중폭격 모습

그리고 영웅으로 칭송받던 나세르도 얼마 지나지 않아 병사하고 말았습니다.

---

⑮ 제3차 중동 전쟁: 1967년. 일명 6일 전쟁. 이스라엘 공군이 이집트 공군기지를 폭격하면서 시작되었다. 이 전투로 이스라
엘군은 예루살렘 시가지 전역을 장악했다. 그중에는 '성전산'이라는 성지도 포함되었다. 이곳은 1187년 이슬람 세력이 십
자군을 물리치고 점령한 이래로 줄곧 그들이 지배해 온 땅이었다.

사방팔방이 엉망으로 무너졌지만, 이번에는 이집트에 ⑯ **사다트**가 나타났습니다. 사다트는 이렇게 말했습니다.

유대인에게 복수할 거야!

이집트, 사다트(1918년~1981년)

이렇게 시작된 전쟁이 ⑰**제4차 중동 전쟁**입니다.

유대인 세력은 아랍인 세력을 많이 얕보고 있었어요. 하지만 사다트의 능수능란한 전략 덕분에 아랍인 세력이 강해졌고, 유대인 세력은 궁지에 몰리기도 했습니다. 그러나 역시 유대인 세력도 만만치 않았기 때문에 두 나라는 호각세를 이루었습니다. 이에 더해 미국은 유대인 세력에게, 러시아 지역의 강대국은 이집트에 끝없이 **무기를 지급했습니다**㉒.

또한 이를 계기로 아랍의 석유왕들이 유대인 세력과 친밀한 나라에는 석유 수출을 금지하는 바람에 ⑱**석유 가격이 비싸져서** 저 멀리 일본 할머니들이 화장지를 사재기하는 이상한 현상이 일어났습니다. 그러나 이후 유대인 세력이 쭉쭉 몰아붙이면서 제4차 중동 전쟁은 끝이 났습니다.

㉒제4차 중동 전쟁(1973년)

㉓아랍인과 유대인 모두 큰 피해

---

⑯ 사다트: 1918년~1981년. 이집트 혁명 시절부터 나세르의 조력자로 활동했다. 대통령으로 취임한 후 나세르가 추진하던 정책을 전환했다. 제4차 중동전쟁을 '마지막 전쟁'으로 규정하고, 자국 경제 살리기에 주력했다. 1974년에는 문호 개방 정책(인피타하)을 실시해 적극적으로 외국과 경제적인 관계를 맺기 시작했다. 이 정책의 성과로 1975년부터 10년간 이집트는 연 6%가 넘는 고도 경제성장을 기록했다. 이스라엘과의 평화도 이루어냈지만, 자기 친위대에 침투한 이슬람 근본주의적인 과격 사상을 가진 자에게 암살당했다. 그는 노벨평화상을 수상했으며, 이슬람교도로서는 최초의 수상자였다.

이집트와 유대인 세력 **모두가 큰 피해를 본㉓** 상황에서 ⑲**사다트**와 유대인 세력의 지도
자는 직접 회의를 열고 이렇게 말했습니다.

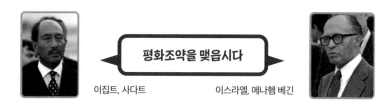

이집트, 사다트   이스라엘, 메나헴 베긴

오랫동안 이어진 두 세력의 싸움은 겨우 진정되었습니다. 사다트와 유대인 세력의 지도자
는 노벨평화상을 수상했지만, 사다트는 배신자로 낙인찍혀서 아랍인 세력의 사람이 쏜 총에
맞아 암살당했습니다. 그 후 절망감이 채 가시기도 전에 **이번에는** ⑳**이 지역에서 전쟁이 일
어나서㉔** 엉망으로 짓밟혔습니다. 그리고 유대인 세력과 아랍인 세력 사이에는 끊임없이 테
러 행위와 내전이 발생했어요. 중동 지역의 혼란은 지금도 여전히 이어지고 있습니다.

㉔ 이란-이라크 전쟁(1980년~1988년)

이란-이라크 전쟁의 전쟁터 모습

---

⑰ 제4차 중동전쟁: 1973년. 일명 욤 키푸르 전쟁. 이집트-시리아 양군이 이스라엘을 기습적으로 공격했다. 전쟁이 시작된
날은 유대인들에게 일 년 중 가장 중요한 명절인 욤 키푸르(속죄의 날)였는데, 대부분의 경제 활동을 자제하는 날이었다. 무
방비 상태였던 이스라엘군은 허를 찔렸지만, 이후에 반격에 나서면서 점차 우위를 점했다. 전투 측면에서는 이스라엘군의
우세로 휴전이 이루어졌지만, 협상 측면에서는 산유국이 사용한 '석유 전략'이 효과를 발휘했다. 이집트는 거듭된 전쟁으로
경제 상황이 악화되었고, 미국 자본의 협력을 얻기 위해서 이스라엘에 대한 태도를 조금씩 온건하게 바꾸었다.

⑱ 오일쇼크: 1973년. 제4차 중동전쟁에 따른 경제 위기. 유가는 3개월 만에 약 4배로 급등했다. 일본에서는 '에너지 절약'이
라는 말도 탄생했다. 또한 일본의 화장지 사재기 소동은 당시 인기를 끌었던 뉴타운에서 단숨에 퍼져나갔다고 한다. 젊은
세대가 많이 사는 아파트 단지 형태의 뉴타운은 소문이 퍼지기 쉬운 환경이었다.

⑲ 캠프 데이비드 합의: 1978년. 미국 대통령의 전용 별장인 캠프 데이비드에 이집트와 이스라엘의 대표를 초청해서 평화협
정을 맺었다. '데이비드'라는 이름은 아이젠하워 대통령이 아버지와 손자의 이름을 따서 지었다고 한다.

⑳ 이란-이라크 전쟁: 1980년~1988년. 이라크가 이란을 공격하면서 시작된 전쟁. 이란에서는 미국과 친밀했던 왕조(팔레비
왕조)가 망하고, 이슬람 시아파의 지도자인 호메이니가 권력을 잡았다(회교혁명). 이에 맞서 이라크의 수니파 지도자인 사담
후세인이 혁명 정권을 타도한다는 대의명분을 내세워 선전포고도 없이 이란을 침공했다. 이란과 우호 관계가 단절된 미국
은 이라크에 대규모 지원을 했다. 이 전쟁이 휴전한 후에도 분쟁은 계속되었고, 이라크는 석유 자원을 노리고 쿠웨이트를
침공했다. 이를 본 미국이 태도를 바꾸어 '침략자'로서 이라크를 공격하면서 걸프 전쟁이 발발했다. 미국에 휘둘린 이라크
에서는 반미 감정이 고조되었고, 테러가 빈발했다. 그 후 이라크 전쟁이 일어나며 사담 후세인 정권은 무너졌다.

제 3 장
인도 편

인도

유럽

중동

동아시아

인도 지역

아프리카

동남아시아

삐악이 코멘트

인도는 속세를 초월한 것처럼 신비롭게 느껴지지만, 사실은 지긋지긋한 현세의 부침에 시달린 곳이었습니다. 북쪽과 동쪽은 산이 둘러싸고 남쪽은 바다로 막혀 있어도 서쪽이 활짝 열려 있어서 알렉산드로스 대왕 시대부터 외세의 침략이 끊이지 않았습니다. 그리고 어째서인지 중국만큼이나 통일을 이루기 어려웠고, 내부적으로도 갈등이 많았어요. 그러던 중에 남쪽 바다에서 가장 절망적인 사건이 벌어집니다. 하지만 지금의 인도는 거대하며, 역사적으로도 매우 진기한 면모를 보여주고 있다고 생각합니다.

인도의 역사 ··· 157

인도 편

제1화

 제1화

03:01

◀ ▶ ▶▌

초등학생도 이해할 수 있는
인도의 역사

분쟁이 끊이지 않던 인도를 최초로 (거의) 통일

기원전 2600년 ~ 기원전 180년 무렵   마가다국의 번영

시대는 기원전 2600년경, 장소는 **이 뾰족한 부분입니다①**. 당시 이곳에 어떤 문명이 있었다고 해요. 하지만 문자를 해독하지 못해서 이 문명의 정체는 여전히 베일에 가려진 상태라고 합니다.

그 후 ①크고 작은 나라들이 난립해 숱하게 전쟁을 벌이는 상태가 이어졌습니다. 이러한 상황 속에서 ②불교가 탄생하기도 하고, ③힌두교의 시초 같은 종교가 나타나기도 했어요. 불교는 정작 인도에서는 별로 유행하지 않고 동남아시아나 한국과 일본처럼 다른 지역에서 번성했지만, 힌두교는 지금까지도 인도의 대표적인 종교로 남아 있습니다.

그리고 **이 복잡한 시대에 존재했던 나라 중에** ④마가다국이 있었습니다②.

①아시아의 불쑥 튀어나온 부분

②십육대국 시대
(기원전 6세기~기원전 5세기)

③마가다국
(기원전 7세기~기원전 2세기)

마가다국은 **적국을 하나둘 물리치면서 세력을 확장해 나갔는데③**, 어느 날 ⑤찬드라굽타가 등장했습니다. 찬드라굽타는 이렇게 말했습니다.

---

① 십육대국: 기원전 6세기~기원전 5세기경. 성벽으로 둘러싸인 16개의 강한 도시국가. 키가 크고 코가 높은 백인 아리아인이 인도에 와서 농업을 전파하면서 서서히 번영하기 시작했다. 그러나 농업의 신을 모시는 제사장이 비정상적으로 높은 지위에 오르거나, 일부에게만 부와 권력이 집중되는 등 이 무렵부터 인도 사회는 불평등해지기 시작했다.

② 불교: 기원전 6세기~현재. 세계 3대 종교 중 하나. 십육대국에 포함되지 않는 약소국의 왕자였던 가우타마 싯다르타(붓다)가 불평등한 인도 사회를 자신의 눈으로 직접 보고 충격을 받아서, 깊은 고뇌와 수행 끝에 깨달음을 얻었다. 그가 남긴 가르침을 제자들이 경전으로 정리했고, 그 내용이 불교의 기초가 되었다.

③ 힌두교: 현재 인도 인구의 80%가 믿는 종교다. 특정 창시자나 경전이 존재하지 않는 수수께끼의 종교다. 인도 원주민의 종교와 훗날 아리아인이 유입되며 전파한 종교(브라만교)가 융합된 종교다. 제사에 참여하는 사람의 신분을 비정상적으로 높게 인정하는 브라만교의 영향을 받은 이 종교가 정착하면서, 인도에 '카스트'라는 신분제도가 남게 되었다.

④ 마가다국: 기원전 6세기~기원전 180년경. 교통이 편리하고 가까운 곳에서 철을 채취할 수 있을 뿐만 아니라, 농업에 유리한 땅이었기 때문에 번영을 누렸다. 마케도니아 군대는 '마가다국이 매우 강하다'라는 소문을 듣고 사기가 저하되어 진군을 거부했고, 알렉산드로스 대왕이 그 뜻을 받아들여 되돌아갔다고 한다.

마가다국은 내가 접수할게요

찬드라굽타(?~기원전 298년경)

찬드라굽타는 군사를 일으켜 마가다국을 점령했어요. 그 이후로 찬드라굽타의 혈통을 이어받은 자가 왕위에 올라 통치하는 마가다국을 ⑥마우리아 왕조라고 합니다.

이렇게 마우리아 왕조가 된 마가다국은 강력한 힘으로 다른 나라들을 쓰러뜨렸습니다. **인도의 대부분은 마우리아 왕조에 의해 통일되었지요4**.

마우리아 왕조 시대에 인도는 황금기를 맞이했지만, 찬드라굽타의 후손인 왕이 쓰러지자 다시 마가다국이 점령하고, 또 다른 왕에게 점령당하고…, 이렇게 먹고 먹히는 상황이 되풀이되면서 멸망해 버렸다고 합니다.

4 마우리아 왕조의 세력 지도
(기원전 250년경)

마우리아 왕조의 수도에서 발견된 유적 /
쿰라하(Kumrahar) 유적

북인도에서 분발했던 나라

300년 ~ 650년 무렵

굽타 왕조의 통치

인도의 상황은 다시 어지러워졌지만, 있는 힘껏 분발해서 ⑦북인도에 큰 나라를 세우기도 했습니다5. 외부 이민족의 침략으로 결국 이 나라도 멸망하고 말았지요6

---

⑤ 찬드라굽타: ? ~기원전 298년경. 마우리아 왕조의 창시자. 인도의 신분제도에서 낮은 신분 출신이었다. 젊은 시절 찬드라굽타는 원정하러 온 알렉산드로스 대왕을 만나러 갔다가 인도의 길 안내를 해주고 나왔다는 전설이 남아 있다. 말년에는 아들에게 왕위를 물려주고 수행을 시작했다. 그 후 당시에는 이상적인 죽음으로 여겨지던 단식으로 세상을 떠났다.

⑥ 마우리아 왕조: 기원전 317년경~기원전 180년경. 기원전 260년경 인도 전역을 통일한 마가다국의 왕조. 당시 왕은 전투에서 수십만 명을 죽인 것을 후회하며 살생을 금하는 불교를 믿게 되었다. 각지에 불상과 불탑 등이 만들어지면서 불교가 뿌리내렸다.

5 굽타 왕조의 세력 지도(400년경)

6 굽타 왕조의 멸망(550년경)

인도와 혼란은 뗄 수 없는 관계인가 싶을 무렵, **이 지역에 ⑧하르샤왕이 등장합니다7**. 하르샤왕은 다시금 북인도를 통합하고, 머나먼 중국에서 찾아온 ⑨서유기의 삼장법사와 친분을 쌓기도 했어요. 그러나 하르샤왕이 세상을 떠나자, 인도 안에 여러 나라가 우후죽순으로 생기며 분열되는 **참담한 혼돈의 시대에 돌입했습니다8**.

하르샤왕(590년~647년)

7 하르샤왕의 지배 영역(630년)

8 라지푸트 시대(750년~900년경)

서쪽을 내주어 침략 당하다

800년~1200년 무렵   라지푸트 시대

이 무렵에 작은 나라들이 분립해 싸움을 반복한 시대를 ⑩**라지푸트 시대**라고 합니다. 인도가 내부 주도권 싸움으로 고달픈 분열의 시대를 보내고 있을 때, 중동 지역에서는 인도의 힌

---

⑦ 굽타 왕조: 320년경~550년경. 고대 인도의 황금기. 산스크리트어를 공용어로 삼았고, 『마하바라타』와 『라마야나』로 대표되는 산스크리트 문학이 확립되었다. '세계 3대 성전(性典)' 중 하나로, 고대 인도 사회의 성애 비밀을 다룬 『카마수트라』도 이 시기에 쓰였다. 수학에서는 '0'이 발견되었다. 이 업적은 이슬람교와 기독교 세상에 전파되어, 지금까지 사용되고 있는 '아라비아 숫자'가 완성되었다.

⑧ 하르샤왕: 590년~647년. 외교와 군사뿐 아니라 문학적 재능까지 두루 갖추었던 왕이다. 힌두교를 믿었지만, 불교도 보호했다. 당나라의 태종 이세민과 교류했고, 서로 사절을 보냈다. 참조 → P.216

⑨ 삼장법사: 602년~664년. 본명은 현장으로, 『서유기』의 중심인물이다. 중국에서부터 걸어서 인도까지 갔다. 불교의 원전을 찾으러 630년 인도(천축)에 도착했다.

두교와는 전혀 관련이 없는 독자적인 종교인 이슬람교가 성립되었어요. 이슬람교를 믿는 중동 국가들은 힘을 길러 번성했습니다**9**.

9중동 지역에서 번영한 이슬람 제국

이슬람교 신자들이 기도하는 모습

그리고 **이 시기에** ⑪이슬람 세력인 중동 국가들이 인도를 침략하기 시작했습니다**10**. 이렇게 인도는 나라 안팎으로 고난이 쉴 새 없이 이어졌어요. 인도 영토 안의 소왕국들은 외부의 침략을 견디지 못하고 **결국** ⑫중동 지역에서 쳐들어온 나라에 북인도 영역을 통째로 내어주고 말았습니다**11**.

10가즈니 왕조의 인도 진출(1000년~1100년경)

11고르 왕조의 인도 진출(1100년~1200년경)

⑩ 라지푸트 시대: 8세기~13세기 소국들이 난립한 시대. 라지푸트는 '왕자'라는 뜻이다. 왕의 신분을 나타냈지만 실제로는 그렇지 않은 사람도 많이 포함되어 있었다.

⑪ 가즈니 왕조: 977년~1187년. 중앙아시아의 이슬람 왕조를 섬기던 무장이 아프가니스탄의 가즈니를 제압하고 세운 왕조. 인도를 여러 차례 공격해서 도시와 사원을 파괴했지만, 점령이 아닌 '약탈'이 목적이었기 때문에 매번 되돌아갔다.

⑫ 고르 왕조: 1148년경~1215년. 아프가니스탄 중부의 고르 지방에 새롭게 일어난 이슬람 왕조. 원래는 가즈니 왕조 휘하의 지방 정권이었으나, 가즈니 왕조의 힘이 약해진 틈을 타서 군사를 일으켜 멸망시켰다. 라지푸트 연합군과도 전투를 벌여 델리를 점거했다. 이후에도 북인도 지역을 공격했고, 나란다 사원 등을 파괴했다. 인도의 불교는 이를 기점으로 완전히 쇠퇴하게 된다.

인도의 대부분이 이슬람의 지배를 받다

1200년 ~ 1530년 무렵 　　　　　　　　　　　　　　델리 술탄 왕조의 탄생

이슬람 국가가 북인도를 점령한 후, 오른쪽 지역이 독립했고 인도에 뿌리를 내려 한동안 이 땅의 주인이 됩니다. 인도에 자리 잡은 이 이슬람 국가를 ⑬ 델리 술탄 왕조라고 부릅니다⑫.

델리는 그들이 살았던 인도의 도시이자 수도였으며, 술탄은 이슬람 세계의 통치자를 뜻해요. 혼란스러웠던 라지푸트 시대는 외세의 침략으로 끝을 맞이했고, 새로운 격동의 시대가 시작되었습니다. 델리 술탄 왕조는 300여 년간 왕족이 다섯 번이나 교체되는 등 정치적인 부침을 겪습니다. 그런 상황에서도 남인도 침략까지 감행하면서⑬, 인도는 중동 세력 vs 인도 세력이 뒤섞인 상태에 놓이게 되었습니다⑭.

⑫ 델리 술탄 왕조의 성립(1206년)

⑬ 델리 술탄 왕조의 영토 확대(1230년경)

인도는 밀물처럼 몰려온 이방인의 침략에 엉망이 되었어요. 그런데 이번에는 갑자기 유라시아 대륙 전체에 영향력을 미친 저승사자 같은 강대국이 나타났습니다⑮. 바로 ⑭ 몽골 제국이었지요. 몽골 제국의 지배자는 이렇게 말했습니다.

한가하네, 이왕 여기까지 왔으니까
인도도 한 방 먹여줄까

칭기즈 칸(1162년경 ~ 1227년)

---

⑬ 델리 술탄 왕조: 1206년~1526년. 고르 왕조를 섬기던 맘루크(노예 전사)의 총사령관인 아이바크가 독립해 델리를 중심으로 새로운 왕조를 열고 술탄으로 취임했다. 그 뒤로도 델리를 수도로 이슬람 계통의 다섯 왕조가 이어졌는데, 이 왕조를 통틀어 델리 술탄 왕조라고 부르게 되었다.
⑭ 몽골 제국 참조 → P.287

이렇게 중동 세력 vs 인도 세력이 힘겨루기 중인 인도에 막강한 힘을 가진 몽골 세력까지 들이닥쳤어요. 그러나 델리 술탄 왕조의 노력으로 몽골 제국이 나라 안으로 쳐들어오는 것만은 막을 수 있었습니다. 이미 여러모로 난장판인 상태였지만, 인도에서는 중동 세력(이슬람교)과 인도 세력(힌두교)의 갈등이 계속되었습니다.

이후 몽골 제국은 분열되었고, ⑮**몽골 제국의 뒤를 이은 나라가 이 지역에 성립되었습니다⑯**. 이 나라는 몽골 제국의 후예이면서 이슬람교를 믿는 복잡한 나라였는데, 이 나라에 ⑯바부르가 나타났습니다.

⒁이슬람교 세력과 힌두교 세력 (1320년경)　　⒂몽골 제국의 등장(1320년경)　　⒃티무르 왕조의 영역(1400년경)

바부르는 이렇게 말했습니다.

인도를 공격하자!

바부르(1483년~1530년)

이렇게 인도는 다시 한번 서방 세력의 공격을 받습니다. 그 결과 **델리 술탄 왕조가 무너지고 말았습니다⒄**. 인도를 침략한 이슬람 국가가 인도를 침략한 또 다른 이슬람 국가에 의해 멸망하고 만 것이지요.

⒂ 티무르 왕조: 1370년~1507년. 몽골 제국에서 분열된 국가이자 이슬람교 세력인 차가타이 칸국의 서쪽 출신으로 군사적 재능이 뛰어난 티무르가 세운 왕조. 일 칸국, 킵차크 칸국 등을 통합해 한 세대 만에 거대한 제국을 건설했다. 델리 술탄 왕조의 세 번째 왕조를 멸망시키고, 부하인 키즈르 칸에게 인도 지배를 맡겨 네 번째 왕조인 사이이드 왕조를 세우게 했다. 이슬람교로 강제 개종하는 대신 '지즈야'라는 세금을 내도록 해 힌두교 신앙이 유지되었고, 이로 인해 인도는 두 종교가 공존하는 상태가 되었다.
⒃ 바부르: 1483년~1530년. 중앙아시아 우즈베키스탄 출신. 아버지는 티무르의 5대 후손, 어머니는 칭기즈 칸의 15대 후손으로 알려져 있다. 티무르 왕조의 부흥을 위한 전쟁에 온 힘을 쏟았으나 실패했다. 이후 인도로 눈을 돌려 델리 술탄 왕조를 멸망시켰다. 중앙아시아를 그리워해 원산지의 멜론을 먹고 눈물을 흘리기도 했다.

'몽골의 후예'이면서 '이슬람교'를 믿는 나라

1530년~1700년 무렵 　　　　　　　　　　　　　　　　　　무굴 제국의 흥망성쇠

바부르가 인도에 쳐들어와서 만든 나라가 ⑰무굴 제국입니다. '무굴'이라는 단어는 '몽골'의 인도-페르시아식 발음이지요.

즉, 어쩌다 보니 인도는 또 몽골 세력에게 침략당하게 된 것이지요. 그리고 무굴 제국도 이슬람교를 믿는 나라였기 때문에 '몽골 계통의 민족이면서 이슬람교를 믿는 나라가 인도를 통치한다'라는 혼란스러운 일이 벌어졌습니다.

무굴 제국은 이후 전쟁에서도 연이어 승리했고, **인도 영토의 대부분이 무굴 제국의 지배를 받게 되었습니다⑱**. 또다시 대제국의 시대가 시작된 것이지요. 무굴 제국 시대는 세계적으로 유명한 ⑱타지마할이 세워지는 등 상당한 번영을 누렸답니다.

⑰델리 술탄 왕조의 멸망(1526년)

⑱무굴 제국의 최대 영역 (1700년경)

하지만 대제국의 영광을 자랑하던 무굴 제국도 결국 ⑲인도의 토착 힌두교 세력의 공격을 받고, 내부 분열이 심각해지면서 점점 힘을 잃었어요.

---

⑰ 무굴 제국: 1526년~1858년. 델리 술탄 왕조를 무너뜨리고 새롭게 수립된 제국. 이 시기에 면화 산업이 급성장해 인도의 대표적인 특산품이 되었다. 국가의 지배자는 이슬람 통치자인 '술탄'이 아니라, 페르시아어로 황제를 뜻하는 '파디샤(Padishah)'라는 칭호를 사용했다.

⑱ 타지마할: 1653년. 무굴 제국 제5대 황제가 사랑하는 왕비를 추모하기 위해 만든 무덤. 매일 2만 명의 일꾼을 동원했고, 22년이 넘는 시간에 걸쳐 완성했다. 이후 후계자 싸움이 벌어고 제5대 황제는 친아들에 의해 성에 유폐되어 사망했다. 그의 시신은 사랑하는 왕비 옆에 안치되었다.

⑲ 마라타: 인도에 존재했던 농경민족 출신의 새로운 신분 집단. 직접 왕국을 세우고 무굴 제국을 공격했지만, 결국 영국에게 제압당했다.

타지마할

문화적으로 뛰어났던 무굴 제국이 건설한
라호르성

대영 제국이 인도를 침략하다

1750년 ~ 1880년 무렵

영국령 인도 제국의 완성

무굴 제국이 멸망에 한 발 더 가까워진 상태에서 지금까지의 모든 시련을 초월하는 절망이 인도에 닥쳐왔습니다. 이번에는 저 멀리 바다 건너편에 있는 영국이 이렇게 말했습니다.

인도 갖고 싶다~

영국

인도와 영국은 원래 바다를 오가며 무역을 하고 있었는데, 인도를 통째로 장악하고 싶어진 **영국이 ⑳ 전쟁을 일으켜 ㉑ 이 부분을 점령해 버렸습니다⑲.**

이 무렵 영국에서는 산업 기술의 발명과 발전이 폭발적으로 이루어졌고, 그 덕분에 다른 문명권과 비교했을 때 결정적인 차이를 보일 만큼 높은 수준의 군사력을 갖추고 있었어요. 영국과 인도의 싸움은 하늘과 땅처럼 벌어진 기술력의 차이로 인해 영국이 훨씬 우세했고, 결과적으로 **영국이 인도를 거의 다 차지하게 되었습니다⑳.**

---

⑳ 플래시 전투: 1757년. 무굴 제국의 벵골 태수가 프랑스와 연합했으나 영국에 패배했다. 전투는 벵골 군에게 유리했지만 총사령관이 배신했다.

㉑ 벵골: 인도 동부에 위치하며, 세계에서 손꼽힐 만큼 농업에 유리한 지역이다. 동부의 '방가'와 서부의 '가우르'를 합친 이름. 현재 벵골은 방글라데시 영토인 부분이 상당히 크다.

⑲ 인도의 영국령(1765년경)

⑳ 인도의 영국령(1805년경)

그리고 영국이 인도에서 생산되는 부를 일방적으로 흡수하는 절망적인 시대가 찾아왔습니다. 게다가 **영국은** ㉒㉙ **인도의 이웃 지역까지 연결했습니다**㉑.

이런 시대를 살아가며 가난해질 대로 가난해진 인도 사람들은 이렇게 말했습니다.

더 이상 못 참겠다! 반란이다!

인도에 사는 사람들

이렇게 ㉓ **인도 대반란이 일어납니다**㉒. 하지만 이 반란은 영국의 승리로 끝났고, 먼저 온 침략자를 물리친 침략자였던 무굴 제국은 새롭게 등판한 침략자인 영국에게 멸망하고 말았습니다. 그 결과 새롭게 성립된 나라가 ㉔ **영국령 인도 제국입니다**㉓.

㉑ 인도의 이웃 지역을 공격
(1850년 경)

㉒ 인도 대반란(1857년경)

㉓ 영국령 인도 제국(1858년경)

㉒ 버마: 인도 동쪽의 지명으로, 현재의 미얀마. 영국령 인도 제국의 일부로 편입되었다가, 제2차 세계대전 중 독립을 위해 일본과 협력 체제를 구축했다.

㉓ 인도 대반란(세포이 항쟁): 1857년~1859년. 영국 동인도 회사의 인도인 경비원(시파히)이 사용하는 총알 포장지에 동물성 기름이 발려 있다는 사실이 밝혀졌다. 소기름은 힌두교, 돼지기름은 이슬람교의 금기이기 때문에 인도인들의 분노가 폭발해 대반란으로 발전했다.

귀신도 혀를 내두르는 대영 제국의 인도 정책

1880년~1920년 무렵

영국은 인도에서 무소불위한 힘을 행사했습니다. 영국의 오만방자한 횡포에 인도 국민들의 분노가 폭발했고, 전국적으로 반영국 운동이 맹렬하게 일어났습니다.

분노를 참지 못하고 폭동을 일으킨 인도인

인도인을 제압하는 영국인

이런 상황을 보고 영국이 말했습니다.

인도인들끼리 싸우게 만들면 되지

영국

그동안 인도는 일찍이 외세 침략으로 유입된 중동의 이슬람교도와 인도 고유의 힌두교도들이 어우러져 살아왔습니다. 영국은 인도에 사는 소수파의 이슬람교도들을 우대하고 힌두교도들은 차별해 두 민족끼리 싸우도록 이간질하는 계략을 펼쳤어요. 그래서 영국을 향한 인도인들의 분노를 이슬람교도들에게 돌리려고 했지요.

결국 힌두교도와 이슬람교도의 사이는 나빠졌지만, 인도인들의 영국에 대한 분노는 사라지지 않았습니다. 이런 상황에서 ㉕제1차 세계대전이 일어납니다. 영국은 이 전쟁에서 승리하긴 했지만, 막대한 피해를 입어 국력이 약해지고 말았어요.

㉔ 영국령 인도 제국: 1877년~1947년. 대반란으로 동인도 회사가 인도에서 철수했다. 1858년에 영국 의회에서 제정한 '인도 통치법'에 따라 무굴 제국이 멸망하고, 영국의 직접 통치가 시작되었다.

㉕ 제1차 세계대전 참조 → P.097

인도의 독립과 간디

1920년~1950년 무렵

영국이 힘을 잃자 인도는 더욱 거세게 부당함을 주장할 수 있었습니다. '독립하자!'라는 분위기도 점점 고조되었습니다. 이때 인도에 ㉖**간디**라는 인물이 등장합니다. 간디는 이렇게 말했습니다.

진짜 영국에서 독립할 기회야

마하트마 간디(1869년~1948년)

인도의 독립운동은 더욱 격화되었습니다.

분노해 행진하는 간디

분노해 행진하는 간디 II

하지만 이번에는 인도 밖 세상에서 ㉗**제2차 세계대전**이 일어났습니다. 이 전쟁에서 독일이 영국 본토를 폭격하고, **일본이** ㉘**인도의 동쪽까지 쳐들어왔어요24**. 영국은 역사상 최대 수준의 큰 피해를 입었습니다. 두 번의 세계대전을 치르며 힘이 크게 꺾였기 때문에 어쩔 수 없이 이렇게 말했습니다.

인도의 독립을 인정하겠다

㉖ 간디: 1869년~1948년. 인도 독립의 아버지. 런던에서 변호사 자격을 취득한 후, 인도의 독립을 위해 '비폭력 불복종'으로 싸웠다. 생활필수품 독점 판매에 항의한 '소금 행진'으로도 유명하다. 아내와 너무 사랑에 빠져 아버지의 임종을 지키지 못했고, 이후 죄책감으로 인해 금욕적인 삶을 보냈다는 이야기도 남아 있다.

㉗ 제2차 세계대전 참조 → P.110

마침내 **인도는 독립에 성공했습니다**🔟. 하지만 영국이 심어놓은 힌두교와 이슬람교의 갈등의 씨앗이 너무 크게 자라서, 영국령이었던 인도는 이슬람교 국가인 ㉙**파키스탄**과 힌두교 국가인 ㉚**인도**로 나뉘게 되었어요. 이후에도 두 나라는 격렬하게 전쟁을 벌이고 경쟁하듯이 핵무기로 무장할 만큼 심각하게 대립하게 되었습니다.

그리고 파키스탄의 오른쪽 지역은 이후 ㉛**방글라데시**로 독립했습니다.

🔟일본이 인도의 동쪽까지 침략

🔟독립 후 인도의 모습(1975년경)

이 두 종교의 복잡한 분쟁이 원인이 되어, 독립 영웅인 간디는 인도가 독립한 직후 힌두교도에게 암살당하고 말았습니다.

인도와 파키스탄의 전쟁

간디를 암살한 범인

인도 국민들은 인도 사람이 인도를 지배하는 상태를 기쁘게 받아들였고, 어쩌면 찬드라굽타 이후 처음일지도 모를 만큼 인도 역사상 보기 힘들었던 통일 국가를 이룩하는 데 성공했습니다.

㉘ 버마 전선: 1941년~1945년. 태평양 전쟁의 동남아시아 전선. 일본군은 영국령 식민지를 노리고 공격을 감행했다. 일본군은 전쟁의 후반에 이르러 보급을 소홀히 한 탓에 많은 아사자가 발생했다.
㉙ 파키스탄: 1947년~현재. 이슬람교도 중심의 국가. 인도와 영토를 둘러싸고 대립하고 있다.
㉚ 인도: 1947년~현재. 일찍이 아리아인들이 '신두(Sindhu)'라고 불렀던 인더스 강 일대 지역. 그 명칭이 서쪽으로 전해지면서 '힌두', '인더스', '인도'로 불리게 되었다. 여러 역사를 거치며 독립 국가가 되었다. 힌두교도와 소가 많고, 세계에서 가장 인구가 많은 나라다.
㉛ 방글라데시 참조 → P.165

제4장
중국 편

중국

동아시아

중동

중국 지역

아프리카

동남아시아

삐악이 코멘트

중국에는 '천하통일'이라는 독특한 정기 행사가 있답니다. 오랜 옛날부터 현대에 이르기까지 몇 번이고 통일이 되풀이되는 모습은 전 세계적으로도 사례를 찾기 힘든 신기한 특징이라고 생각합니다. 중국이 하나가 될 때는 예외 없이 절대 권력을 장악한 독재자가 등장합니다. 이러한 중국 특유의 시스템은 서양의 이론과 상식만으로는 이해할 수 없을지도 모릅니다.

진(秦) 이전 ···················· 173

항우와 유방 ···················· 179

한(漢) ···················· 191

삼국지 ···················· 199

삼국지 이후 시대 ···················· 207

수(隋)와 당(唐) ···················· 213

송(宋) ···················· 221

원(元) ···················· 229

명(明) ···················· 235

청(淸) ···················· 243

중화민국 ···················· 257

중화인민공화국 ···················· 271

중국 편

제1화

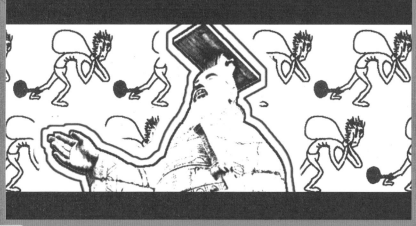

제1화

04:12

|◀ ▶ ▶|

초등학생도 이해할 수 있는

진(秦) 이전

시대는 기원전 1000년경, 당시 중국에는 ①주나라가 있었습니다. 주나라는 **국토를 제후들에게 나누어주는 방식으로 잘 관리하고 있었지요** **1**.

하지만 나라 안에서 여러 가지 문제가 발생해 ②주나라는 혼란에 빠지고 말았습니다. 그러자 신하들은 왕을 무시하고 **점점 제멋대로 행동하기 시작했어요** **2**. 그렇게 주나라는 기르던 사냥개에게 물린 꼴로 힘을 잃다가 존재감이 거의 사라지고 말았습니다.

1 주나라

2 주 나라가 약화된 후 지배받던 세력들의 반란 속출

주인을 잃은 사냥개들은 매우 사나워졌어요. 주나라의 내로라하는 제후들은 마구잡이로 독립해 나라를 세웠고, 혈투를 벌이며 **서로를 파멸시키는 전쟁의 시대에 돌입했습니다** **3**. 이것이 ③춘추시대입니다.

이 시대에는 ④다양한 영웅과 훌륭한 장군, 천재적인 사상가들이 많이 등장했습니다.

---

① 주나라: 周, 기원전 1046년경~기원전 256년. 상나라를 멸망시킨 나라. 황허강과 양쯔강(장강) 유역에서 발전했다. 처음에는 훌륭한 정치를 펼쳤으나, 암군도 등장했다. 제10대 왕인 여왕(厲王) 시기에 반란이 일어나 왕의 자리가 공석이 되었다. 이때 두 명의 대신이 실시한 '모두 화합'하는 정치가 '공화국'의 유래가 되었다고 한다.

② 동주: 기원전 770년~기원전 256년. 13대 평왕이 즉위하면서, 상나라의 잔존 세력을 압박하기 위해 만든 성주(낙양)라는 도시로 도읍을 옮겼다. 하지만 이때부터 왕권이 약해져서 주나라가 멸망하는 원인이 되기도 했다.

③ 춘추시대: 기원전 770년~기원전 403년. 주나라의 신하이면서 무력을 가진 제후들이 '패자'라 불리며 실력을 겨루던 시대. '춘추'라는 이름은 공자가 쓴 역사서에서 유래했다.

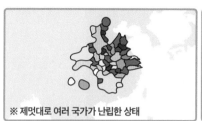

※ 제멋대로 여러 국가가 난립한 상태

3 중국의 세력 지도(기원전 700년경)

공자

노자

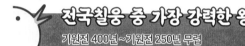

전국칠웅 중 가장 강력한 왕국, 진
기원전 400년~기원전 250년 무렵   전국시대

많은 나라들이 밤낮없이 전쟁을 일삼다 보니, 살아남는 나라와 사라지는 나라가 생겼어요. 그리고 **일곱 개의 강국이 등장했지요 4**.

대략 7대 강국이 등장한 이후의 시대를 ⑤전국시대라고 부릅니다. 이 7대 강국은 다양한 음모와 계략을 꾸미고, 장렬한 전투를 벌였습니다.

그중 하나가 진나라였어요.

왕전(진나라 장수) (? ~? 년)

이목(조나라 장수)
(? ~기원전 229년)

※ 난립했던 나라들이 정리된 상태

4 중국의 세력 지도(기원전 260년경)

---

④ 제자백가: 기원전 6세기~기원전 3세기. 춘추전국시대에 등장한 사상가나 학자의 총칭이다. 실제로 100명이 있었던 것은 아니지만, 그만큼 많음을 의미한다. 유명한 공자, 노자, 맹자, 순자, 묵자, 손자를 포함해 셀 수 없을 정도로 많은 사상가가 존재했다.

⑤ 전국시대: 기원전 403년~기원전 221년. 진이라는 거대한 나라가 가신들에 의해 '조', '위', '한'으로 나뉘면서 시작되었다. 그 후 일곱 개의 강대국이 등장해 '전국칠웅'이라고 불렸다. 이 시대는 철기가 보급되어 군사뿐만 아니라 농업도 비약적으로 발전했다. '전국(戰國)'이라는 말은 이 시대를 기록한 역사서 『전국책(戰國策)』에서 유래했다.

백기(진나라 장수)
(기원전 332년~기원전 257년)

염파(조나라 장수)
(기원전 327년~기원전 243년)

진나라는 당시에 꽤 위세를 떨치던 나라였는데, 법가를 대표하는 인물인 ⑥ 상앙을 등용했습니다. 상앙은 이렇게 말했습니다.

더 엄격한 법률을 만듭시다

진, 상앙(?~기원전 338년)

상앙이 법치주의 정치에 힘을 쓴 덕분에 진나라의 법률은 더욱 확고해졌고, 내부적으로도 강한 국력을 갖게 되었습니다. 하지만 상앙 본인도 자기가 정한 형벌로 처형당하고 말았지요. 상앙은 죽었지만, 법은 계속 이어졌습니다.

진나라는 우수한 법률을 활용해 나라를 잘 이끌었고 점점 강대국으로 발전했어요. 진나라가 너무 강해지자 견제하던 나머지 여섯 나라가 연합해 덤비기도 했는데, 진나라를 이기지 못했습니다.

중국 역사상 최초의 황제
기원전 250년~기원전 200년 무렵

진의 시황제

그러던 어느 날 진나라의 왕이 세상을 떠났습니다. 그 뒤를 이어 왕위에 오른 사람이 ⑦ 정입니다. 이때 정은 고작 13세였기 때문에 나랏일을 다른 사람에게 맡겼습니다. 하지만 인정사정

---

⑥ 상앙: ?~기원전 338년. 위나라에서 망명한 인물이다. 이후 진나라 왕의 신임을 받아 국가 개혁을 앞장서서 이끌었다. 법가 (法家)로 불린 상앙은 '변법'이라 불리는 법치주의로 개혁을 단행했다. 그러나 너무 급격한 개혁 탓에 진나라의 보수파에게 외면당했고, 왕이 죽은 후 반역죄로 처형당했다.

없는 격동의 시대에 태어나 몇 번이나 죽음과 맞닥뜨리며 성장한 탓인지, 정은 세상 물정 모르는 순진한 도련님이 아니었어요. 극단적으로 냉철하게 세상을 바라보고, 냉혹하게 사람을 의심하는 성정을 지니고 있었지요.

시간이 흘러 정은 성인이 되었고, 마침내 진나라를 직접 이끌어갈 때가 왔습니다. 이 시점에 진나라는 이미 상당히 강했지만, 정은 만족하지 않았습니다. 진나라 못지않게 강대국인 ⑧초나라를 꺾고 **중국 전역을 통일하는 데 성공했습니다⑤**.

진나라 시대에 제작된
황제의 인장

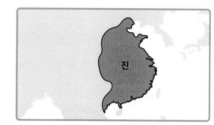

⑤중국의 세력 지도(기원전 221년)

진나라의 왕, 정은 중국의 정점에 오른 인물이 되었어요. 세상의 모든 것을 마음대로 움직일 수 있는 최강의 존재가 된 거예요.

당시 중국에서 가장 위대한 사람은 '왕'이라고 불렸습니다. 하지만 혼란스러운 전란의 틈바구니에서 수많은 왕이 등장했기 때문에 '왕'이라는 칭호에 담긴 위엄이 많이 희미해져 버렸어요. 그래서 정은 이렇게 말했습니다.

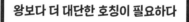

왕보다 더 대단한 호칭이 필요하다

진, 정(재위: 기원전 221년~기원전 210년)

---

⑦ 정: 기원전 259년~기원전 210년. 중국 최초의 통일을 이룬 시황제. 즉위 후 초반에는 상인에서 승상이 된 여불위가 실권을 장악하고 있었으나, 10년에 걸친 암투 끝에 제거에 성공했다. 이후 기원전 236년부터 중국을 통일하기 위한 전쟁을 시작했다. 전국시대 4대 명장 중 하나인 왕전을 필두로 장군들이 최선을 다해 기원전 221년에 전국 칠웅 중 마지막으로 남은 제나라를 멸망시키고 염원하던 중국 통일을 이룩했다. 참조➡p.180

⑧ 초나라: ?~기원전 223년. 전국칠웅 중 하나. 쌀농사를 잘 짓는 나라로 청동, 철을 다루는 최신 제련 기술이 발전해 번영을 누렸다. 지금도 '오월동주'라는 고사성어가 남아 있는 오나라와 월나라를 멸망시켰다. 진나라의 대군을 여러 차례 격파하며 활약한 초나라의 대장군 항연은 항우의 조부다.

정은 왕보다 더 높은 자를 의미하는 새로운 칭호로 '⑨황제'를 사용하기로 했습니다. 이것이 '⑩진시황제'가 탄생한 배경입니다.

또한 진시황제는 스스로를 지칭할 때 '나'처럼 평범한 호칭을 거부하고, '짐'이라고 부르기로 했습니다. 그리고 자신이 더욱 초월적인 존재임을 표현하기 위해 '짐' 대신 '진인(眞人)'이라 부르라고 어명을 내리기도 했습니다. 그러나 '짐'이라는 호칭은 후대 황제들에게도 계승되었지만, '진인'은 너무 지나친 생각이었는지 계승되지 못했어요.

진시황제는 이후 ⑪만리장성을 건설하기 위해 백성들을 쓰러질 때까지 혹사시키고, 불로장생을 원해 수은을 벌컥벌컥 마시다가 얼마 못가 죽고 말았어요. 진시황제는 비록 오래 살지는 못했지만 이름에 담긴 뜻처럼 최초의 황제였고, 이후 약 2000년에 걸쳐 '황제'의 칭호가 계승되며 중국 역사상 가장 위대한 인물로 남게 되었습니다.

만리장성

위험한 물질인 수은

---

⑨ 황제: 기원전 221년~1912년. 중국의 전 지역을 통치하는 지위를 가리키는 말로 채택되었다. 황은 '빛나다', 제는 '하늘의 명을 받아 지배하는 사람'을 뜻한다. 참고로 지금도 쓰이는 '혁명'이라는 단어는 '하늘의 명을 바꾸다'는 뜻이다. 황제라는 지위는 왕조마다 계승되어 1912년 청나라 마지막 황제인 선통제 푸이까지 이르렀다.

⑩ 진시황제: 기원전 259년~기원전 210년. 중국을 통일한 후 황제가 된 정. 중국에서 쓰이는 길이와 무게의 기준, 화폐, 문자 등의 단위를 통일했다. 진시황릉, 병마용, 만리장성을 비롯해 지금도 남아 있는 건축물 등을 다수 남겼다. 말년에는 불로장생을 목표로 영적인 의식을 행하기도 했다. 중국은 전국을 최초로 통일한 '진나라'의 이름을 따서 영어로 'China'라고 불린다.

⑪ 만리장성: 기원전 214년~현재. 북쪽의 이민족(흉노)으로부터 나라를 지키기 위해 쌓은 총길이 4000km의 성벽이다. 원래 세워져 있던 침략국의 성벽도 재사용했다. 한때 아폴로 11호의 선장이 '우주에서도 보였다'고 말했지만, 이후 검증한 결과 아마도 오류였을 가능성이 높다고 한다.

중국 편

제2화

제2화

04:12

⏮ ▶ ⏭

초등학생도 이해할 수 있는

항우와 유방

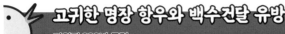

고귀한 명장 항우와 백수건달 유방

시대는 기원전 200여 년 전, 장소는 중국입니다. 당시 중국은 수백 년 동안 이어진 지옥 같은 전쟁을 치르고 있었어요. 이 전쟁의 시대는 진나라가 승리를 거두며 종식되었고, 중국 전역이 천하통일되었습니다. 넓은 영토가 모두 ① 진시황제라는 단 한 사람의 손아귀에 들어갔어요. 시황제는 이렇게 말했습니다.

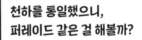

천하를 통일했으니, 퍼레이드 같은 걸 해볼까?

진, 시황제(기원전 259년~기원전 210년)

시황제는 말과 마차를 잔뜩 끌고 우승 퍼레이드 같은 느낌으로 중국 각지를 돌아다녔어요. 백성들은 자기 동네에 시황제의 화려한 행렬이 도착하면 무슨 일이 벌어질까 긴장하면서도 눈을 떼지 못했습니다. 그 행렬을 구경하던 백성 중에 ② 항우가 있었습니다. 항우는 자기 눈 앞을 지나가는 시황제를 보고 이렇게 말했습니다.

나는 저 사람을 쓰러뜨리고 황제가 될 거야

항우(기원전 232년~기원전 202년)

항우가 내뱉은 말을 시황제의 부하가 들었다면, 즉시 처형되었을 거예요. 그만큼 배짱과 기개가 대단했다고 해요. 항우는 대대로 훌륭한 장수를 배출한 명문가에서 태어났습니다. 그는 뼈대 있는 집안의 자손답게 어릴 때부터 좋은 교육을 받았고, 전쟁 기술도 본격적으로 배웠어

---

① 진시황제 참조 → P.178
② 항우: 기원전 232년~기원전 202년. 진나라와의 전투에서 죽임당한 초나라 대장군 항연의 손자. 그 원한 때문인지 진나라 왕을 살해하고 궁궐을 불태우고 약탈을 일삼는 등 진나라를 멸망으로 몰고 갔다. 이후에도 전쟁 후 보상을 불공평하게 나누어주고 스스로 '서초의 패왕'이라 칭해 일부 사람들의 미움을 샀다. 이후 유방의 공격을 받아 '사면초가'에 처했다. 이때 항우의 발목을 잡지 않으려고 항우의 애첩 우희가 자결했다. 우희의 시신 근처에 피어 있던 개양귀비는 훗날 우미인초라고 불리게 되었다.

요. 게다가 체격이 엄청나게 커서 성인이 되었을 때는 2미터에 이를 정도였다고 합니다. 힘도 엄청나게 셌습니다.

한편, 시황제의 행렬을 구경하던 백성 중에 ③유방이라는 인물도 있었습니다. 유방은 시황제를 실제로 보고 이렇게 말했습니다.

저런 대단한 사람이 황제가 되는구나

유방(기원전 247년~기원전 195년)

유방은 집안도 평범했고 제대로 교육도 받지 못했으며, 30세가 넘었으나 빈털터리에다 백수였지요. 하지만 그의 소통 능력은 남달랐다고 해요. 열심히 구직활동을 펼쳐서 초라한 관직 자리에나마 겨우 취직할 수 있었습니다.

항우와 유방, 이 두 사람이 이번 이야기의 주인공입니다.

진나라에 대항한 반란과 엄청 강한 장군
기원전 210년 무렵
진승·오광의 난

당시 진나라는 백성들을 가루가 되도록 처절하게 혹사시켰기 때문에 왕에 대한 불만이 날이 갈수록 커졌어요. 그래서 시황제가 사망하고 얼마 지나지 않아, ④진승이라는 인물이 나타나서 이렇게 말했습니다.

진나라를 없애버리자

진승(? ~기원전 208년)

백성들은 폭동을 일으켰습니다. 이것이 ⑤진승 · 오광의 난이에요.

---

③ 유방: 기원전 247년~기원전 195년. 농민의 아들이지만 집안이 부유해 굳이 생업에 종사하지 않았고, 결혼 후에도 아내를 일하게 하고 자신은 술만 마셨다. 그러나 남자다운 호방한 매력이 있어 인기가 많았다. 진시황제가 죽은 후 동료들의 추대를 받아 지방을 관리하는 자리에 올랐다. 그 후 진나라가 멸망. 귀족 출신인 항우와 전투를 벌였다. 항우에게 패배해 도망칠 때, 마차를 조금이라도 가볍게 하려고 아들을 마차에서 던지는 비열한 모습을 보이기도 했다.

④ 진승: ? ~기원전 208년. 농민 출신. 진나라 군대에 징집될 때 악천후로 인해 늦게 도착했다. 가혹한 법의 심판을 받아 사형에 처해질 것이라 겁을 먹고 반란을 일으키기로 결심했다.

진승의 난을 시발점으로 곳곳에서 반란이 연쇄적으로 일어났고, 중국은 또다시 혼란에 빠졌습니다. 진나라는 반란을 진압할 사령관으로 ⑥장한이라는 장군을 파견했습니다. 역시 강대국의 장군은 뭔가 달랐어요. 장한의 군대는 맹렬한 기세로 반란군을 격파했습니다. 진승의 군대는 실전 경험이 없는 농민군이라서 오합지졸에 불과했기 때문에 쉽게 제압당하고 말았지요.

진승 · 오광의 난(기원전 209년)

진승
(? ~기원전 208년)

장한
(? ~기원전 205년)

장한은 계속해서 군사를 이끌고 반란군을 차례차례 쓰러뜨렸습니다. 이대로 승리를 이어나가며 전국의 모든 반란을 잠재울 것 같은 기세였지요.

백전백승 항우와 실패 연발 유방
기원전 210년~기원전 200년 무렵
진나라의 멸망

장한의 군대가 농민 봉기로 재건된 조나라를 공격할 때 항우가 나타나 앞을 가로막았습니다. '저 사람을 쓰러뜨리고 내가 황제가 될 거야'라고 말했던 사람이지요. 항우는 장한의 30만 대군에게 고작 수만 명의 병사로 덤벼들었습니다. 너무 무모했기 때문에 반란군조차 항우를 곱지 않은 시선으로 바라보았어요. 하지만 항우는 장한의 항복을 받아냈고, 부하로 삼았습니다.

---

⑤ 진승 · 오광의 난: 기원전 209년~기원전 208년. 가난한 농민 출신들이 반란을 일으켰다. 이 반란은 내분이 생겨서 사그라졌지만, 반란의 불씨가 중국 전역으로 번져서 각지에서 빈번하게 봉기가 일어났다. 진승이 외친 '왕후장상의 씨가 따로 있겠느냐(신분은 타고나는 것이 아니라 누구나 노력하면 달라질 수 있다)'라는 말은 농민이 스스로 힘을 길렀다는 것을 보여주는 말이기도 했다. 그런데 진승은 결사 항전 당시 사람들에게 자신은 진시황제의 장남이며, 오광은 초나라 장군 항연이라고 거짓말을 했다고 한다. 결국 진승은 많은 백성을 이끌고 '장초(張楚)'라는 나라를 세운 뒤 스스로 왕위에 올랐다. 이 나라는 진승과 오광이 부하들 손에 살해당하면서 6개월 만에 사라졌다.

거룩대전(기원전 207년)

반란 연합군 ↔ 진나라 군대

항우 / 장한

항우는 천하를 뒤덮을 기세로 쳐들어가 **진나라의 항복을 받아냈습니다**❶. 항우는 500년 동안 중국을 통일한 진나라를 단 3년 만에 멸망시켰어요.

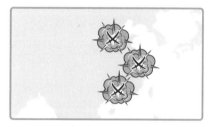

❶진나라 멸망(기원전 206년)

진시황제의 무덤에서 발견된 병마용

파죽지세로 뻗어나가는 항우를 보고 사람들은 이렇게 말했습니다.

항우 엄청 세구나…

당시 중국에 살던 사람들

그리하여 많은 사람들이 항우를 따르게 되었습니다. 항우는 불과 몇 년 만에 중국 최강의 세력이 되었지요.

한편, '저런 대단한 사람이 황제가 되는구나'라고 생각했던 거의 백수나 다름없던 유방은 열심히 일할 관직 자리를 찾았습니다. 하지만 안타깝게도 하는 일마다 실수투성이였어요.

---

⑥ 장한(章邯): ? ~기원전 205년. 진나라의 마지막 장군. 원래는 세금을 처리하는 관리였다. 환관 조고에 의해 유능한 장군들이 줄줄이 살해되어 약해진 진나라에 나타난 슈퍼스타라고 할 수 있다. 병력 부족에 시달리던 진나라에서 진승·오광의 반란에 대응하기 위해 죄수 20만 명에게 무기를 쥐여주고 병사로 삼았다. 진승·오광의 난을 진압한 후 각지의 반란군과 전투를 벌였다. 그중에서도 항량(항연의 아들이자 항우의 삼촌)을 격파한 공이 크다. 진나라로 돌아간 뒤 조고에게 목숨을 위협받고 있음을 깨닫고, 항우 세력에 투항하기로 결심한다. 이후 한신과 전투할 때는 끝까지 저항했고, 약 10개월 동안 거의 폐허가 된 성에 틀어박혀 농성전을 벌였다.

큰일 났다…

유방

유방은 곤경에 처했습니다. 진나라 법은 일을 하다가 조금이라도 실수를 저지르면 처형당해야 했기 때문이에요. 유방은 어쩔 수 없이 도망쳤어요. 갈 곳도 없는 난감한 상황에서 진승의 반란이 일어났고, 이번에도 어쩔 수 없이 반란에 참여했습니다.

유방은 소통 능력이 매우 빼어났기 때문에 사람들 사이에서 인망이 두터웠습니다. 그래서 유방을 중심으로 군대가 꾸려지게 되었지요. 유방의 군대는 소속된 부하들의 기량이 무척 뛰어난 덕분에 전투에서도 꽤 좋은 성적을 거두며 점차 세력을 키워나갔습니다.

진나라가 멸망하고 전후 상황이 일단락되었을 무렵, 항우와 유방이 직접 만나게 됩니다. 이것이 유명한 ⑦홍문의 회합입니다. 항우는 유방이 나중에 자신의 앞길을 막는 방해물이 될 것이라 여겨서 이때 유방을 죽이려고 했어요. 그런데 실제로 만나보니,

아, 저기, 그러니까,
아… 안녕하세요…!

유방

항우

이렇게 허술하기 짝이 없어 보여서 살려두기로 했습니다.

중국 역사를 빛낸 두 번째 백수
기원전 210년~기원전 200년 무렵
한신의 등장

진나라가 멸망한 후 중국 최강자로 등극한 항우는 반란군에 가담해서 열심히 싸운 부하들에게 땅을 나누어주고, 그 대신 충성을 서약받는 방식으로 나라를 다스렸습니다❷.

---

⑦ 홍문의 회합: 기원전 206년. 차기 황제 자리를 놓고 다투던 항우와 유방이 홍문에서 처음 만난 사건. 항우는 함곡관이라는 중요한 관문을 돌파하면서 유방보다 앞섰다. 이때 유방이 '왕이 되고 싶다'라고 중얼거렸는데, 항우가 이 말을 듣고 용서할 수 없다면서 화를 냈다. 유방이 필사적으로 사과해 항우의 분노를 일단 가라앉힌 뒤 그날 밤 연회를 열었다. 연회 도중 항우의 부하들이 칼을 휘두르며 춤을 추기 시작했고, 기회를 엿보다가 유방을 죽이려 했다. 그러나 유방의 부하가 눈치채서 실패한다. 연회장을 빠져나온 유방은 그대로 홍문에서 탈출했다. 이후 유방의 부하가 느닷없이 폭음과 폭식을 해서 항우를 놀라게 했다는 이야기가 『사기』에 남아 있다.

❷ 반란군으로 열심히 싸운 부하들을 따르게 하는 항우

한편, 항우와 유방 이외에 또 한 명의 중요한 인물이 있었습니다. 바로 ⑧한신입니다.

한신의 이야기는 반란이 일어나기 전으로 거슬러 올라갑니다. 당시 한신이 어떤 사람이었냐면, 유방과 다름없는 겁쟁이 백수였어요. 일도 하지 않고, 남의 집에서 밥을 얻어먹으며 게으르게 살고 있었지요. 그러던 어느 날 사건이 일어납니다. 밥을 얻어먹지 못하게 된 것입니다. 한신은 이렇게 말했습니다.

먹고 살기 힘드네……

한신(? ~ 기원전 196년)

이후 한신은 노숙자 생활을 했어요. 그러던 중 진승의 반란 소식을 듣고 이렇게 생각했습니다.

이제 나의 시대다!

한신

한신은 처음에 항우 밑에 들어가서 일반 병사가 되었습니다. 하지만 있으나 마나 한 일반 병사로 열심히 복무해봤자 미래가 없다는 생각이 들었어요.

---

⑧ 한신: ? ~기원전 196년. 가난한 집안 출신으로 품행이 좋지 않았다. 청년 시절에는 칼 한 자루를 들고 다니며 거리를 배회했다. 어느 날 동네 불량배가 "그 칼로 나를 베든지, 못 베면 내 가랑이 사이를 지나가라"라면서 그를 도발했다. 한신은 곧바로 불량배의 다리 사이를 통과해서 '겁쟁이'라는 별명을 얻었다. 지금은 '바짓가랑이 밑을 기어가는 치욕(과하지욕)'이라고 하면 큰 뜻을 품은 사람은 작은 수치를 개의치 않는다는 뜻으로 쓰인다. 이후 항우에게 군사 작전을 제안했지만 받아들여지지 않자, 유방에게 갔다. 유방 밑에서도 처음에는 대접을 받지 못했지만, 유방이 상당히 신뢰하는 소하가 그의 재능을 알아보았다. 그리고 유방에게 직접 천거해 하루아침에 최고 사령관으로 임명되었다.

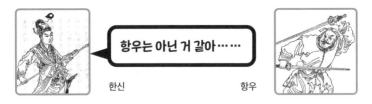

항우는 아닌 거 같아……

한신   항우

한신은 결국 탈영을 합니다.

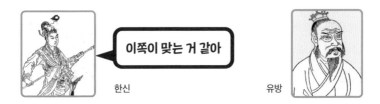

이쪽이 맞는 거 같아

한신   유방

　그가 향한 곳은 유방 진영이었습니다. 하지만 유방 밑에서도 일반 병사 신세를 벗어나지 못했답니다. 아무리 노력해도 투명 인간이나 다름없어서 작은 관심조차 받지 못했습니다. 그러던 어느 날 한신은 군량과 관련된 죄에 잘못 연루되어 처형당할 위기에 놓였습니다. 한신은 처형 직전에 큰 소리로 외쳤습니다.

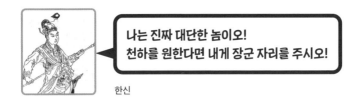

나는 진짜 대단한 놈이오!
천하를 원한다면 내게 장군 자리를 주시오!

한신

이 모습을 흥미롭게 여긴 유방의 부하는 한신의 이야기를 경청했습니다.

이 녀석 장난 아닌데?

유방의 부하, 소하(기원전 257년~기원전 193년)

　유방의 부하는 한신이 인재임을 단번에 눈치챘습니다. 그 덕분에 일반 병사였던 한신은 하루아침에 유방의 모든 군대를 통솔하는 대장군이 되었습니다. 마치 일용직 청소부가 갑자기 회사 사장님 바로 밑의 고위직에 임명되는 것처럼 파격적인 승진이었습니다. 유방은 이렇게 한신을 동료로 삼게 되었습니다.

천하제일 엘리트 항우 vs 두 명의 전직 백수
기원전 210년~기원전 200년 무렵

당시 중국 전역의 정점에 오른 인물은 항우였어요. 하지만 항우가 반란을 일으켰을 때 함께 고생한 부하들에게 보상을 너무 대충 결정해서 이에 대한 불만이 많았습니다. 그러다 보니 이번에는 항우에 대한 반란이 일어났습니다. 장군이 된 한신도 이때 처음으로 군대를 움직였어요. 하지만 상대는 장한이었습니다.

폐구의 전투(기원전 206년)

유방군 — 한신

항우군 — 장한

장한은 항우에게 패배하기는 했지만, 상당히 강하게 맞붙었던 옛날 진나라의 명장입니다. 이 전투에서 한신은 장한을 성공적으로 무찔렀습니다. 장한은 이 전투에서 자결해 생을 마감합니다. 이후 유방은 많은 제후들과 동맹을 맺고 연합군을 구성해 무려 50만 명의 병력을 모았습니다. 유방은 항우가 제나라 정복을 위해 자리를 비운 사이 본거지인 팽성을 기습 정복했습니다. 이대로 유방이 천하를 차지할 것 같았는데, 이 소식을 듣고 원정을 떠났던 항우가 노발대발하며 달려왔습니다.

팽성 대전(기원전 205년)

유방군 — 유방

항우군 — 항우

항우는 2만 병력으로 유방의 50만 대군을 물리쳤습니다. 한 치 앞도 내다볼 수 없는 팽팽한 상황에서 한신과 유방은 두 갈래로 나뉘어 싸우기로 했습니다. 유방이 항우의 맹공격을 버티는 사이에 한신이 다른 세력을 정복하는 작전이었지요.

초한전쟁의 구도(기원전 203년경까지)

유방은 항우를 상대하며 매우 고전합니다. 하지만 한신은 뛰어난 지략을 빛내며 연전연승을 거두었어요. 한신의 군사적 재능과 세력은 너무나 대단해서 적군인 항우는 물론이고, 아군인 유방조차 두려움을 느낄 정도였습니다.

참고로 마작 게임에서 가장 강력한 수인 '⑨국사무쌍'은 한신을 가리키는 말입니다. 또한 '⑩배수의 진'을 처음 생각해낸 사람도 한신이지요. 그렇게 한신의 세력은 더욱 거대해져 갔습니다. 그러던 중 한신의 책사 중 한 명이 이렇게 말했습니다.

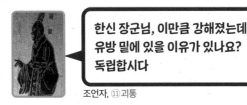

한신 장군님, 이만큼 강해졌는데 유방 밑에 있을 이유가 있나요? 독립합시다

조언자, ⑪괴통

---

⑨ 국사무쌍: '비교할 자가 없을 정도로(무쌍) 국내에서 뛰어난 인물(국사)'이라는 뜻이다. 한신의 재능을 알아본 소하(유방이 신뢰하는 부하)는 유방을 떠난 한신을 다시 데려오기 위해 그를 쫓아갔다. 이에 대해 유방이 추궁하자, 한신은 대체할 사람이 없는 '국사무쌍'이기 때문이라고 이유를 밝혔다는 일화가 있다. 참고로 마작 게임의 '국사무쌍'은 일본에서만 사용하는 명칭으로, 마작의 발상지인 중국에서는 단순하게 '십삼요구(十三么九)'라고 부른다. 4명이 마작을 할 때 국사무쌍이 나올 확률은 0.037%라고 한다. '무쌍'이라고도 하는데, 역만(최고 점수의 조합) 중에서 비교적 맞추기 쉬운 편에 속한다.

⑩ 배수의 진: 기원전 204년 정형 전투에서 조나라와 대치한 한신군이 강을 등지고 진을 쳤다는 뜻이다. 전국시대부터 '물을 등지고 진을 치면 전멸한다'는 속설이 있어서 전장에서 이렇게 진을 치는 것은 금기시되었다. 금기를 어긴 군진을 보고 조나라 군대는 한신을 얕잡아봤고 전체 병력으로 돌격했다. 그러나 도망칠 곳이 없는 한신군은 사생결단으로 분투했다. 그 사이 한신군은 방어가 허술해진 조나라의 성을 함락시켜서 승리를 거두었다. 이 승리 방법에 대한 물음에 한신은 "병사들은 궁지에 몰리면 더욱 용맹하게 싸운다"라고 답했다. 무작정 배수의 진을 친 것이 아니라, 텅 빈 본진을 노렸다는 점에서 '역시 한신은 다르다'라고 할 수 있다.

책사의 입장에서는 **중국 천하를 항우, 유방, 한신을 따라 셋으로 나누는 삼국지 계책을 떠올렸던 것 같습니다**❸. 그러나 한신은 이렇게 말했습니다.

❸ 한신의 책사가 생각한 천하삼분지계

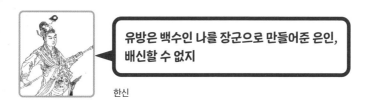

유방은 백수인 나를 장군으로 만들어준 은인, 배신할 수 없지

한신

이렇게 항우와 유방의 대립이 교착상태에 빠져 어느 쪽도 우세하다고 할 수 없는 상황에서 새로운 강자로 떠오른 한신이 유방에게 합류해 항우를 거세게 몰아붙였습니다. 항우와 유방이 맞붙은 최후의 결전이 ⑫ 해하 전투입니다.

항우는 속수무책으로 궁지에 몰렸지만, 홀로 남겨져도 적을 무참히 쓰러뜨리며 끝까지 싸웠습니다. 하지만 사방에서 적들이 끝없이 몰려와 도저히 물러설 곳이 없어지자 죽기로 결심합니다.

⑪ 괴통: 생몰년 미상. 한나라 초기에 활약한 전략가다. 한신에게 제나라를 다스리게 해 유비와 항우에 대항하는 제3세력으로 키우고, 궁극적으로 천하통일을 이루고자 했다. 그러나 한신은 이에 동의하지 않았고, 이대로 가다가는 유방에게 반란을 권유한 죄로 처형당할 수도 있다는 사실을 깨달은 괴통은 미친 척하며 한신의 곁을 떠났다. 이후 한신이 반란을 일으켰을 때 "괴통의 말을 듣지 않은 것을 후회한다"라고 말해서, 붙잡혀 가마솥에 삶아 죽이는 형을 선고받았다. 그러나 이때 "당시 나의 주인은 한신이었으며, 모두가 천하통일을 위해 필사적으로 노력했다"라고 변명했고, 이 말이 유방의 마음에 들어 목숨을 건질 수 있었다.

⑫ 해하 전투: 기원전 202년. 항우와 유방은 잠시 휴전 중이었으나, 약해진 항우를 완전히 무너뜨리기 위해 유방이 전투를 벌였다. 유방군 40만 명에 비해 항우군은 10만 명이었다. 한신은 30만 명을 이끌고 선봉에 서서 공격했다. 이 전투에서 패한 항우는 간신히 해하성에 들어갔다. 성을 포위한 유방의 군사들은 사방에서 항우의 조국인 초나라의 노래를 불렀다. 이 노래를 듣고 '이미 초나라의 전우들도 모두 적의 편으로 돌아섰다'라며 낙담했다. 이후 항우는 애첩 우희와 애마 오추마에게 작별을 고하고 소수의 동료와 함께 한나라 군대에 돌격했다. 많은 적을 물리쳤지만, 부상을 입고 만 항우는 "여기까지다"라며 자결했다. 항우의 시신 인수를 둘러싸고 공을 차지하려는 유방군끼리 서로 죽고 죽이는 일이 벌어졌다고 한다.

해하 전투(기원전 202년)

유방군
유방
한신

항우군
항우

한의 성립과 한량 출신 왕들의 갈등
기원전 200년 무렵 　　　　　　　　　　　　　한신의 반란

중국은 유방에 의해 다시 통일되었고, 유방은 황제가 되었습니다. 이 나라가 바로 ⑬ 한나라입니다. 중국의 글자인 '한자'와 여러 중국 민족 중 가장 인구가 많은 '한족'의 '한'은 유방이 세운 이 나라에서 유래한 것입니다. 그만큼 한나라는 중국 역사에서 큰 존재였지요.

　한나라가 성립된 후 평화를 되찾았지만, 유방과 한신은 사소한 일로 인해 갈등이 생기며 사이가 틀어집니다. 유방은 한신을 경계하며 홀대하기 시작했어요. 그러자 화가 난 한신이 반란을 일으켜 국가를 뒤집으려고 했지만, 사전에 발각되어 결국 죽임을 당하고 말았습니다. 한신은 죽기 직전에 이렇게 말했다고 해요.

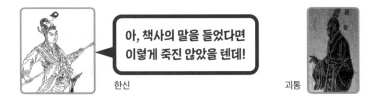

아, 책사의 말을 들었다면 이렇게 죽진 않았을 텐데!

한신
괴통

　한신의 최후는 불행했지만, 이후 유방이 세운 한나라는 400년 동안 지속하며 중국 역사상 가장 훌륭한 나라로 남았습니다.

---

⑬ 한나라: 기원전 202년~기원후 220년. 전한(기원전 206년~기원후 8년)과 후한(25년~220년)의 왕조. 중국 국가는 왕조를 세운 사람과 관련이 있는 지역의 이름을 붙이는 전통이 있다. 참고로 '한나라'는 유방이 다스리던 한중이라는 작은 지역에서 유래했다. 항우가 진나라를 무너뜨린 후 공로에 따라 보상을 결정할 때 유방에게 부여한 땅이다. 유방은 예상했던 것보다 더 서쪽 변두리 지역으로 밀려나면서 지도상으로는 왼쪽으로 지배 지역을 옮기게 되었다. 이 일화에서 '좌천'이라는 말이 생겼다는 설도 있다. 이후 진나라와 달리 한나라 왕조는 오래 지속되었기 때문에 중국을 대표하는 이미지로 '한'이 굳어져서 한족, 한자, 한문 등의 단어가 자리 잡게 되었다.

중국 편

제3화

제3화

04:12

⏮ ▶ ⏭

초등학생도 이해할 수 있는

한(漢)

전직 한량이 일으킨 거대한 국가, 한나라

기원전 250년~기원전 200년 무렵

 한의 지배 체제

시대는 기원전 200년경입니다. 당시 중국은 500년 정도의 긴 시간 동안 주구장창 전쟁을 했어요. 끝났나 싶으면 민중을 노예로 부리는 나쁜 놈이 나타났고, 또다시 처절한 전쟁이 시작되는, 한마디로 출구 없는 지옥 같은 상황이 펼쳐졌습니다.

그런 암울한 중국에 ①유방이 나타났습니다. 유방이 어떤 인물이었느냐 하면, 서른 살이 넘은 한량이었습니다. 그런데 유난히 친화력과 소통 능력이 뛰어나서 사람들에게 인기가 많았지요. 유방을 좋아하는 사람들이 엄청나게 많이 모인 결과, 열심히 싸워서 전쟁에도 승리했답니다. 결국 유방은 중국 천하를 통일하는 쾌거까지 이루게 되었습니다. **이렇게 탄생한 나라가** ②한나라입니다**1**.

전직 백수였던 유방은 한나라에서 가장 높은 지위이자 압도적인 존재인 황제가 되어 중국 내의 모든 권력을 장악했습니다. 한편, 이 무렵 **중국보다 북쪽에** ③이민족이 세운 대제국이 **있었습니다2**. 사실 한나라는 이 나라와 싸워서 패하기도 했기 때문에 걱정거리가 완전히 해소된 상태는 아니었습니다.

1 한나라의 성립(기원전 202년)

2 중국보다 북쪽 지역의 세력 지도(기원전 202년)

이후 유방은 이렇게 말했습니다.

---

① 유방 참조 → P.181
② 한나라 참조 → P.190
③ 흉노: 기원전 3세기~기원전 1세기. 묵돌선우가 통일한 몽골 기마민족의 연합체. 어떤 민족이었는지는 여전히 불분명하다. 한나라의 공격을 받아 약화되었다. 기원후 48년에는 남북으로 분열되었다. 남흉노는 한때 한나라에 복속되었으나, 한나라가 멸망하자 5호 16국 시대에 다시 분쟁을 일으켰다. 한편, 북흉노는 주변 민족의 공격을 받아 서쪽으로 도망쳐서 유럽에 큰 피해를 준 훈족이 되었다는 설도 있다. 참조 → P.050

부하들에게 힘을 좀 나누어줘볼까

유방(기원전 247년~기원전 195년)

중국처럼 거대한 영역을 하나의 나라가 통치하는 것은 역사적으로도 전례를 찾아보기 힘들었지요. 한나라는 일단 ④일부 지역에 국가로서 어느 정도 자치를 허용해주고, 가장 강력한 국가인 한나라가 지역 국가들을 통치하는 방식을 채택했습니다.

이렇게 수백 년간 이어졌던 전쟁 지옥의 시대는 백수 한 사람에 의해 종식되었습니다. 엉망진창으로 망가졌던 중국은 다시금 활기를 되찾게 되었지요. 그런데 한나라가 발전을 거듭하며 번영할수록, 휘하의 지역 국가들의 힘 역시 상당히 커졌어요.

위기의 상황에서 일발 역전! 한나라의 급격한 성장
기원전 150년~기원전 100년 무렵   한나라의 중앙집권화와 외세 침략

한나라 지배를 받으며 권력을 키운 지역 국가들은 이렇게 말했습니다.

우리가 한나라의 주인이 되겠어

권력을 갖게 된 지역, 유비(기원전 215년~기원전 154년)

이렇게 해서 일어난 것이 ⑤**오초칠국의 난입니다❸**. 이 반란은 진압되었지만, 또다시 전쟁이 일어날지도 모른다는 절망감으로 반성한 끝에 한나라의 통치 체제가 각 지역 제후에게 너무 많은 권력을 쥐여주었다는 결론에 이르렀습니다. 그래서 ⑥휘하 세력에 권력을 주지 않고, 중앙정부가 절대 권력으로 모든 것을 다스리는 체제로 전환했습니다.

---

④ 군국제: 황제가 직할령을 가지는 동시에 각지의 제후에게도 왕과 같은 자치권을 부여하는 형식을 결합한 통치 방식. 항우 대항 전쟁에서 힘을 보탠 유력자들을 결속시키는 존재였던 유방은 그 은혜에 보답하기 위해 각 지역의 제후인 유력자들에게 자기 땅을 마음대로 다스려도 좋다고 약속했다.

⑤ 오초칠국의 난: 기원전 154년 한나라 왕조는 나라가 안정되자, 각 지역을 다스리는 제후들의 세력이 강화되는 것을 더 이상 원치 않았다. 그래서 약화시키는 정책으로 전환했다. 그러자 소금과 동제품을 수출해서 돈을 벌던 오나라가 크게 반발했다. 한나라의 새로운 방침에 불만을 품은 다른 나라들과 연합해 반란을 일으켰다. 그러나 연합국끼리 협력이 잘 이루어지지 않아 3개월 만에 진압되고 말았다.

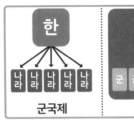

3 오초칠국의 난(기원전 154년)

오초칠국의 난 이전의
정치 체제
(정부의 권력이 강하지 않음)

오초칠국의 난 이후의
정치 체제
(정부의 권력이 강함)

한나라의 지배 구조가 개선되어 내부적으로 강해진 상태에서 이번에는 황제로 ⑦무제가
즉위했습니다. 그리고 무제는 이렇게 말했습니다.

이민족을 모조리 때려눕혀라!

무제(기원전 156년~기원전 87년)

한나라 군대는 중국을 공포에 떨게 만들던 북방의 이민족 대제국을 쑥대밭으로 만들었습
니다4. 그 결과 이민족들은 쫓겨났고, 한나라 영토가 넓어졌어요5.

4 북쪽에 흉노족이 세운 대제국을 공격(기원전 100년경)

5 한 나라의 영토(기원전 90년)

---

⑥ 군현제: 중앙정부에서 공무원을 파견해 일을 시키고, 정부에 권력을 집중시키는 정치 시스템. 군주가 유능하거나 카리스마
가 있을 때 효과가 높은 경향이 있다. 오초칠국의 난 이후 한나라도 이 제도를 선택해 완전한 군현제로 전환했다.

⑦ 무제: 기원전 156년~기원전 87년. 전한이 최대 영토를 자랑했던 제7대 황제. 현재 일본도 사용하는 원호를 창시하고, 최
초의 원호를 '건원(建元)'으로 정했다. 또한 한나라의 비단 제품을 수출하기 위해 교역로를 설치했는데, 이것이 '실크로드'다.
이때부터 '한나라가 세계의 중심'이라는 중화사상의 원형이 생겨났으며, 무제는 스스로 '천자'라고 칭하기 시작했다.

무제는 또 이렇게 말했습니다.

서쪽으로도 손을 뻗어볼까?

무제

한 무제는 군사를 보내어 중국 역사에서 전례가 없던 이 지역까지 진출했습니다**6**. 그리고 베트남과 한반도 지역까지 세력을 뻗었습니다**7**.

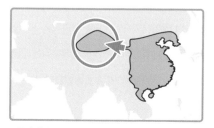

6당시에는 미지의 영역이었던 서역에도 손을 뻗다

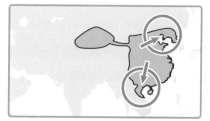

7베트남과 한반도 지역까지 침공

혼락한 한나라에 되살아난 '위대한 백수'의 혈통
기원전 50년~기원후 100년 무렵   후한의 성립

강대한 힘을 보여준 무제도 결국 세상을 떠났고, 살기 좋은 시절을 보내던 중국에 ⑧왕망이 나타났습니다. 왕망은 인맥이 엄청나게 넓었고, 매우 예의 바르고 착한 사람이기도 해서 순조롭게 출세를 했지요. 그 결과 황제를 제치고 실질적인 한나라의 최고 권력자가 되었습니다. 이제 왕망은 이렇게 말했습니다.

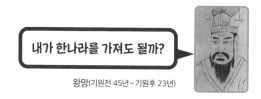

내가 한나라를 가져도 될까?

왕망(기원전 45년~기원후 23년)

⑧ 왕망: 기원전 45년~기원후 23년. 황후의 친척이라는 점을 이용해 한나라의 실권을 장악했다. 당시 사람들은 왕망을 '청렴 결백하고 정의로운 사람'이라고 평가했다. '왕망이 진정한 천자'라는 거짓 예언을 퍼뜨려 황제를 끌어내렸고, 직접 황제 자리에 오른 인물이다.

왕망이 한나라를 점령하고 **새로운 황제가 되면서 탄생한 나라가 바로 ⑨신나라입니다 8**.

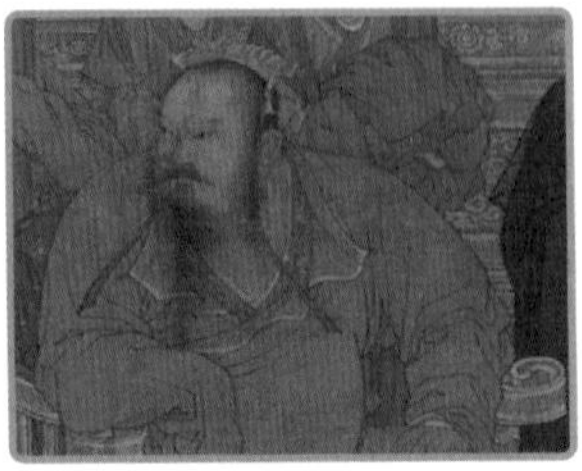

왕망과 관계가 깊었던 한의 12대 황제 성제(기원전 51년~기원전 7년)

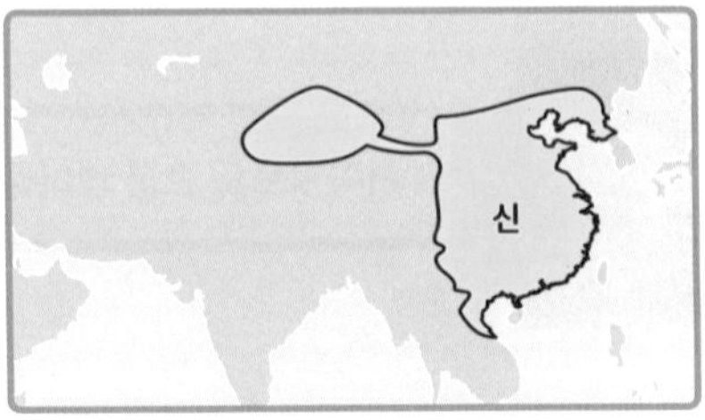

8 신나라 건국(8년)

한나라가 내부 분열을 겪으며 갑자기 멸망하고, 이후 왕망이 제멋대로 정치를 펼친 탓에 국내 정세는 더욱 혼란스러워졌습니다. 그래서 반란이 일어나기도 하는 등 절망적인 상태에 빠지며 한나라가 이룩했던 찬란한 시대는 붕괴할 위기에 놓였습니다. 그때 ⑩유수라는 인물이 등장했어요. 유수는 위대한 백수의 피를 이어받은 사람이었는데, 이렇게 말했습니다.

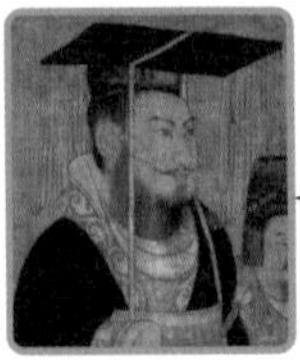

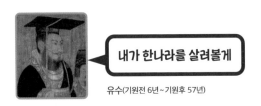

내가 한나라를 살려볼게

유수(기원전 6년~기원후 57년)

유수의 힘으로 어지럽던 중국 내부 상황이 정리되었고, **한나라는 멋지게 부활했습니다 9**.

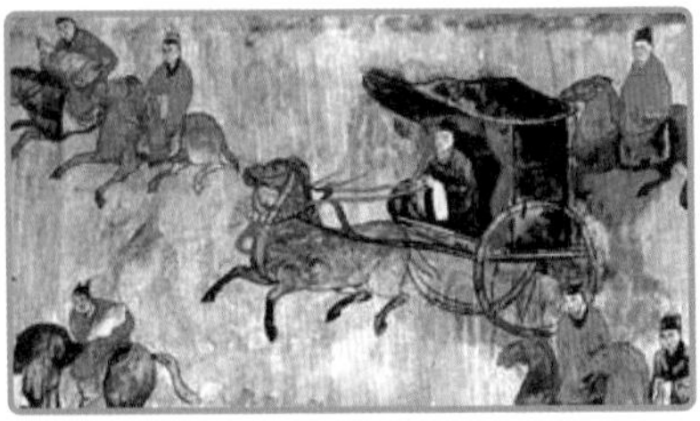

새로이 일어난 반란군 / 적미군

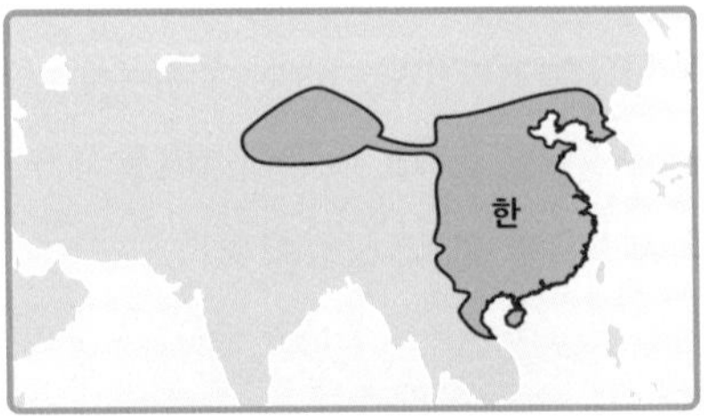

9 유수에 의해 한나라 부활(23년)

---

⑨ 신나라: 8년~23년. 왕망이 세운 왕조. 유교에서 이상적으로 여겼던 주나라 시대의 정치를 목표로 개혁을 단행했다. 그러나 '토지는 모두 평등하게 분배한다'라는 등의 공상적 제도는 잘 작동하지 않았다. 이러한 개혁으로 인해 오히려 가난해져서 화가 난 농민과 호족들이 반란을 일으켰다. 왕망은 살해당했고, 신나라는 한 세대 만에 허무하게 멸망했다.

⑩ 유수: 기원전 6년~기원후 57년. 일명 광무제. 왕망에게 대항해 반란을 일으켜서 큰 공을 세운 전한 황제의 후손. 잘생겼을 뿐만 아니라 전투에도 강했다고 전해진다. 황폐해진 장안에서 낙양으로 도읍을 옮겼다. 왕망이 만든 불합리한 법률을 즉시 폐지하고, 전한의 제도를 계승해 나라를 다시 세웠다. 또한 노예를 해방하고 학교를 많이 만들어 후한의 문화를 꽃피울 수 있는 토대를 마련했다.

유수는 부활한 한나라의 황제 자리에 올라 광무제가 되었고, 왕망의 패정으로 어지러워진 나라를 다시 일으켜 세웠어요(후한). 그리고 **남쪽으로는 베트남에서 일어난 반란을 진압했고, 북쪽의 이민족은 남북으로 분열되었어요(남흉노, 북흉노).** 동쪽으로는 일본에 ⑪금인을 보냈습니다🔟.

🔟베트남에서 일어난 반란을 진압하다

일본에 보낸 '한위노국왕 인장'

이렇게 나라를 잘 다스리던 최강자 유수도 결국 죽음을 맞이했습니다.

이후 한나라는 서쪽 영역을 탐색하며 **중동 지역까지 사람을 보내기도 하고⑪**, 지구를 한 바퀴 돌아서 ⑫**로마 제국에서 사신이 찾아오기도⑫** 했습니다.

새롭게 부활한 한나라 왕조는 전방위적으로 막강한 세력을 떨쳤습니다.

⑪중동 지역의 거대국에 사람을 보내다

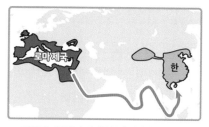

⑫로마 제국에서 바다를 통해 사신이 찾아오다

---

⑪ 한위노국왕인: 한나라의 광무제가 사신을 통해 왜노국(일본)의 왕에게 보낸 도장. 1784년에 지금의 후쿠오카현 시카노섬에서 논을 갈던 진베에라는 농부가 우연히 발견했다. 커다란 돌 근처에 숨겨져 있었던 것으로 보이는데, 왜 시카노섬에서 발굴되었는지는 아직도 미스터리로 남아 있다.

⑫ 로마 제국 **참조 → P.046**

⑬ 환관: 거세(남성의 성기를 제거)한 후, 궁정이나 귀족을 섬기는 남자. 처음에는 형벌의 의미로 행해지는 경우가 많았다. 『사기』를 쓴 사마천도 형벌로 거세당했다. 환관 출신 중에서 크게 출세하는 사람이 생기자, 스스로 지원해 환관이 되는 사람도 늘어났고 암약하기도 했다.

⑭ 외척: 황제의 아내나 어머니의 일족. 중국 역사에서는 외척 세력이 권력을 잡아서 나라가 기우는 경우가 많았다. 특히 황제가 어렸을 때는 어머니 가문이 간섭하기 쉬웠고, 황제가 어리석을 때는 아내의 가문이 힘을 발휘하기 쉬웠다. 일본에서는 헤이안 시대의 후지와라 가문이 전형적인 사례다.

그 후 한나라는 왕망처럼 중앙정부 내에서 ⑬⑭기회를 틈타 권력을 잡으려는 간신배가 나타났습니다. 이들 세력은 뿌리 뽑았다 싶으면 또 생겨나고 또 제거하는 정쟁을 반복했습니다.

내정에 간섭하고 권력을 차지하려는 무리의 힘은 점점 더 강해져서 제멋대로 활개를 치기 시작했어요. 나라를 바로 세우려는 자가 나타나면 이들에게 숙청당하는 상황까지 벌어지게 되었습니다.

그렇게 대제국 한나라의 권력은 황제의 측근인 간신들 손에 넘어갔어요. 당연히 백성들의 삶은 망가졌고 빈곤해졌으며 국내 상황은 절망에 빠졌습니다. 그런 한나라에 ⑮장각이 등장했습니다. 장각은 ⑯어떤 정체불명 종교의 교주였는데, 이렇게 말했습니다.

내가 너희를 구원해 주마

장각(?~184년)

장각을 따르는 민중들이 큰 봉기를 일으켰습니다. 이렇게 일어난 반란이 ⑰황건적의 난입니다. 황건적의 난을 계기로 한나라는 거의 멸망 초읽기에 돌입했고, 여러 영웅이 곳곳에서 몸을 일으켜 자기 나라를 세우면서 그 유명한 삼국지 시대로 접어들게 됩니다.

이때까지 중국 역사를 통틀어 가장 큰 번영을 이룩한 한나라 왕조도 종말에 이르렀습니다. 하지만 '한자'의 '한'이 한나라를 가리키는 것처럼, 한나라는 중국을 대표하는 나라로 후세까지 명성이 전해지고 있습니다.

---

⑮ 장각: ?~184년. 시골 출신으로 출세하려고 노력했지만, 번번이 좌절했다. 그러던 어느 날 『태평청령서』라는 도교의 경전을 발견했는데, 그 책의 내용을 형제와 함께 가르치고 다녔다. 사회가 불안정한 시기였기 때문에 장각의 가르침은 순식간에 널리 퍼져 수십만 명의 무리를 형성했다. 그러던 중 부패한 정치에 대한 민중의 분노가 폭발해서 결국 폭동으로 번지게 되었다.

⑯ 태평도: 장각이 발견한 『태평청령서』를 바탕으로 일어난 신흥 종교. 창시자 장각은 병든 이에게 자신의 죄를 뉘우치게 하고, 부적을 태운 잿물을 마시게 한 후 지팡이를 들고 주문을 외워 치료했다. 이러한 구체적인 방법론이 인기를 끌면서 많은 신도를 확보할 수 있었다.

⑰ 황건적의 난 참조 → P.200

중국 편

제4화

제4화

04:12

◀ ▶ ▶▶

초등학생도 이해할 수 있는

삼국지

삼국지의 무대는 200년경의 중국입니다. 당시 중국 전 지역은 ① 한나라가 통치하고 있었습니다. 한나라는 400년 동안 이어진 훌륭한 대제국이었어요. 한나라 시대는 중국의 긴 역사에서도 손꼽힐 만한 황금기를 누리며 인구도 늘고, 문화도 꽃을 피웠지요.

그러나 위대한 한나라도 말기에 이르러서는 부패한 관리들이 악행을 일삼았습니다. 국민들은 날이 갈수록 빈곤해져 밥 한 끼 제대로 먹지 못하는 지경에 이르렀어요. 이때 나타난 인물이 ② 장각입니다. 장각은 백성들에게 이렇게 말했습니다.

내가 너희들을 구원하겠다

장각(?~184년)

민중은 장각을 따르며 동시다발적으로 대규모 폭동을 일으켰습니다. 이것이 바로 ③ 황건적의 난입니다. 장각은 금세 죽고 반란도 진압되었지만, 그 과정에서 ④ 동탁이라는 유력자가 등장했습니다.

황건적의 난(184년)

동탁(?~192년)

동탁은 성공적으로 정권을 틀어쥐었지만, 안타깝게도 극악무도한 악인이었습니다. 부호들을 습격해서 금품을 빼앗고 농민을 죽였으며, 여인들을 괴롭히는 등 온갖 악행을 저질렀습니다. 이를 간파한 사람이 바로 ⑤ 원소였습니다. 원소는 이렇게 말했습니다.

---

① 한나라 참조 → P.190
② 장각 참조 → P.198
③ 황건적의 난: 184년. 환관과 외척의 다툼으로 정국이 어지러운 가운데, 지구 전역의 기후변화로 기근이 발생했다. 게다가 황제는 왕조의 자금 마련을 위해 '관직 매매'까지 허용하는 지경에 이르렀다. 마침 그 해는 십간과 십이지가 조합된 60개의 간지가 60년 만에 새롭게 시작되는 갑자(甲子)의 해였기 때문에, 정치의 쇄신을 요구하며 태평도를 신봉하는 사람들이 노란 두건을 두르고 반란을 일으켰다. 참고로 그로부터 1740년 후의 갑자년에 일본 한신 고시엔 야구장이 완공되었다.

동탁이 너무 오만방자하니,
없애버리자

원소(?~202년)

원소는 세상 사람들에게 높은 평가를 받던 인물이었어요. 원소 주위에는 그의 인품에 이끌려 많은 동료가 모였고, 힘을 합쳐 동탁을 물리치기로 했습니다. 그 결과 동탁은 죽었습니다.

상식을 벗어난 천재, 조조 등장
190년~200년 무렵   조조의 업적

나라가 휘청거리는 혼란을 틈타서 어중이떠중이들까지 세상에 튀어나와 멋대로 나라를 세우며 중국은 갈기갈기 찢겨나갔습니다. 서로 배신하고 발목을 잡아 끌어내리는 진흙탕 같은 시기였어요.

원소는 출중한 실력으로 난세를 정리했고, 악행을 일삼던 무리는 하나둘 사라졌습니다. 그리고 위태로운 전란을 겪는 동안, 잘 알려지지 않았던 인물이 **어느새 원소 다음으로 강해져 있었습니다**■. 그 남자의 이름은 ⑥조조랍니다.

조조(155년~220년)

■중국 세력 지도(198년)

---

④ 동탁: ?~192년. 변방의 시골 출신 장군. 『삼국지』에는 '문자가 탄생한 이래로 이보다 더 나쁜 인간은 없었다'라고 기록되어 있다. 백성들을 동원해서 집을 짓고 수많은 미녀와 함께 살았다. 어느 농촌의 축제 날, 화사한 옷을 입고 즐거워하는 농부 부부를 보고 화가 나서 소 두 마리에 두 부부의 팔다리를 묶은 다음 몸을 찢어 죽였다는 일화도 남아 있다.

⑤ 원소: ?~202년. 삼국지의 명장. 기록에 따르면 키가 작고 잘생긴 미남이었다고 한다. 『삼국지』에서는 '관대해 보이지만 남을 잘 믿지 않는다', '결단력이 없다'라는 혹독한 평가를 받고 있지만, 사후에 영지의 농민들이 눈물을 흘리는 등 많은 사랑을 받았던 인물이다.

⑥ 조조: 155년~220년. 삼국지 최고의 천재. 젊은 시절에는 자신을 숨겨준 은인을 무자비하게 죽이는 등 악마적인 면모도 있다. 또한 성욕이 강했다. 조조가 탐을 낸 여인의 친척이 원한을 품고 부하 장수를 죽인 적도 있다. 후한의 유수(광무제)를 동경해 그를 본보기로 삼았다고 한다. 참조 → P.196

조조는 요즘 말로 표현하면 사기 캐릭터였어요. 당시 다른 악덕 군주들은 백성을 약탈하는 일조차 당연시했지만, 조조는 정성을 다해 백성을 돌보고 농사에 집중하도록 도우며 나라를 잘 이끌었어요. 조조가 퍼뜨린 ⑦새로운 농업 정책은 이후 중국 역사에서 꾸준히 실시될 정도로 유용하고 혁신적인 방식이었습니다. 갑자기 전쟁이 터지면 농사를 짓던 백성들이 병사가 되었고, 이 시스템을 잘 활용해 많은 승리를 거두었습니다. 지금도 경영인을 비롯해 널리 읽히는 군사전략서 『⑧손자병법』은 조조가 이 시대에 잘 정리해 준 덕분에 현대 시대를 사는 우리도 읽을 수 있게 된 것이지요.

그런 조조를 후세 사람들은 이렇게 평가했다고 합니다.

그는 비범한 인물이며, 시대를 초월한 영웅이다

진수(233년~297년)

비겁한 자들이 사라지고 소수의 강한 자만 남는 것은 필연적인 일입니다. 그래서 조조와 원소의 싸움도 더 이상 피할 수 없게 되었지요. **두 사람이 맞붙은 싸움이 ⑨관도 전투입니다** ❷. 조조군의 병력은 1만 명 정도였지만, 원소군의 병력은 10만 명의 규모를 갖추고 있었습니다. 아무리 조조가 우수하다고 해도 단순히 전력을 비교했을 때는 원소가 훨씬 우세했다는 말입니다.

이 싸움의 결과부터 말하자면, 조조가 완승했습니다. 관도 전투로 원소는 결정적이라 할 만큼 궤멸되었습니다. **광활한 영토와 수많은 백성을 조조라는 천재가 다스리게 되었으니, 조조의 세력을 확실히 완성한 승리였다고 할 수 있었지요❸**.

조조가 이때 세운 나라가 훗날 ⑩위나라가 됩니다. 가장 강력한 적을 물리친 조조에게 남은 적을 소탕하는 일은 식은 죽 먹기였어요. 중국 전역을 조조 세력이 통치하는 미래가 손에 잡힐 듯 가까이 다가왔습니다.

---

⑦ 둔전제: '나라가 강해지려면, 충분한 식량이 필요하다'라고 생각한 조조는 전란으로 주인을 알 수 없게 된 황무지를 국유화했다. 그 땅을 가난한 농민들에게 빌려주어 경작하게 했다. 가난한 농민들은 일자리를 얻고, 조조는 많은 세금을 거두어들일 수 있어서 일석이조의 효과를 거두었다.

⑧ 손자병법: 기원전 500년경 손자가 쓴 병법서. 전쟁에서 승리할 방법이 정리되어 있다. '싸우지 않고 이긴다', '적을 알고 나를 알면 백전백승'을 포함해 지금도 자주 들을 수 있는 조언이 이 책에서 나왔다. 최근에는 비즈니스 서적으로도 널리 읽히고 있다.

2 관도 전투(200년)

3 중국 세력 지도(220년경)

삼국시대를 완성한 '영리한 전략가' 등장
200년~250년 무렵 　　　　　　　　　　　　　제갈량의 천하삼분지계

한편, 황건적의 난이 일어난 시대부터 꾸준히 노력하며 **끄트머리 땅에서 부지런히 나라를 만들어 가는 사람이 있었으니** **4**, 바로 ⑪손권입니다. 손권은 황건적의 난이 일어난 시대부터 수많은 무공을 세운 아버지에게 나라를 물려받아 그럭저럭 잘 꾸려나갔습니다. 이곳이 훗날 ⑫오나라가 됩니다. 손권은 조조가 원소를 무찌른 것을 보고,

히익… 어떡하지……

손권(182년~252년)

하면서 먼저 항복할지 고민했습니다. 한편, 손권보다 더 작고 볼품없는 세력을 가진 인물이 있었습니다. 바로 ⑬유비입니다.

---

⑨ 관도 전투: 200년. 세력을 확장하던 조조군이 후한의 황제를 인질로 잡자, 위기감을 느낀 원소군이 대군을 이끌고 공격했다. 조조군 약 8000명에 비해 원소군은 약 7만 명. 압도적인 전력 차이였지만, 원소군의 허유가 극비 정보인 '쌀 비축 장소'를 적에게 누설해서 배신한다. 조조는 곧바로 원소의 군량미 창고를 공략했다. 더 이상 전투를 지속하기 어려워진 원소군은 패배했다.

⑩ 위나라: 220년~265년. 삼국시대의 왕조 중 하나로, 220년 조조가 죽자 아들 조비가 황제로 즉위하면서 건국되었다. 그 무렵 일본에서는 히미코 여왕이 군림하고 있었는데, 위나라에도 그 소문이 전해졌다고 한다. 이 내용을 정리한 글이 『삼국지』의 '위지왜인전(魏志倭人傳)'에 남아 있다.

⑪ 손권: 182년~252년. 삼국시대의 오나라를 세운 인물. 우수한 부하를 많이 두었다. 또한 부하 놀리기를 좋아해서 말을 닮은 부하의 이름을 새로 키우기 시작한 당나귀에게 붙여서 주위를 웃게 했다고 한다.

⑫ 오나라: 222년~280년. 삼국시대의 왕조 중 하나. 위나라와 촉나라의 눈치를 보며 유연한 외교술을 잘 펼쳤던 나라. 전장에서 공훈을 세운 막강한 장수들이 많았고, 건달 출신 등 개성이 강한 인물들이 다수 있었다.

⑬ 유비: 161년~223년. 삼국시대 촉나라를 세운 인물. 인품이 뛰어나서 암살을 찾아온 자객이 그의 사람됨에 반해 암살 계획의 전모를 털어놓았다는 이야기도 있다. 『삼국지』를 바탕으로 한 창작물 『삼국지연의』에서는 유비가 주인공처럼 그려져 있다.

4 손권의 나라

유비와 함께 싸우는 의형제/ 관우

유비와 관우와 함께 싸우는 의형제/ 장비

유비는 어떤 때는 수상쩍은 세력에 몸을 의탁하고, 어떤 때는 조조에게 붙었다가, 원소에게도 기댔어요. 유비는 이곳저곳 떠돌며 남의 도움을 받으려고 권력자의 그늘을 전전하는 뜨내기처럼 보였지요. 하지만 어째서인지 조조에게는 이런 평가를 받고 있었습니다.

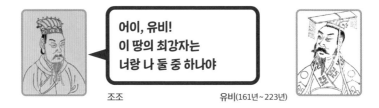

어이, 유비!
이 땅의 최강자는
너랑 나 둘 중 하나야

조조   유비(161년~223년)

어찌저찌해 피 튀기는 전쟁의 시대를 잘 버텨내고 작게나마 세력을 꾸린 유비는 손권과 마찬가지로 이런 위기감을 느끼고 있었습니다.

으아… 어떡하지……

유비

그래서 유비는 이렇게 생각했습니다.

똑똑한 놈을 동료로 삼아야겠어

유비

⑭ 제갈량: 181년~234년. 천재적인 전략가. '재능은 있지만 못생긴 아내와 결혼했다'라는 소문이 퍼져서, 미인이 아닌 사람과 결혼하는 것을 '제갈량의 아내 선택'이라고 표현하는 속담이 생겼다. 또한 당시에는 강의 범람을 막기 위해 '사람의 목을 베어 물에 제물로 바치는' 풍습이 있었는데, 제갈량은 사람 대신 밀가루 반죽에 고기를 넣어 강에 던져 넣었다. 이것이 '중화만두'의 원형이 되었다.

유비가 찾아낸 엘리트 동료가 바로 ⑭제갈량입니다. 제갈량은 '제갈공명'으로도 잘 알려져 있습니다. 제갈량은 조조와 견주어도 손색이 없을 수준의 사기 캐릭터였지요.

손권은 조조에게 일찌감치 무릎을 꿇을까 고민했지만, 제갈량의 노련한 협상에 넘어가서 유비와 손잡고 조조에게 도전하게 됩니다. 이렇게 해서 유비·손권 vs 조조의 전투가 시작되었습니다. **이 전투가 삼국지에서 가장 유명한 ⑮적벽대전이랍니다5**. 이 전투는 전쟁 이야기만으로도 한 편의 영화가 완성될 만큼 대단했습니다.

5 적벽대전(208년)

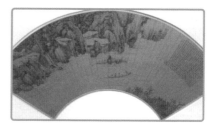

적벽대전의 전투 장면

적벽대전(208년)

손권과 유비 연합군

손권　유비　제갈량(181년~234년)　　위나라　조조

하지만 유비·손권 연합군의 병력은 3만 명 정도에 불과했고, 조조군의 규모는 20만 명에 달했습니다. 게다가 20만 병사를 이끄는 인물이 천재 조조였기 때문에 원소군을 상대하는 것과는 차원이 달랐어요. 하지만 유비·손권군도 만만치 않았습니다. 제갈량의 진두지휘 아래 전략을 수백 번 짜고 또 짰습니다. 그 결과 연합군은 조조군을 크게 무찌릅니다. 이때 조조는 죽을 뻔한 고비를 겪으며, 간신히 목숨만은 건질 수 있었습니다.

조조의 세력은 크게 기울었고, 손권과 유비는 강해졌습니다. 이후 유비의 세력도 위나라와

---

⑮ 적벽대전: 208년. 양쯔강 적벽에서 벌어진 전투. 부하들의 조언과 제갈량의 능력을 믿은 손권은 유비와 연합해 조조군이 취약한 수군 전투로 맞붙었고, 불을 이용한 전술로 승리했다.

오나라에 지지 않고 열심히 영토를 넓혀 나갔습니다. 유비의 세력이 일군 나라가 ⑯촉나라입니다. 중국은 이제 **조조의 위나라, 손권의 오나라, 유비의 촉나라가 버티는 '⑰삼국'으로 나뉘게 되었습니다⑥.**

삼국지의 왠지 볼품없는 결말
280년 무렵　　　　　　　　　　　　　　　　　진나라의 천하통일

세 나라는 쉬지 않고 싸우다가 결국 조조도, 유비도, 제갈량도 길고 치열한 전투 끝에 병사합니다. 촉나라는 제갈량이 죽은 후 완전히 몰락해서 **위나라에 항복합니다⑦.**

⑥삼국시대 성립(220년)

⑦촉의 멸망(263년)

이후 위나라에 ⑱**사마염**이라는 인물이 나타나 **위나라를 점령하고 ⑲진이라는 나라를 세웠습니다⑧.** 진나라가 오나라를 무너뜨리면서 **중국은 약 100년 만에 통일을 이룹니다⑨.**

사마염(236년~290년)

⑧진나라가 위나라를 점령(265년)

⑨진나라가 중국을 통일(280년)

지금까지 대략적인 삼국지 이야기였습니다.

---

⑯ 촉나라: 221년~263년. 삼국시대 왕조 중 하나. 유방의 먼 친척인 유비는 위나라에 멸망한 한나라를 계승해 촉나라를 세웠다. 그래서 후대에는 '촉한'이라고도 불렸다.
⑰ 삼국시대: 220년~280년. 제갈량의 '천하삼분지계'에 따라 균형 상태가 유지되던 시대다.
⑱ 사마염 참조 ➜ P.208
⑲ 진나라 참조 ➜ P.208

중국 편

제5화

제5화

04:12

⏮ ▶ ⏭

초등학생도 이해할 수 있는
삼국지 이후 시대

시대는 300년경, 장소는 중국입니다. 중국은 당시 위, 촉, 오라는 세 나라로 나뉘어져 있었습니다. 세 나라는 기나긴 싸움 끝에 먼저 촉나라가 위나라에 멸망했고, 위나라에서 ①사마염이라는 인물이 나타나서 위나라를 차지하고 국호를 ②진이라는 나라로 바꾸었습니다. 그리고 새로운 진나라에 의해 오나라까지 멸망하면서 중국은 하나로 통일되었어요.

사마염(236년~290년)   진나라가 위나라를 점령(265년)   진나라가 중국을 통일(280년)

사마염은 중국 전체에서 가장 높은 황제의 자리에 앉게 된 것인데, 안타깝게도 이렇게 말했습니다.

**천하를 통일했으니,
여자랑 마음껏 놀아볼까**

진, 사마염

사마염은 나랏일은 안중에도 두지 않고 여색에 푹 빠져 방탕한 생활을 보냈습니다. 전국의 미녀를 대규모로 모았고, 선발 기간에는 일시적으로 백성들의 결혼을 금지하는 황당무계한 법까지 제정할 정도였지요.

이후 사마염은 수명이 다해서 죽었지만, 진나라는 정쟁의 격랑으로 요동치게 되었습니다. 막장이나 다름없는 악인이 나타나 국가 권력을 잡았나 싶으면, 금세 암살당했고, 또 변변치

---

① 사마염: 236년~290년. 진나라를 세우고 삼국시대를 종식시킨 황제. 미남이었다고 전해지지만, 여색을 탐해서 유명세를 탔다. 약 1만 명의 미녀를 위해 궁궐 내부를 호화롭게 꾸미고, 산양이 끄는 수레에 앉아 돌아다니다가 산양이 발걸음이 멈춘 방의 여인과 밤을 보냈다. 이때 황제가 찾아오길 바라는 여인들이 산양이 좋아하는 소금을 방 앞에 뿌리거나, 삼각뿔 모양으로 쌓아둔 것이 일본의 '소금탑(모리지오)' 풍습의 기원이 되었다고 한다. 이 풍습은 작은 접시에 소금을 쌓아 문 앞에 놓는 것으로 행운을 기원하고 재앙을 막아낸다는 의미가 있다.
② 진: 晉, 265년~316년. 사마염이 위나라를 이어받아 세운 왕조. 암군이 잇따라 등장했다. 어느 날 황제가 백성들이 쌀을 먹지 못해 굶주림에 허덕인다는 소식을 듣고 '바보 같으니, 영양이 풍부한 고기죽을 먹으면 될 텐데'라고 말했다는 일화가 남아 있다.

않은 악인이 세력을 잡는 식으로 혼란이 이어졌습니다.

나라는 나날이 기울어갔고, 지방의 유력자들이 분개해 반란을 일으켰습니다. 이 지방 유력자들의 반란이 ③팔왕의 난입니다.

팔왕의 난이 벌어졌을 때, 지방 유력자들은 전쟁을 준비하며 중국 영토 바깥에 사는 이민족의 힘을 끌어왔습니다. 그 결과 이번에는 **중국 땅에 와서 싸워주던 이민족이 반란을 일으켰습니다❶**.

이민족이 진나라의 수도를 정복했던 반란이 ④영가의 난입니다. 영가는 이 시대의 연호였어요. 이 반란으로 인해 **진나라는 하루아침에 주저앉고 말았습니다❷**.

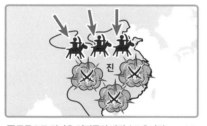

❶ 중국으로 건너온 이민족의 반란 / 오호난화(305년경)

❷ 내란으로 진나라가 멸망 / 영가의 난(311년~316년)

이민족이 날뛰는 전쟁의 시대
300년~450년 무렵
5호 16국 시대

중국은 내부에서 권력을 차지하기 위해 지방 유력자들이 전쟁을 벌였고, 원래 중국에 살던 한족도 아닌 외부의 이민족까지 숟가락을 얹겠다면서 전쟁에 뛰어드는 최악의 혼란기를 겪게 되었습니다.

이런 상황에서 ⑤유연이 등장했습니다. 유연은 평범한 중국인 이름처럼 들리지만, 한족이아니라 중국 땅에 유입된 이민족이었지요. 유연은 중국의 대혼란을 보면서 이렇게 생각했습니다.

---

③ 팔왕의 난: 291년~306년. 사마염 일족 여덟 명이 각지에서 일으킨 내란. 황제의 후계자 자리가 걸린 전쟁이었다. 이 시기에 이민족이 중국 영토에 유입되어 날뛰었고, 진나라는 결정적이라 할 만큼 힘을 잃었다.
④ 영가의 난: 311년~316년. 한때 한나라의 휘하에 있던 남흉노가 약화된 진나라를 상대로 벌인 전투. 수도 장안과 낙양까지 쳐들어가 황제를 포로로 붙잡았다. 참조→ P.192
⑤ 유연: 251년경~310년. 흉노의 군주 집안에서 태어났다. 원래는 인질로 낙양에서 살았다. 재능이 무척 뛰어나서 사마염도 그 능력을 두려워했다고 한다. 게다가 외모가 상당히 잘생겼고, 소통 능력도 뛰어났다는 일화가 남아 있다.

이것 봐라? 이민족도
중국에서 한몫 챙길 수 있겠는데? 하하

유연(251년경~310년)

유연은 중국 북쪽에 새로운 나라를 만들어 버렸습니다. 이렇게 중국의 북쪽 절반은 **이민족에게 빼앗긴 셈이 되었습니다③**. 하지만 이후에도 중국의 북쪽은 안정되지 않았고, 심지어 **이민족들끼리 싸우기 시작했습니다④**.

③ 중국의 세력 지도(304년)

위치는 대략적으로 표현

④ 이민족들 사이에서 전투 빈발(310년경)

이민족들이 제멋대로 중국 북방 지역에 들어와서 전쟁을 일삼던 시대가 ⑥ **5호 16국 시대**입니다. '호(胡)'는 이민족(오랑캐)이라는 뜻이랍니다. 즉, 중국에 침략해 온 다섯 이민족이 16개의 나라(실제로는 더 많았다고 합니다)를 세우며 난립한 시대였던 거예요. 한마디로 지옥이 따로 없었다는 말이지요.

중국 북방이 이민족들의 전쟁터가 되었을 때, 남방에서는 북쪽을 빼앗기고 간신히 도망친 한족들이 나라를 지키고 있는 상태였습니다. 하지만 북쪽을 이민족에게 내주고 남쪽까지 밀려난 처지에서도 여전히 권력 싸움을 벌였기 때문에 국내 정세는 안정과는 거리가 멀었지요.

---

⑥ 5호 16국 시대: 304년~439년. 한족은 유목민을 통칭해 '호족'이라고 불렀다. 5호 16국 시대는 흉노, 선비, 갈, 저, 강의 대표적인 5대 호족이 중국 북방을 침공해서 16개 나라가 생기고 사라졌던 시기를 말한다. 실제로는 더 많은 나라가 있었다고 한다. 혼란스러웠던 중국에서는 불교를 믿는 사람이 상당히 늘어났다.

⑦ 태무제: 408년~452년. 5대 호족 중에서 선비족이 세운 북위의 황제. 점차 세력을 키운 북위를 이끌어 중국 북부를 통일했다. 군대는 호족을 중심으로 구성했지만, 관리는 한족에게 맡겼다. 이 시기까지는 꽤 명군이었다고 한다. 이후 국가의 종교를 '도교'로 정하고 불교를 탄압했다. 말년에는 권력을 잡은 환관에게 암살당했다.

한족의 '남쪽', 이민족의 '북쪽'

420년~590년 무렵

그런 가운데 북쪽 나라에서 ⑦태무제가 등장합니다. 태무제 역시 이민족 출신인 인물입니다. 태무제는 오랫동안 지속된 이민족 간의 전쟁을 끝내고 중국의 북방을 통일했습니다.

이렇게 중국은 북쪽의 이민족 왕조와 남쪽의 한족 왕조로 뚜렷하게 나뉘었답니다. 중국이 **북방 왕조와 남방 왕조로 뚜렷하게 나뉜 이 시대를** ⑧남북조 시대라고 합니다⑤.

태무제(408-452년)

⑤중국 세력 지도(439년)

완벽한 남자, 양견

550년~600년 무렵 수나라의 건국

중국을 둘로 나눈 북방 왕조와 남방 왕조는 서로 대립했고, 그중 북쪽은 일시적으로 분열되는 등 복잡한 사정이 얽혀 있었습니다. 이렇게 좀처럼 결판이 나지 않던 가운데 ⑨양견이 나타 났습니다.

양견은 원래 북방의 뛰어난 장군이었는데, **북방을 단숨에 점령하고 새로운 나라를 세웠습 니다⑥.** 바로 ⑩수나라입니다.

---

⑧ 남북조 시대: 439년~589년. '원래 중국 북부에 살던 한족이 도망쳐서 만든 남쪽 나라'와 '호족이 만든 북쪽 나라'로 중국이 남북조로 나뉜 시대. 불교의 전통에 따라 죽은 사람에게는 반드시 향을 피우지만 학살을 멈추지 않는 황제, 임산부의 배를 갈라버린 소년 황제 등 폭군이 많이 등장했고 잔혹한 전설이 다수 전해진다.
⑨ 양견: 541년~604년. 폭군이 차례로 등장하고, 사람들이 권력 투쟁에 몰두하면서 각 나라의 국력이 쇠퇴했다. 이러한 시기에 비교적 온순했던 약소국 북주에서 황제의 외척으로 실권을 장악했다. 이후 아홉 살이었던 황제에게서 그 자리를 물려받아 새로운 나라인 '수나라'의 황제로 즉위했다. 율령 제도를 도입하고 과거제를 시작하는 등 중국의 개혁을 단숨에 추진한 뛰어난 인물로 평가받고 있다.

일본이 ⑪견수사를 보냈던 그 수나라를 말합니다. 수나라는 멈추지 않고 남쪽의 왕조까지 무너뜨려서 **중국을 통일했습니다**[7].

양견(541년~604년)

일본의 쇼토쿠 태자

오노노 이모코 / 견수사

길고 길었던 전쟁의 시대는 양견에 의해 일단 막을 내렸습니다.

[6] 수나라의 탄생(581년)

[7] 수나라의 중국 통일(589년)

참고로 양견은 혼돈의 중국을 재통일한 중국 역사상 손꼽히는 영웅이라 할 수 있는 인물입니다. 일설에 따르면 혈통적으로는 한족이 아닌 이민족일 가능성이 있다고 하지요.

아무튼 사마염의 부정부패가 시작된 후 300년에 걸쳐 피로 얼룩졌던 시대는 마침내 끝이 났고, 중국은 '수'라는 나라로 천하통일을 이루게 되었습니다.

---

⑩ 수나라: 581년~618년. 북주에서 황제 자리를 물려받은 양견이 약 300년 만에 중국을 통일하고 세운 나라. 과거제를 시행하고 중앙집권 체제를 구축했다. 또한 율령제도(율은 형법, 령은 행정법)를 정비해 동아시아 문화권 국가들에 영향을 미쳤다.

⑪ 견수사: 607년경. 일본이 스이코 천황 시대에 기술과 제도를 배우기 위해 수나라에 파견한 사절단. 스이코 천황 정권의 2인자였던 쇼토쿠 태자가 파견했다. '해가 뜨는 곳의 천자가 해가 지는 곳의 천자에게 글을 보낸다'라고 적힌 국서를 보내서 양제의 분노를 샀다. 그 이유는 중국의 황제와 일본의 천황이 같은 '천자'로서 대등하다고 받아들여질 수 있기 때문이었다.

중국 편

제6화

제6화

04:12

|◁ ▶ ▷|

초등학생도 이해할 수 있는

수(隋)와 당(唐)

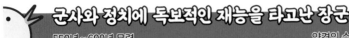

군사와 정치에 독보적인 재능을 타고난 장군
550년~600년 무렵
양견의 수나라 통치

시대는 600년경, 장소는 중국입니다. 중국은 당시 약 300년 동안 지옥 같은 전쟁을 반복하다가, 여러 사건을 겪고 북방과 남방으로 완전히 갈라졌습니다.

이런 상황에서 ①양견이 나타나, 먼저 북쪽을 점령합니다. 이렇게 ②수나라가 건국되었습니다. 그리고 여세를 몰아 남쪽 나라를 쓰러뜨렸어요. 수나라는 약 300년 만에 중국 천하통일에 성공했습니다.

이처럼 양견은 대단히 강한 군인임이 틀림없지요. 그런데 나라를 다스릴 때도 탁월한 재능을 발휘했습니다. 양견은 이렇게 말했습니다.

새로운 정치 체제를 만들어볼까~?

수, 양견(541년~604년)

양견은 다방면으로 ③④나라를 잘 다스릴 수 있는 획기적인 새로운 시스템을 계속 발명했어요. 이 새로운 제도들은 후대의 중국 왕조에서도 계속 채택되었고, 사신을 통해서 우리나라와 일본까지 전파될 정도로 훌륭했습니다. 하지만 흠잡을 곳 없는 군주였던 양견도 결국 세상을 떠나고 말았습니다.

나라를 무너뜨린 '해가 지는 나라의 천자'
600년~630년 무렵
양제에 의한 수나라의 폭정

수나라의 2대 황제로 즉위한 인물은 ⑤양제입니다. 1대 황제였던 양견(문제)의 죽음에 대해서는 병을 얻어 죽었다는 설과 아들인 양제에게 암살당했다는 설이 있는 것 같습니다. 아무튼 황제가 된 양제는 이렇게 말했습니다.

---

① 양견 참조→P.211
② 수나라 참조→P.212
③ 과거 시험: 598년경~1905년. 인류 역사상 가장 어려운 시험. 합격해 관료가 되면 큰 권력을 얻을 수 있었다. 부정행위를 하면 사형당하는 경우도 있었다. 답안지는 '권'이라 불리며, 상위 점수부터 차례로 쌓았기 때문에 최고 성적의 답안이 다른 모든 권을 누른다고 해 '압권'이라는 단어가 탄생했다.
④ 율령: 형법 '율'과 그 외의 행정 법률인 '령'을 합친 아시아 지역의 법체계.
⑤ 양제: 569년~618년. 수나라의 제2대 황제. 고통받는 백성들 앞에서 포식, 낭비, 사치를 일삼았다. 그 결과 원망을 사게 되었고, 측근에게 목이 졸려 암살당했다.
⑥ 징항대운하: 610년~현재. 황허강과 양쯔강을 가로지른다. 길이는 1794km에 달하며 수나라 시대에 약 100만 명의 인력을 투입해서 완성했다. 남쪽의 경제와 농업이 발달한 지역(항저우)과 북쪽의 정치 중심지(베이징)를 연결했다.

엄청 큰 강을 만들 거야!

수, 양제(569년~618년)

양제는 백성들을 가혹하게 부리며 ⑥대운하를 만드는 공사를 진행했어요. 국가는 쇠퇴의 길로 접어들었지요. 그러자 양제는 이렇게 말했습니다.

고구려를 침략하자!

수, 양제

이렇게 해서 재위 기간 동안 총 세 차례에 걸쳐 고구려 원정에 나섰지만, 처참하게 패하고 말았습니다. 양제는 벌이는 일마다 무모하거나 실패 연발이었지요. 아버지 시대에 잘 나가던 수나라를 아들 양제가 순식간에 망가뜨린 꼴이었어요.

결국 하늘을 찌르던 백성들의 원성이 터져 각지에서 반란이 일어났습니다. 양제는 즉시 처형당했고, 수나라는 불과 40여 년 만에 역사 속으로 사라졌습니다.

당나라를 세운 이연과 역사적 명군 이세민

620년~650년 무렵   당나라 건국

이후 수나라의 반란 세력이 제멋대로 나라를 세우고 서로 대립했습니다. 그 반란 세력에 ⑦이연이 있었습니다. 이연은 혼란을 틈타 당당히 나라를 세웠습니다. **이 나라가 바로 ⑧당나라입니다**❶. 수나라가 멸망해 폭정에서는 벗어났지만, 반란 세력이 여전히 많았기 때문에 분쟁이 끊이지 않는 어수선한 분위기는 계속되었어요.

이때 당나라에 ⑨이세민이 등장했습니다. 이세민은 당나라를 건국한 이연의 둘째 아들입니다. 이세민은 전쟁에 매우 강해서 반란군을 모두 제압했습니다. **당나라는 이세민 덕분에 천하통일을 순조롭게 이룰 수 있었습니다**❷.

⑦ 이연: 565년~635년. 수나라 양견의 처조카이자, 유력한 장군. 출신에 관해서는 현재까지도 확인되지 않은 사실이 많다. 군사적 실수를 저질렀을 때, '처형당할 바에야 군사를 일으키자'라는 아들 이세민의 의견에 따라 반란을 일으켜서 수나라를 멸망시키고 '당'을 건국했다.
⑧ 당나라: 618년~907년. 남북조 시대부터 이연의 혈통이 통치한 나라. 참고로 일본에서는 고추를 '당나라 고추'라고 부르는데, 사실 고추의 원산지는 멕시코이며 1542년에 일본으로 전래되었기 때문에 '당나라'와는 무관하다. 역사학에서는 '당에서 송으로 왕조가 바뀌면서 중국의 정치 경제 체제에 큰 혁명이 일어났다'라고 말하기도 한다(당송변혁론).

이세민은 당나라 건국의 일등 공신이었지만, 태자로 책봉되지 못했어요. 결국 권력 다툼이 벌어질 듯한 불길한 기운이 감돌자, 이세민은 형과 동생을 죽이고 황위를 차지했습니다.

이연(565년~635년)

❶당나라의 성립(618년)

❷당나라의 천하통일(628년)

이후 이세민은 이연의 뒤를 이어 당나라의 제2대 황제가 되었습니다. 이렇게 중국 전역은 이세민이 황제인 당 왕조가 통치하게 되었어요. 군사적 능력이 매우 뛰어났던 이세민은 정치를 할 때에도 신하들의 의견을 귀담아들으며 태평성대를 이끌었습니다. 이세민은 먼저 이렇게 말했습니다.

수나라의 정치 시스템은 그대로 쓰자

당, 이세민(598년~649년)

이렇게 해서 수나라의 초대 황제 양견이 완성한 훌륭한 국가 통치 시스템을 바탕으로, 빼어나게 유능한 이세민이 나라를 다스리는 최강의 조합이 완성되었어요. 이세민은 비록 형제를 죽이고 왕위를 찬탈했지만, 고난에 시달리던 시대를 끝내고 평화를 가져왔다는 점에서 구원자처럼 등장한 인물이었지요. 이세민은 더 나아가 이렇게 말했습니다.

북쪽 이민족들을 혼내주자

당, 이세민

---

⑨ 이세민: 598년~649년. 태종. 아버지 이연을 보좌하면서 19세의 나이로 중국 국내 평정에 크게 활약했다. 이를 질투한 형제를 죽이고 28세에 황제로 즉위했다. 유능한 부하들과 함께 매우 평화로운 시대를 이끌었다. 중국 역사상 최고의 명군으로 꼽히지만, 실제로는 매우 화를 잘 내고 부하들과도 격렬하게 논쟁했다고 한다. 이때의 기록은 『정관정요』로 정리되었다.
⑩ 돌궐: 552년~744년. 몽골 부근을 근거지로 삼았던 투르크족의 국가. '투르크'라는 발음에 맞추어 '돌궐'이라는 한자를 붙였다. 당나라의 중국 통일을 도왔으나, 동서로 분열된 후 동돌궐은 당나라에 복속되었고 서쪽은 멸망했다.

지도에서 확인할 수 있듯이 ⑩중국 북쪽에는 어마어마하게 거대한 이민족 국가가 버티고 있었습니다. 이세민은 이 나라를 박살 냈고❸, 이 지역 이민족들의 왕이 되었습니다.

이세민이 다스린 중국은 너무 살기 좋았답니다. 도둑이 없어져서 사람들이 문도 잠그지 않고 살았을 정도였다고 해요.

그리고 시간이 흘러 이세민도 세상을 떠났습니다. 이세민의 다음 시대에는 ⑪여성 황제가 나타나서 나라를 빼앗기기도 했지만, 어떻게든 해결하며 당나라의 권력을 이어갔습니다. 당나라의 영역이 너무 커져서❹, 한때는 ⑫중동 지역의 나라와 싸우기도 했습니다.

❸당나라가 공격한 북방 이민족
(630년경)

당나라와 중동 지역 나라의
전쟁 모습

❹당나라 전성기의 영토
(700년경)

현종 황제와 나라를 뒤흔든 미녀 양귀비
700년~770년 무렵
안시의 난

이세민이 죽고 60년 정도 지났을 때, ⑬현종이 황제가 되었습니다. 현종은 당나라의 제6대 황제입니다. 현종 시대의 당나라가 어떠했냐면, 이세민 치세에 비견될 정도로 훌륭한 시대였습니다. 그래서 현종은 이렇게 말했습니다.

평화롭구나~
내 곁에 미녀만 있으면 완벽하겠구나~

당, 현종(685년~762년)

이때 현종 앞에 나타난 미녀가 바로 ⑭양귀비였습니다. 양귀비를 본 현종은 생각했습니다.

⑪ 무측천: 624년~705년. 일명 측천무후. 미모와 교양으로 이세민의 비가 되었다. 690년에 아들에게서 실권을 빼앗아 '무주'라는 나라를 세웠다. 중국 역사상 유일한 여제다. 무측천이 병약해지자 쿠데타가 발생해서, 다시 '당나라' 시대로 돌아갔다.
⑫ 아바스 왕조 참조➡ P.134
⑬ 현종: 685년~762년. 712년에 황제로 즉위했다. 현종 치세의 전반부에 당나라는 최고 전성기를 맞이했다. 또한 국경 수비대의 군사령관 '절도사'를 본격적으로 확대 설치해 자국의 안전보장도 확립했다. 그러나 50세가 넘어서 푹 빠진 양귀비와 그 가문을 정치의 중심에 세워주었고, 나라를 혼란에 빠뜨렸다.

양귀비는 너무 예뻐,
예뻐 죽겠어! 정치 따위 내 알 바냐!

당, 현종

현종은 양귀비에게 정신없이 빠져버렸어요. 나랏일도 뒷전으로 미루고 사리 분별이 흐려져 간신들을 정치 요직에 많이 앉혀버렸습니다. 그중에 ⑮안녹산이라는 사람이 있었습니다.

양귀비(719년~756년) 안녹산(705년~757년)

안녹산은 이름만 들으면 중국인 같지만, 저 멀리 서쪽에 위치한 ⑯사마르칸트 사람이 아버지로 추측되는 외국인이었어요. 안녹산은 매우 강해서 전쟁터에 나가 많은 공훈을 세웠습니다. 그러나 많은 권력자가 입을 모아 이렇게 말했다고 해요.

현종 폐하,
안녹산은 무서운 놈이니 가까이하지 말아야 합니다

현종 주변의 권력자, 양국충(양귀비의 6촌 동생)

하지만 현종은 안녹산을 무척 마음에 들어 했습니다. 현종은 안녹산을 아껴서, 양귀비의 양자로 입양하기도 했어요. 세 사람의 사이는 더욱 돈독해졌지요. 현종과 양귀비는 안녹산을 큰 보자기로 감싸고 가마에 태워 시녀들이 들게 하는 해괴망측한 아기 놀이까지 할 정도로 가까이 지냈다고 합니다(진심이었나 봅니다).

⑭ 양귀비: 719년~756년. '경국지색'의 대표격인 인물. 악기 연주까지 잘했다고 한다. 현종의 아들과 결혼했으나, 나중에 현종의 비가 되었다. 양귀비의 먼 친척인 양국충은 지금으로 치면 국무총리 지위까지 출세했다.
⑮ 안녹산: 705년~757년. 이란계 소그드인과 돌궐에 뿌리를 둔 인물로, 주변 지역에서 살아가기 위해 다양한 언어를 익혔다고 한다. 세 곳의 절도사에 임명되었으나 양국충과 대립했다. 양국충 일파가 그의 측근을 암살한 것이 안사의 난을 일으킨 계기가 되었다. 참조 → P.032
⑯ 사마르칸트: 지금의 우즈베키스탄에 있는 번영했던 땅. '사람들이 만나는 도시'라는 뜻이다. 중국에서는 '강국(康國)'이라고 불렀으며, 1220년 몽골 제국이 침략해서 폐허가 되었다.

하지만 안녹산이 현종과 양귀비의 총애를 받아 권세가 높아지자, 조정을 장악하고 있던 탐관오리가 적대감을 드러냈습니다. 안녹산은 입지가 좁아지고 있음을 눈치채고 이렇게 생각했습니다.

내가 당하기 전에
당나라를 부숴버리겠어

안녹산

안녹산은 반란을 일으켰습니다. 이것이 ⑰ 안사의 난입니다. '안사'는 안녹산의 '안'과 ⑱ 부하 장군의 이름 중 '사'를 따서 만든 명칭입니다. 그렇게 당나라의 평화는 한순간에 무너지고 불바다가 되어버렸습니다. 일설에 따르면 안사의 난은 불과 8년 동안 수천만 명의 목숨을 앗아간 대규모 내란이었다고 합니다.

양귀비는 나라를 망친 원흉으로 지목되어 죽음을 강요당해 자결했습니다. 현종은 양귀비의 죽음을 지켜보고 이렇게 부르짖었다고 합니다.

아아아, 양귀비가 죽다니…
이렇게 슬플 수가 ㅠㅠ

당, 현종

당나라에 반기를 들었던 안녹산 또한 양귀비가 죽었다는 소식을 듣고 이렇게 말했다고 합니다.

아아아, 양귀비가 이렇게 죽다니…
이렇게 슬플 수가 ㅠㅠ

안녹산

⑰ 안사의 난: 755년~763년. 당나라에서 제멋대로 권력을 휘두르는 양귀비 가문을 응징하기 위해 안녹산이 이민족과 손을 잡고 군사를 일으켰다. 원래는 나라를 지켜야 할 절도사가 나라를 공격하는 꼴이 되었다. 이후 안녹산은 당의 수도까지 함락했고, 약탈과 숙청 등을 자행하며 난동을 부렸다. 안녹산은 점차 쉽게 화를 내는 성격으로 변모했다. 안녹산은 홀대했던 측근에게 원한을 사서 암살당했다. 이후에는 안녹산의 어린 시절 친구인 사사명이 그의 뜻을 이어받아 반란을 일으켰고, 이로 인해 당나라는 거의 붕괴되었다.

이렇게 안녹산은 며칠 동안 울었다고 합니다(당신 때문이잖아요).

태평성세의 나라도 종말을 맞이한다
800년~880년 무렵
당나라 멸망

안사의 난은 일단 금세 진압되었지만, 이후 당나라 왕조는 점점 힘을 잃어갔습니다. ⑲ 주변 이민족에게도 얕보여서 공격당하기 일쑤였어요. 또한 나라 내부에서도 간신배들이 권력을 휘둘렀고, 추악한 권력 투쟁을 일삼으면서 점점 쇠락의 길을 걷게 되었습니다.

이러한 상황에서 ⑳ 황소라는 사람이 등장했습니다. 황소는 이렇게 말했습니다.

당나라는 이제 끝이다!

황소(?~884년)

황소가 일으킨 반란이 ㉑황소의 난입니다. 이 반란으로 인해 이미 무기력해진 당나라 왕조는 힘 한번 제대로 못 쓰고 ㉒갑자기 두각을 드러낸 인물에게 점령당해 **멸망하고 말았어요⑤**.

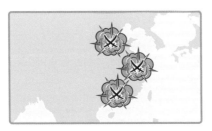

⑤황소의 난으로 인해 당나라가 멸망(885년경)

주전충(852년~912년)

---

⑱ 사사명: 703년~761년. 안녹산의 어린 시절 친구로 소그드인과 돌궐이라는 같은 뿌리를 가지고 있다. 안녹산과 마찬가지로 여섯 개 언어를 자유자재로 구사하는 교양 있는 인물이다.
⑲ 토번: 618년~842년. '위대한 티베트'라는 뜻의 나라. 이 나라에서 티베트 불교의 기초가 완성되었다. 힘이 다한 당나라를 향해 공격을 감행했고, 한때 장안까지 침입했다.
⑳ 황소: ?~884년. 과거시험에 합격하지 못한 지방의 부호. '황제'를 자칭했다.
㉑ 황소의 난: 875년~884년. 흉작으로 가난에 시달리는 백성들은 어쩔 수 없이 소금을 밀매업자에게서 살 수밖에 없었지만, 정부는 이를 금지했다. 밀매업자와 백성이 반발해 황소를 중심으로 반란이 일어났다.
㉒ 주전충: 852년~912년. 한량 농민 출신의 황소군 전사. 황소측이 계속 패배하자 배신하고 당나라에 투항했다. 그 공로를 인정받아 황제에 올랐다. 그러나 이를 인정하지 않는 사람들이 많았기 때문에 전란의 시대로 접어들었다.

중국 편

제7화

제7화

04:12

초등학생도 이해할 수 있는

송(宋)

시대는 900년경, 장소는 중국입니다. 당시 중국 전역은 ①당이라는 나라가 통치하고 있었어요. 이 나라는 거대한 영토를 다스리며 약 300년 동안 번영했지만, 여러 문제가 발생해 멸망하고 말았습니다.

당나라가 멸망한 후 중국은 엉망이 되었어요. **정체불명의 나라들이 우후죽순으로 생겨나며 난장판으로 치고받는 ②지옥의 시대가 시작되었습니다①**.

서로 천하를 차지하겠다면서 싸웠지만 결론이 나지 않은 채 50여 년이 지났을 무렵, 그 중 어느 나라에 ③조광윤이 나타났습니다. 조광윤은 제법 실력 있는 군인이었습니다. 조광윤이 군인으로 활약하던 나라는 상당히 강했어요. 그러다 보니 나라 안에서 능력자인 조광윤을 황제로 추대하자는 분위기가 생겼어요.

주전충(852년~912년)

①분열되어 혼란스러워진 중국

그래서 어느 날 조광윤의 부하가 조광윤에게 이렇게 말했습니다.

---

① 당나라 참조 → P.215
② 5대 10국 시대: 907년~960년. 황소의 난을 평정한 후 권력을 장악한 주전충을 신뢰하는 사람이 얼마 없어서 '나라가 망하면 다시 세워지는' 시대로 접어들었다. 이 시기에 북부에서 다섯 나라가 차례로 멸망하고(5대), 남부에서 열 개의 소국(10국)이 생겨났다고 해서 이렇게 불렸다.
③ 조광윤: 927년~976년. 5대 10국 중 마지막 국가인 후주에서 황제 직속으로 활약한 우수한 군대의 사령관이었다. 성격이 너그러웠다고 한다. 이후 황제의 지위를 물려받아 송나라를 세웠다. 술을 너무 많이 마셔서 급성 알코올 중독으로 사망했다고 전해진다.

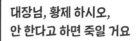
대장님, 황제 하시오,
안 한다고 하면 죽일 거요

조광윤의 부하

이 말을 들은 조광윤은 이렇게 말하면서,

어쩔 수 없지, 황제 할게

조광윤(927년~976년)

등 떠밀려 황제가 되었습니다.

조광윤이 초대 황제가 된 나라가 바로 ④송나라입니다. 황제가 될 것을 강요당할 정도로 유능했던 조광윤은 이후에도 뛰어난 활약을 펼쳤습니다.

송나라는 ⑤조광윤의 동생인 제2대 황제가 다스릴 때 중국을 통일해, **50여 년 동안 이어 졌던 지옥 같은 전쟁 시대를 끝냈습니다②.**

중국의 세력 지도(960년경)

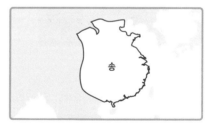

②중국 세력 지도(979년)

④ 송나라: 960년~1279년. 조광윤이 세운 나라. 중국 전역을 지배했으나, 이후 다른 민족의 압박을 받아서 영토가 중국 남부
만 남게 되었다. 일본과 문화 교류도 활발했다. 송나라에서 가져온 불교 경전을 바탕으로 가마쿠라 신불교가 성립되었다.
겐페이 전투로 유명한 다이라노 기요모리는 송나라와 무역을 하며 동전을 수입했고, 일본 최초의 화폐 경제를 만들어 경제
기반을 마련했다.
⑤ 태종: 939년~997년. 본명은 조광의. 조광윤의 동생이다. 송나라의 제2대 황제로 즉위했다. 조광윤을 암살했다는 의혹도
있지만, 국가 건설은 형과 같은 노선을 계승해 979년에 중국 전역을 통일했다. 당나라 멸망의 원흉이 된 '절도사'에서 국경
경비대의 업무를 빼앗고 황제 직속으로 편성했다.

조광윤과 든든한 동료들

태종(939년~997년)

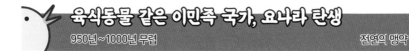

육식동물 같은 이민족 국가, 요나라 탄생
950년~1000년 무렵 　　　　　　　　　　　　　전연의 맹약

중국은 송나라가 무사히 통일했지만, 여전히 골치 아픈 문제가 남아 있었습니다. **중국의 북쪽 영역에 ⑥어떤 이민족이 세운 거대한 나라가 있었거든요③**. 이 이민족의 거대한 나라가 바로 ⑦요나라입니다.

이민족 / 거란

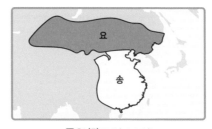

③요나라(916년~1125년)

　송나라는 거대한 이민족 국가인 요나라와 싸울 것이냐, 아니면 친하게 지낼 것이냐 결정해야 하는 기로에 섰습니다. 송나라는 고민 끝에 매년 많은 은과 비단을 요나라에 선물해서 평화를 유지하기로 했습니다.

　송나라가 북방의 이민족 국가인 요나라를 상대로 저자세를 취하며 맺은 동맹 계약을 ⑧전연의 맹약이라고 합니다. 송나라는 대외적으로 군사력에 약점이 있었지만, 일단 이 협정 덕분에 나라는 매우 평화로워졌고 사람들은 좋은 시절을 누렸습니다.

---

⑥ 거란: 몽골계 유목민족으로 '키타이'라고 불리던 일파. 주변 국가에 예속되어 있었으나 10세기에 중국 북부를 포함한 지역을 제압했다. '요'라는 나라를 세웠다.
⑦ 요나라: 916년~1125년. 거란이 건국한 나라로 건국자인 야율아보기가 제1대 황제가 되었다. 나중에 발해를 멸망시키고 송나라와 우호 관계로 지냈다. 한때 지배하에 두었던 여진족에게 멸망당했다.

최상위 포식동물 같은 이민족 국가, 금나라의 탄생

1100년~1150년 무렵   송-금 전쟁

평화로운 시대가 100년 정도 지속될 무렵, 요나라에 ⑨완안아골타가 등장했습니다. 완안아골타는 요나라를 세운 이민족이 아니라, 요나라에게 학대받고 있던 ⑩다른 이민족이었습니다. 완안아골타가 이렇게 말했습니다.

> 요나라 애들 때문에 못 살겠어,
> 독립하자

완안아골타(1068년~1123년)

완안아골타가 반란을 일으켜 **요나라로부터 독립하고 새로운 나라를 세웠습니다④**. 바로 ⑪금나라입니다. '금'은 금속의 금이나 보석이 아니라 나라 이름입니다. 그리고 완안아골타가 송나라를 향해 이렇게 말했습니다.

> 송나라 여러분,
> 우리 함께 요나라를 무너뜨려요

완안아골타

이렇게 금나라와 송나라가 맺은 동맹을 ⑫해상의 맹이라고 합니다. 금나라와 송나라의 연합군 vs 요나라의 싸움이 벌어졌습니다. 결과부터 말하자면, 연합군의 승리로 끝났습니다.

이로써 요나라는 멸망하고, **금나라는 거대 국가로 변모하게 됩니다⑤**.

---

⑧ 전연의 맹약: 1004년. 송나라와 요나라가 맺은 평화 조약. 남하한 요나라와 황허 강변의 연주에서 화친조약을 맺었다. '송은 매년 비단과 은을 요에게 보낸다', '양국은 형제국이 된다' 등이 합의되었다.

⑨ 완안아골타: 1068년~1123년. 금나라를 세운 지도자. 요나라로부터 강에서 사금을 채취해 공물로 바치라는 명령을 받고 크게 분노했다. 완안아골타의 동생이 요나라를 공격해 요나라가 멸망했다. 완안아골타는 처음부터 요나라를 좋아하지 않아서, 연회에서 요나라 황제가 '춤을 추라'라고 명령해도 무시하면서 여진족 장수 중 유일하게 일어서지도 않았다고 한다.

⑩ 여진족: 여진족의 언어로 '주셴(사람들)'을 한자로 표기한 호칭이다. 남존여비 사상이 심했던 당시에는 '사실은 여자처럼 약하다'는 경멸적인 표현이었다. 예나 지금이나 좋지 않은 뜻으로 쓰이고, 요나라가 지배하던 시절의 민족명이라서 나중에 '만주족'으로 변경되었다.

⑪ 금나라: 1115년~1234년. 송나라와 요나라가 평화조약을 맺고 한가롭게 지내는 동안 힘을 키운 나라. 여진어로 '황금의 강'이라는 뜻의 안출호수에서 사금과 진주, 모피를 얻어 다른 나라와 무역을 했다. 점차 경제적으로도 부유해졌고, 무력도 점점 강해졌다. 이 강의 사금을 요나라가 캐내려고 한 것이 완안아골타가 군사를 일으킨 계기가 되었다.

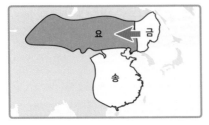

4 금나라의 성립(1115년)

5 요나라 멸망, 금나라의 거대화(1125년)

이후 송나라가 다른 마음을 품고 금나라를 배신하려고 하자, 금나라 황제가 말했습니다.

송나라 놈들 웃기네,
이번엔 네가 멸망할 차례다!

이번에는 **금나라 vs 송나라의 전쟁이 벌어졌습니다**6. 이 전투는 ⑬정강의 변이라고 합니다. 이 전투의 결과는 금나라의 완승이었습니다. 송나라는 이 패배로 중국의 북쪽을 금나라에 모조리 빼앗기고 말았지요.

중국은 **북쪽에는 금나라**, ⑭**남쪽에는 송나라라는 구도로 재편성되었습니다**7.

6 정강의 변(1126년~1127년)

7 중국의 북쪽은 금나라,
남쪽은 남송이 지배(1130년경)

이후에도 송나라에서는 금나라와 싸울 것이냐 친하게 지낼 것이냐 하며 고민했지만, 또 한발 물러서며 금나라에 매년 많은 은과 비단을 선물해 평화를 지키기로 했습니다.

이렇듯 송나라는 초식동물처럼 나약한 모습을 보이긴 했지만, 이후 두 나라는 약간의 마찰

---

⑫ 해상의 맹: 1120년. 송나라와 금나라의 군사동맹으로 요나라를 견제하기 위해 맺었다. 두 나라 사이에 요나라가 있어서 바다를 건너 협상을 했기 때문에 이런 이름이 붙었다. 하지만 송나라는 요나라와도 비밀동맹을 맺었기 때문에, 가상의 적이 된 금나라가 발끈해 정강의 변을 일으켰다.

을 겪으면서도 다행히 평화를 유지하며 잘 살았습니다.

금나라를 다스리는 이민족 / 여진족

송나라와 금나라의 전쟁

압도적인 나라, 몽골 제국의 각성
1200년~1300년 무렵
송나라의 멸망

남과 북으로 갈라진 중국의 기묘한 평화 상태가 40년 정도 지속되었을 때, 매우 위험한 나라가 눈을 떴습니다. 중국보다 북쪽에서 ⑮칭기즈 칸이 나타났어요. 칭기즈 칸이 황제가 되어 세운 나라가 ⑯몽골 제국입니다.

중국 땅에서 금나라와 송나라가 평화를 만끽하며 한가로이 지낼 때 **몽골 제국에는 어마어마한 일이 벌어지고 있었어요⑧**. 그래서 칭기즈 칸은 이렇게 말했습니다.

에헴, 중국 땅에서도 전쟁 한판 해볼까?

칭기즈 칸(1162년경~1227년)

이렇게 해서 **몽골 제국이 중국을 침공했고⑨**, 먼저 **금나라를 멸망시켰습니다⑩**.

---

⑬ 정강의 변: 1126년~1127년. 송나라가 약속을 거듭해 지키지 않자, 화가 난 금나라가 송나라의 수도를 공격해서 점령한 사건이다. 이때 송나라 황제와 전 황제를 비롯한 황족과 관료가 수천 명 단위로 납치되었다. 또한 금, 은, 비단 등도 대량으로 약탈당했고 송나라는 멸망했다. 이를 기점으로 이전 시대를 '북송'이라고도 한다. 이 사건 당시 송나라의 4~28세 황족 여성 생존자 전원과 궁중 관계자 여성들도 대거 납치되었다. 이들은 금나라 고위층의 첩이 되었거나 또는 금나라의 국영 기방인 '세의원'에 끌려가 성적인 봉사를 강요당했다. 한 기록에 따르면, 세의원에는 송나라에서 끌려온 1만 명 이상의 여성들이 일했다고 한다.

⑭ 남송: 1129년~1279년. 정강의 난으로 황족은 대부분 납치되었으나, 간신히 살아남은 황제의 아홉째 아들을 중심으로 중국 남부에 세워진 나라가 '남송'이다. 이후에도 금나라와 계속 전쟁하면서 세계 3대 발명품인 '화약'을 처음으로 사용했다고 한다. 하지만 여전히 고전을 면치 못했다. 결국 금나라에 공물을 바치면서 신하국이 되는 굴욕적인 내용을 받아들여 화해할 수 있었다.

8 9 중국의 세력 지도(1220년)   10 중국의 세력 지도(1240년경)

이후 당연히 송나라와도 맞붙었는데, 의외로 몽골군이 송나라를 상대로 힘들게 싸웠어요.

그러던 중에 몽골 제국의 새로운 황제로 ⑰쿠빌라이 칸이 즉위했습니다.

그리고 **송나라를 멸망시켰습니다 11.**

쿠빌라이 칸(1215년~1294년)   몽골 제국이 공격하는 모습

초식동물처럼 연약했던 송나라의 역사는 완전히 막을 내리게 되었습니다.

몽골 제국이 너무 무서워서 여덟 살에   11 중국의 세력 지도(1279년경)
자결한 송나라의 마지막 황제, 상흥제

---

⑮ 칭기즈 칸 참조→ P.230
⑯ 몽골 제국 참고→ P.287
⑰ 쿠빌라이 칸 참고→ P.231

중국 편

제8화

제8화

04:12

◀◀　▶　▶▶

초등학생도 이해할 수 있는

원(元)

압도적으로 강한 나라, 몽골 제국과 원나라

1200년~1280년 무렵

시대는 1200년경, 장소는 중국입니다. 당시 중국에는 ① 송나라가 있었어요. 그러나 송나라는 중국의 남쪽만 남은 상태였습니다. 북쪽 지방은 이민족에게 침략당해 빼앗기고 말았지요. 이렇게 북쪽에는 **이민족의 나라**, 남쪽에는 **송나라라는 기묘한 상태1**로 평화를 유지하며 꽤 오랜 기간을 보냈습니다.

그러던 중 중국보다 북쪽에서 ② 칭기즈 칸이 나타났습니다. 칭기즈 칸이 황제가 되어 세운 나라가 ③ 몽골 제국입니다. 중국 쪽에서 두 나라가 즐겁게 지내는 동안 몽골 제국은 어마어마한 일을 벌이고 있었어요.

그리고 몽골 제국이 드디어 중국 침략을 시작했는데, 먼저 **북쪽의 나라를 멸망시켰습니다2**. 이후 송나라와의 전쟁에서는 의외로 몽골군이 힘들게 싸웠습니다. 그런 가운데 ④ 쿠빌라이 칸이 몽골 제국의 새로운 황제가 되었습니다.

그리고 그대로 정벌 활동을 밀어붙여 송나라를 멸망시켰습니다.

1 중국의 북쪽은 금, 남쪽은 남송이 지배(1130년경)

2 몽골 제국에 의해 금나라 멸망(1234년)

이제 중국은 완전히 몽골 제국의 지배를 받게 되었어요. 몽골 제국의 영토는 더욱 넓어졌는데, 감당하기 힘들 정도로 커져 버려서 칭기즈 칸의 후손끼리 분할하기로 했지요. 그래서 **몽골 제국은 네 개로 나뉘었습니다3**.

---

① 송나라 참고 → P.223
② 칭기즈 칸: 1162년경~1227년. 몽골 제국을 건국했다. 어렸을 때 아버지가 독살당해 다른 유목민 아래에 들어갔으나 강인하게 자랐다. 이후 몽골 민족의 수장인 '칸'이라는 지위에 올랐다. 칭기즈는 샤머니즘의 '광명의 신(Hajir Chinggis Tengri)'에서 유래했다. 100명이 넘는 자식을 낳았다고 한다. 일설에는 현재 칭기즈 칸의 피를 이어받은 사람이 1000만 명이 넘는다고 한다. 참조 → P.286
③ 몽골 제국 참조 → P.287

몽골 제국의 세력 지도(1225년경)

3 4몽골 제국의 분할(1260년경)

쿠빌라이 칸은 네 개의 나라 중 가장 큰 영역인 **동쪽을 차지했습니다4**. 이것이 ⑤원나라 입니다.

더 이상 이 나라를 중국이라고 불러도 될지 모르겠지만, 아무튼 중국 전역을 손에 넣은 쿠빌 라이 칸은 다음 행보를 내딛기 위해서 이렇게 말했습니다.

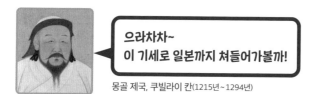

으라차차~
이 기세로 일본까지 쳐들어가볼까!

몽골 제국, 쿠빌라이 칸(1215년~1294년)

몽골 제국은 **두 차례에 걸쳐서** ⑥**일본 침략을 떠났지만5**, 번번이 실패했습니다. 이후 쿠 빌라이 칸은 이렇게 말했습니다.

뭐, 베트남은 갈 수 있겠지!

몽골 제국, 쿠빌라이 칸

---

④ 쿠빌라이 칸: 1215년~1294년. 몽골 제국의 제5대 황제. 형인 몽케 칸에게 몽골 남부의 장군으로 임명되어 티베트를 비롯 한 여러 지역을 평정했다. 원만한 관계를 유지했던 한족의 추대를 받아 몽골 제국의 황제로 즉위했다. 이에 반대하는 막내 동생과의 전투에서도 승리를 거두었다. 그 후 수도를 대도(현재의 베이징)로 옮겨 원나라를 세웠고, 몽골 제국은 분열하게 되 었다.

⑤ 원나라: 1271년~1368년. 쿠빌라이 칸이 세운 왕조. 이로써 몽골 제국은 원나라를 중심으로 차가타이 칸국, 킵차크 칸국, 일 칸국으로 나뉘었다. 점령한 지역의 문화를 받아들여 무기와 보급로, 정치 체제를 정비하며 더욱 강력해졌다.

이번에는 세 차례에 걸쳐서 베트남 침략을 감행했지만🔟, 모두 실패했습니다.

🔟 일본 원정(1274년, 1281년)

🔟 베트남 침략(1258년, 1284년, 1287년)

그러는 사이 국내에서는 반란이 일어났습니다🔟. 게다가 한때 같은 나라였던 ⑦몽골 제국을 분할한 서방 국가 중 하나에게도 공격을 받았습니다🔟.

🔟 원나라의 내란(1350년경)

🔟 몽골 제국에서 벌어진 전투(1370년경)

압도적으로 강한 나라의 약점과 영광의 그림자
1280년~1350년 무렵
원나라의 후계자 다툼

나라 안팎으로 여러 가지 잡음이 있었지만, 일단은 어느 정도 평화를 되찾았습니다. 모험가 ⑧마르코 폴로가 이탈리아에서 먼 길을 마다하지 않고 찾아오기도 했습니다.

하지만 마르코 폴로는 원나라에서 17년이라는 긴 시간을 보낸 후 이렇게 말했습니다.

---

⑥ 몽골의 일본 침공: 1274년, 1281년. 일본에서는 '원구'라고 부른다. 원나라 군대가 두 차례에 걸쳐 일본을 공격했던 사건을 말한다. 고려를 복속시킨 원나라는 투항병을 동원(여몽연합군)해 규슈로 원정을 떠났지만, 태풍에 직격당해 철수했다. 처음 침략했던 일본의 대마도와 이키섬에서는 원나라 군대가 주민들을 학살했다. 여성과 아이들도 노예로 붙잡혀 쏟아지는 화살에서 원나라 배를 지키는 인간 방패, 말 그대로 화살받이가 되었다.
⑦ 차가타이 칸국: 1227년~14세기 후반. 칭기즈 칸의 차남인 차가타이의 혈통이 통치한 나라. 초기에는 몽골법을 너무 엄격하게 적용해 이슬람 세력의 반발을 샀다. 이후 이슬람 교화로 방향을 틀었다. 나중에 동서로 분열되었고, 서쪽에서 티무르가 등장했다. 참조 → P.163

아이고, 이 나라 정치는 답이 없어…
빨리 집으로 돌아가자

이탈리아, 마르코 폴로(1254년~1324년)

마르코 폴로는 이탈리아로 돌아가 버렸습니다.

몽골 제국은 거대했지만, 신생 국가에 불과했기 때문에 통치 능력이 매우 부실했어요. 그래서 쿠빌라이 칸이 세상을 떠나고 얼마 지나지 않아 원나라는 정쟁의 소용돌이에 휘말렸습니다. 처음 보는 새로운 황제가 나타났다가, 금세 또 다른 인물로 교체되는 등 정치 혼란이 극심해졌지요.

그러는 동안 백성들의 삶은 점점 더 피폐해졌습니다. 이에 더해 역병까지 발생해서, 원나라의 상황은 그야말로 총체적 난국이었습니다.

카리스마 종교 지도자 주원장과 명나라 건국
1350년~1370년 무렵
원나라의 중국 추방

이 무렵 민중들 사이에서 한 종교 단체(백련교)가 열광적인 지지를 얻었습니다.

이 종교 단체는 원나라에 대항해 반란을 일으켰어요[9]. [9] 홍건적의 난이라고 불리지요.

각종 반란으로 원나라 분위기가 흉흉한 가운데, 카리스마 넘치는 지도자가 등장했습니다. 바로 [10] 주원장입니다. 원래 노숙자였던 주원장은 반란 세력을 끌어모아 일찌감치 중국 남부를 통일했습니다. 이렇게 **주원장이 세운 나라가** [11] **명나라입니다[10]**.

---

[8] 마르코 폴로: 1254년~1324년. 1271년부터 아버지, 삼촌과 함께 베네치아를 떠나 원나라로 향했다. 가는 길은 육로, 돌아오는 길은 해로를 선택했다. 1295년에 베네치아에 돌아왔지만, 3년 후 전쟁에 휘말려 포로가 되었다. 이때 감옥에서 만난 루스티첼로 다 피사라는 작가가 그의 옛이야기를 듣고 글로 적었다. 이후 『동방견문록』으로 출판되었다.

[9] 홍건적의 난: 1351년~1366년. 원나라에서 혹사당하던 하층 농민들이 일으킨 반란. 반란의 중심이 된 정토교 계열의 불교 신도(백련교는 불교에 바탕을 둔 중국의 민간 종교이며, 불교와 도교가 혼합된 성격을 갖고 있다 –옮긴이)들은 머리에 붉은색 두건을 썼다. 이 반란을 계기로 각지에서 내란이 발발했다. 홍건적 군의 유력한 장수였던 주원장은 반란의 주동자를 죽이고 명나라를 건국했다.

[10] 주원장: 1328년~1398년. 명나라의 개국 황제. 가난한 농가 출신으로 청년기에는 승려 신분으로 각지를 떠돌아다녔다. 홍건적의 난이 일어났을 때 일반병사로 참전해서 두각을 나타내며 승승장구했고, 대장의 딸을 아내로 맞이할 정도로 출세했다. 이후 홍건적 군이 우세해지자 군대 내에서 권력 다툼이 일어났다. 유력자를 죽인 후 홍건적의 지도자가 된 그는 '명'을 건국하고 대군을 파견해 원나라의 나머지 세력을 섬멸했다. 이후 중국 국내 개혁에 힘썼지만, 말년에는 숙청을 거듭했다. 또한 일본에 대해서도 여러 차례 '침략하겠다'라고 위협했다.

[11] 명나라 참조 → P.236

9 홍건적의 난(1351년~1366년)

10 명나라의 성립(1368년)

주원장은 더 나아가 이렇게 말했습니다.

몽골 세력들을
깡그리 몰아내자고

명나라, 주원장(1328년~1398년)

원나라는 멸망하지는 않았지만, **점점 북쪽으로 밀려났습니다** 11. 이렇게 원나라는 완전히
중국 바깥의 나라로 되돌아가고 말았지요.

11 중국의 세력 지도(1370년경)

원나라 마지막 황제, 도곤 티무르 칸
(1320년~1370년)

중국 왕조로서 원나라는 역사상 보기 드물게 광활한 영토를 지배했음에도 불구하고, 겨우
100년 남짓한 세월을 보내고 끝을 맞이했습니다.

중국 편

제9화

제9화

04:12

⏮ ▶ ⏭

초등학생도 이해할 수 있는

명(明)

시대는 서기 1300년경, 장소는 중국입니다. 당시 중국은 몽골 세력이 통치하는 나라였어요.

이 나라는 중국 밖에 살던 몽골 민족이 쳐들어와서 정복한 ①완전한 몽골 민족의 나라였습니다. 광활한 영토를 지배했지만, 행정을 비롯한 정치 능력은 형편없었어요. 백성들의 삶은 가난에 허덕였고, 전염병까지 창궐하는 등 국내 상황은 처참하게 망가져 있었습니다.

이런 상황에서 **정체불명의 종교단체가 나타나 세력을 키웠고** ②반란을 일으켰습니다**■**. 이 반란으로 중국은 혼란에 빠지게 되는데, 전쟁의 불길 속에서 카리스마 넘치는 지도자가 등장했습니다. 바로 ③주원장입니다. 대단한 인물이었던 주원장은 일찍이 대기근으로 부모와 형제를 모두 잃었습니다. 고아가 되어 노숙하며 살았고, 외모도 볼품없었다고 합니다. 걸출한 훗날의 업적을 생각하면 여러모로 심상치 않은 출신을 가진 사람이었지요.

이렇게 초라했던 주원장은 종교단체가 일으킨 반란에 가담한 후 단숨에 두각을 나타냈고, 반란으로 뒤죽박죽이 된 중국에서 힘을 모아 거대한 세력을 꾸렸습니다. 그리고 기세를 몰아 중국 남부까지 통일해 냈어요.

■홍건적의 난(1351년~1366년)

2명나라의 성립(1368년)

이렇게 주원장이 초대 황제가 되어 **중국 남쪽에 세운 나라가 바로** ④**명나라입니다2**. 주원장은 이렇게 말했습니다.

---

① 원나라 참조 ➜ P.231
② 홍건적의 난 참조 ➜ P.233
③ 주원장 참조 ➜ P.233
④ 명나라: 1368년~1644년. 주원장이 세운 나라. 역사상 유일하게 양쯔강 이남에서 중국을 통일한 왕조다. 국명은 홍건적의 난과 관련이 있는 종교 '명교(백련교)'에서 유래했다고 한다. 주원장이 차지한 양쯔강 하류의 곡창지대를 중심으로 발전했다. 또한 주원장은 '원호는 황제 한 명당 한 개'라는 규칙을 정했고, 메이지 시대 이후 일본에서도 이를 따르고 있다. 다른 나라에 진출해서 영토를 확장했지만, 환관들이 내정에 간섭하고 독단적인 결정을 내리는 일이 빈번하게 일어났다.

기세를 끌어올려서 몽골 세력을
말끔히 몰아내자!

명, 주원장(1328년~1398년)

명나라는 북쪽으로 진군했고❸, 몽골 세력은 북쪽으로 멀리 쫓겨났습니다❹. 이제 몽골 세력의 나라는 완전히 중국 밖의 나라가 되었습니다.

⑤몽골 세력이 영토 바깥으로 밀려나면서, 중국은 한족 세력인 명나라 천하가 되었습니다.

❸중국의 세력 지도(1368년)

❹(1380년경)

주원장이 돌변하다
1370년~1400년 무렵　　　　　　　　　　　　　　　　　주원장의 폭정

주원장은 이민족이었던 몽골 세력을 몰아내고 오래전부터 중국 대륙에 뿌리내린 한족의 나라를 부활시켰다는 점에서 영웅이라 할 수 있지만, 황제가 되어 모든 권력을 손에 넣자 돌변해 이런 일을 벌이고 말았습니다.

맘에 안 드는 인간들은 처형해버리겠어!

명, 주원장

---

⑤ 북원: 1368년~1634년. 원나라의 생존 세력이 세운 나라. 1368년 명나라가 원나라의 대도(지금의 베이징)를 공격하자, 원나라 황제인 순제는 싸우지 않고 북쪽으로 줄행랑을 쳤다. 이후 명나라 군대의 추격을 받았지만 맞붙을 때마다 패배했다. 그 사이에 순제의 동생이 몽골 민족에게 암살당하는 등 황제의 권위가 상당히 약화되었다. 그들이 지배하던 '타타르 메밀'은 혈액의 흐름 개선에 좋은 성분이 많이 함유되어 있어서 최근에도 건강식으로 인기가 높다.
⑥ 건문제: 1383년~1402년. 명나라의 제2대 황제. 할아버지인 주원장이 사망한 후 16세에 즉위했다. 삼촌인 각 지역의 왕들을 해임해 원한을 샀고, 정난의 변을 초래했다. 4년간의 전투 끝에 경사(현재의 난징)를 제압당해 불 속에 뛰어들어 죽었다고 전해진다.

주원장은 일반 백성과 각 지방의 관리, 그리고 명나라 건국에 힘을 보탠 신하까지 처형하며 피바람을 일으켰어요. 이때 갖은 이유로 만 명이 넘는 사람들을 처형했습니다. 그리고 영웅이면서 폭군이었던 주원장도 결국 죽게 됩니다.

영락제, 명나라의 기틀을 다지다
1400년~1430년 무렵
영락제의 치세

이후 주원장의 손자 중 한 명이 ⑥명나라의 제2대 황제가 되었습니다.

그런데 황제가 정해지자마자, 주원장의 넷째 아들과 갈등이 생겼습니다. 주원장의 후손 두 사람이 권력 쟁탈전을 벌이게 된 거지요. 주원장 사후에 발생한 후계자 싸움이 바로 ⑦정난의 변입니다. 하지만 안타깝게도 황제 측의 유능한 부하들은 모두 주원장에게 견제당해서 목숨을 잃었기 때문에, 제2대 황제의 군대는 너무나 약했습니다.

주표와 마황후(주원장의 아들과 아내)

건문제(1383년~1402년)

그 결과 정식으로 제2대 황제로 추대되었던 주원장의 손자는 죽고, 반기를 높이 치켜들던 주원장의 아들이 명나라 제3대 황제가 되었어요. ⑧영락제로 알려진 인물이지요. 거친 방법으로 황제 자리에 오른 영락제는 이렇게 말했습니다.

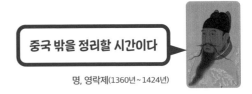

중국 밖을 정리할 시간이다

명, 영락제(1360년~1424년)

---

⑦ 정난의 변: 1399년~1402년. 건문제에 반발해 일어난 명나라의 후계자 쟁탈전. 북원 국경지대를 지키던 훗날의 제3대 황제 영락제가 '황실의 난을 평정한다(황실의 문제를 해결하겠다)'라면서 군대를 일으켰다. 최전선에 배치된 영락제군은 탄탄한 전력을 갖추고 있었고, 승리를 거두었다.
⑧ 영락제: 1360년~1424년. 명나라의 3대 황제. 이민족을 경계하기 위해 북방으로 도읍을 옮기고 수도를 '베이징(북경)'으로 정했다. 또한 황제를 보좌하는 '내각대학사'를 설치했는데, 이것이 일본어 '내각'의 유래가 되었다. 또한 1405년부터 1433년까지 무슬림 환관인 정화를 중심으로 함대를 이용한 대원정을 감행했다. 이로 인해 곳곳에 화교가 탄생했다.

영락제는 **중국 영토 밖으로 쫓겨난 북방의 몽골 세력을 더욱 몰아붙였고🖅**, 더 나아가 지금의 러시아 영역까지 진출했습니다. 남쪽으로는 베트남까지 침략하고, 서쪽으로는 아랍 국가와 인접할 정도로 뻗어나가서 아프리카에 함대를 파견할 만큼 공격적인 대외 정책을 추진했어요. 명나라는 영락제 시대에 **이만큼 거대한 나라가 되었습니다🖆**.

🖅 명나라의 영토(1400년경)

🖆 (1425년경)

영락제는 이렇게 말했습니다.

지금까지의 중국 문화를 책으로 정리하라

명, 영락제

영락제는 지식인들에게 지금까지의 ⑨중국 문화를 한데 모은 방대한 서적을 만들도록 했어요. 영락제는 군사적으로나 문화적으로 훌륭한 업적을 남겼지만, 자기 뜻을 거스르는 자는 인정사정 봐주지 않고 ⑩일족까지 줄줄이 처형하는 등 아버지 주원장처럼 비정한 면모도 있었습니다. 아무튼 명나라는 초강대국의 지위를 확고히 다지게 되었습니다.

🐦 북쪽은 이민족, 남쪽은 해적이 들끓는 아비규환
1450년~1600년 무렵   북로남왜

영락제도 세상을 떠나고 어느 정도 시간이 흐른 뒤, 북쪽으로 쫓겨난 몽골 세력에서 ⑪에센 칸이 등장합니다. 에센 칸은 이렇게 말했습니다.

---

⑨ 영락대전: 1407년. 영락제가 편찬하도록 명령한 백과사전으로 2000명 이상이 참여했다. 유교 서적, 역사, 시, 의학, 천문학, 점술 등 다양한 내용을 담고 있다. 워낙 방대해서 규모가 1만 1095권에 이르렀기 때문에 2부만 완성했다. 1900년에 일어난 의화단 사건으로 대부분 소실되었다.
⑩ 영락의 과만초: 영락제가 정난의 변을 일으켰을 때 건문제의 편에 섰던 사람은 먼 친척까지 캐내어 모조리 죽임을 당했고, 특히 여성은 난폭한 폭력에 노출되기도 했다. 이러한 '연좌 처벌 방식'을 '과만초'라고 불렀다. 사건에 연루된 사람은 오이 덩굴을 걷어내듯이 줄줄이 찾아내 모두 처벌한다는 뜻이다.

명나라 놈들, 복수의 칼을 받아라!

에센 칸(?~1454년)

에센 칸이 이끄는 몽골 세력은 명나라를 침공했어요🔢. 그 결과 명나라 군대는 대부분 궤멸당했고, ⑫ 명나라 황제는 포로가 되었습니다. 이 사건을 ⑬ 토목의 변이라고 합니다.

정통제(1427년~1464년)

7 몽골 세력의 나라가 명나라를 공격(1449년)

그 후 황제는 원래의 자리로 돌아가긴 했지만, 명나라는 몽골 세력에 고통받게 되었습니다🔢. 게다가 중국의 북쪽도 아닌 남쪽과 동쪽 바다에 일본 해적(왜구)까지 나타나 공격하자 골머리를 앓았습니다🔢.

8 북로(이민족 나라의 침략)

9 남왜(명나라에 대한 왜구의 침공)

---

⑪ 에센 칸: ?~1454년. 몽골의 오이라트(몽골의 부족) 출신. 몽골 전체를 지배했고, 칸으로 취임했다. 청나라 이전의 칸 중에서 유일하게 칭기즈 칸과 혈연관계가 없다.

⑫ 정통제: 1427년~1464년. 명나라의 제6대 황제로, 불과 아홉 살에 즉위했다. 당시 정치의 실권은 환관인 왕진이 장악하고 있었다. 토목의 변에서 패배해 포로가 되었으나, 협상 끝에 명나라로 귀환했다. 명나라에 돌아온 뒤 연금을 당했지만, 쿠데타를 일으켜 제8대 황제의 자리에 복귀했다.

⑬ 토목의 변: 1449년. 에센 칸이 이끄는 오이라트 군대가 상거래 협상이 잘되지 않았다는 핑계로 명나라를 침공했다. 정통제는 직접 군대를 이끌고 토목보에서 맞섰지만, 패배해 납치되었다. 이후 황제의 부하들이 새로운 황제를 옹립하고 군대를 규합해 오이라트 세력을 격퇴했다. 쓸모없게 된 정통제는 아무 조건 없이 명나라로 돌려보내졌다.

'북'에서는 몽골 세력에 시달리고 '남'에서는 일본, 즉 '왜'의 해적에 시달리는 상태를 ⑭ 북로남왜라고 합니다('로'는 몽골을 뜻합니다). 이런 식으로 북쪽은 몽골, 남쪽은 일본에 압박받는 고통이 오래 지속되었어요. 엎친 데 덮친 격으로 ⑮ 11대 황제쯤부터 암군이 즉위한 탓에 온 나라가 어지러워졌고, 명나라는 서서히 약해졌습니다.

북쪽에서 귀신처럼 센 놈들이 내려오다
1600년~1650년 무렵
명나라 멸망

명나라의 운명에 먹구름이 드리워질 무렵, **중국 북쪽에서** ⑯ 몽골 세력과는 또 다른 이민족이 힘을 키우고 있었어요⑩. 이 이민족 국가는 기세 좋게 몽골 세력의 나라를 짓밟고 **거대한 제국을 세웠습니다⑪**. 바로 ⑰ 청나라입니다.

또 다른 이민족 국가

몽골 세력의 나라

명

청

명

⑩ 또 다른 이민족 국가의 융성(1615년경)

⑪ 또 다른 이민족 국가에 의해 몽골 세력의 나라가 멸망. 청나라 탄생(1636년)

중국 북방에 위협적인 나라가 등장한 반면, 명나라는 ⑱ 어리석은 황제 때문에 나라 살림이 거덜 날 판이었어요. 상당히 위험한 상태였지요.

그런 명나라에 ⑲ 이자성이 나타났습니다. 이자성은 이렇게 말했어요.

명나라가 망해야 해!

이자성(1606년~1645년)

---

⑭ 북로남왜: 명나라의 남북을 차지한 세력 때문에 생긴 골치 아픈 외환을 말한다. 왜구에 대항해 명은 해상 무역 금지 정책을 실시했지만, 명나라 정부의 생각과는 달리 판로를 잃은 면직 생산물을 일본의 은과 교환하기 위해 밀무역이 더욱 성행했다고 한다.

⑮ 정덕제: 1491년~1521년. 명나라의 제11대 황제. 상인 행세를 하기도 하고, 티베트 불교와 여성에 심취했으며, 환관들의 부정부패가 만연해 명나라가 불안정해지기 시작했다.

⑯ 여진족 참조➡P.225

⑰ 청나라 참조➡P.246

이자성은 반란을 일으켰습니다. 명나라는 이미 몰락 직전으로 약해진 상태였어요. **이자성은 ⑳ 중국 북쪽에 나라를 세웠고⑫**, 명은 멸망했습니다.

가까스로 살아남은 잔존 세력은 남쪽으로 도망쳤어요. 중국 영토의 남쪽에는 명나라의 잔존 세력, 북쪽에는 이자성의 나라, 그보다 더 북쪽에는 이민족인 청나라가 자리 잡았습니다.

그러나 이자성의 나라는 풋내기에 불과했기 때문에 청나라에게 쉽게 멸망합니다. 청나라는 남쪽으로 쭉쭉 진군해 명나라의 잔존 세력을 휩쓸어버렸고, **중국을 통일했습니다⑬**.

⑫ 이자성이 나라 성립(1644년)

⑬ 청이 중국을 통일(1662년)

한족이 몽골 세력으로부터 중국을 되찾아 세운 왕조였던 명나라는 또다시 이민족에게 나라를 빼앗기는 형태로 300여 년의 역사를 마감했습니다.

어리석은 황제1(정덕제)

장거정

어리석은 황제2(만력제)

---

⑱ 만력제: 1563년~1620년. 명나라의 제14대 황제로 열 살에 즉위했지만, 장거정이라는 충신 덕분에 좋은 정치를 펼쳤다. 그러나 장거정이 죽은 후 정치가 크게 어지러워졌고 내란과 침략에 대응하느라 국력이 피폐해져 명나라 멸망의 원흉이 되었다. '명나라가 망한 것은 숭정제 때가 아니라 사실 만력제 때였다'라는 말이 있다.
⑲ 이자성: 1606년~1645년. '논을 평등하게 나누고 3년간 세금을 걷지 않겠다'는 슬로건을 내건 농민 반란의 지도자. 주력군이 부족한 명나라를 공격해 수도를 제압하고 명나라를 멸망시켰다.
⑳ 순나라: 1644년~1649년. 명나라를 무너뜨린 이자성이 세운 나라. 건국 후 40일 만에 수도에서 쫓겨났고, 이자성이 살해된 후에도 끈질기게 존속했으나 청나라에 의해 멸망했다.

242

중국 편

제10화

제10화

04:12

◄◄ ► ►►

초등학생도 이해할 수 있는

청(淸)

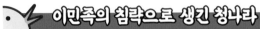
이민족의 침략으로 생긴 청나라
1100년~1650년 무렵

시대는 1600년경, 장소는 중국입니다. 당시 중국은 ①명나라가 통치하고 있었습니다. 명나라는 훌륭한 번영을 자랑했지만, 북쪽으로 밀려난 몽골 세력과 대립, 일본 해적의 공격, 부패한 정치 등으로 힘이 서서히 꺾이고 있었습니다**1**.

한편, 그 무렵 중국 북동쪽에서는 ②몽골 세력이 아닌 이민족이 어느 사이에 세력을 키워 나라를 세우고 있었어요. 이 나라는 바로 ③후금입니다. 이렇게 당시 중국에는 **명나라**, 몽골 세력의 나라, 이민족이 세운 후금이라는 세 나라가 있었습니다**2**.

1 쇠퇴기의 명(1600년경)

2 중국의 세력 지도(1620년경)

후금이라는 나라를 세운 이민족은 사실 과거에도 존재했던 민족입니다.

명나라에서 약 500년의 시간을 거슬러 올라간 1100년경. 중국을 송나라가 통치하던 시대에 중국의 북쪽에서 침입해 북방 지역을 빼앗아 대국을 세우는 데 성공**3**했지만, 이후 몽골 세력에 의해 멸망하는 형태로 중국 역사에 등장했던 민족이지요.

이때 건국했던 나라가 바로 ④금이라는 나라였습니다. 금나라를 세운 이민족은 몽골 세력에 의해 멸망**4**했지만, 약 500년의 세월 동안 착실히 세력을 불려서 명나라 시대에 당당히 부활했다고 볼 수 있습니다.

---

① 명나라 참조 → P.236
② 여진족 참조 → P.225
③ 후금: 1616년~1636년. 여진족을 통일한 아이신기오로(애신각라) 가문의 누르하치가 칸에 취임해 세운 나라. 금나라의 후계 국가다. 이 단계에서는 아직 여진족만의 나라로 취급되었다. 이후 누르하치의 여덟째 아들인 홍타이지가 만주와 몽골, 한족을 공격했다. 1634년경 몽골 지역의 북원을 공격해 멸망시키면서 원나라부터 전해져 내려오던 황제의 인장을 얻게 된다. 이로써 '청'이 성립되고 황제가 탄생했다.

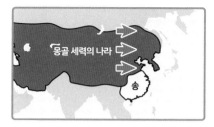

3 금나라의 성립(1115년)　　　　　　　**4** 몽골 제국에 의해 금나라 멸망(1234년)

즉, '후금'은 예전의 '금나라'가 '후'에 부활한 나라입니다.

이렇게 후금은 사연 깊은 역사를 가진 나라이지요. 이 후금에 ⑤홍타이지라는 사람이 황제 자리에 올랐습니다. 홍타이지는 이렇게 말했습니다.

몽골 세력을 쳐부수자

청, 홍타이지(1592년~1643년)

홍타이지는 한때 자기 민족을 멸망시켰던 몽골 세력을 이번에는 반대 입장이 되어 무너뜨렸습니다**5**. 몽골 세력의 나라는 대부분 후금 세력의 지배 아래 놓이게 되었지요**6**.

5 중국의 세력 지도(1620년경)　　　　　　**6** 후금에 의해 몽골 세력이 멸망(1634년)

---

④ 금나라 참조 → P.225

⑤ 홍타이지: 1592년~1643년. 청의 제2대 황제. 후금을 건국한 누르하치의 여덟째 아들이다. 홍타이지라는 이름은 중국어 '황태자'에서 따온 것이라고 한다. 전투에 능숙하고 무예가 뛰어나서 추천을 받아 후금의 칸 지위에 올랐다. 몽골 일대를 손에 넣었고, 명나라와 한반도까지 공격했다. 또한 『삼국지연의』를 즐겨 읽으며 실제 전쟁이나 정치에 활용할 수 있는 내용을 수집했다. 명나라와 청나라가 일촉즉발의 긴장 상황에 놓여 있을 때 사망했다. 이듬해 이자성의 난으로 명나라는 멸망했고, 그 유지를 이어받은 이들이 중국의 중심부로 진출했다.

후금은 영토가 커지면서 거대 세력을 이루었고, 홍타이지는 이렇게 말했습니다.

> 위대한 업적에 걸맞게
> 나라 이름을 바꾸자

청, 홍타이지

후금은 나라의 이름을 ⑥청으로 바꾸었습니다. 그리고 이렇게도 말했습니다.

> 민족 이름도 바꾸자

청, 홍타이지

후금과 청나라를 세운 민족은 원래 중국에서 ⑦차별적인 의미가 담긴 이름으로 불렸어요. 그것이 공식적인 이름이 되었기 때문에 이를 바꾸기 위해 새로운 이름을 붙이기로 했습니다. 이렇게 해서 생긴 민족의 새 이름이 바로 ⑧만주족입니다. 만주족이 세운 청이라는 거대한 국가가 **명나라 북쪽에 성립되었습니다**7.

한편, 이 무렵 명나라는 상당히 빈곤한 상태에 내몰리며 깊은 수렁에 빠져 있었습니다. 그런 상황에서 ⑨어떤 인물이 나타나 반란까지 일으키자, 명나라는 아수라장이 되었어요. **반란을 일으킨 인물은 중국 북쪽에 새롭게 나라를 세웠고, 명나라는 남쪽으로 도망간 잔존 세력만 남게 되었습니다**8.

이후 반란을 일으켜 세운 신생 국가는 **청나라에 의해 순식간에 멸망했어요**9. 청나라는 멈추지 않고 남쪽으로 군대를 보내 명나라의 잔존 세력을 제거하고 **중국을 통일했습니다**10.

---

⑥ 청나라: 1636년~1912년. 만주족이 세운 중국의 왕조. 한족에 비해 만주족의 수가 압도적으로 적었기 때문에 '명나라의 후계자'라는 입장을 강조했다. 한족의 종교와 정치 체제를 따랐고, 명나라를 멸망으로 몰고 간 이자성에게 복수했다고 선전했다. 한편 정수리만 머리를 남기는 특징적인 헤어스타일(변발)은 어느 민족이든 구분하지 않고 강요했다.
⑦ 여진족 참조 → P.225
⑧ 만주족: 일설에 따르면 만주라는 이름은 문수보살에서 유래했다고 한다. 만주족이 사는 땅도 '만주'라고 불리게 되었다. 지금도 약 1000만 명 정도가 중국에 살고 있다.

⑦청나라의 성립(1636년)

⑧반란 이후 중국의 세력 지도(1644년)

⑨청나라에 의해 반란 세력의 나라가 멸망(1649년)

⑩청나라의 중국 통일(1662년)

중국 역사상 가장 위대한 황제, 강희제

1660년~1720년 무렵   강희제의 치세

중국 전체가 이민족인 만주족에게 침략을 받고 지배당하게 되었습니다. 천하를 통일한 청나라, 이 나라의 황제로 ⑩강희제가 즉위했습니다.

　강희제가 황제가 되자마자, 이민족을 배제하고 명나라 왕조를 부활시키려는 반란이 내부에서 일어났습니다. 강희제는 반란을 진압하고, **대만으로 도망친 명나라의 잔존 세력⑪**까지 소탕했어요. 그리고 **대만을 차지합니다⑫**.

---

⑨ 이자성 [참조 → P.242]

⑩ 강희제: 1654년~1722년. 청나라 제4대 황제. 어린 시절 천연두에 걸려서 황실에서 한 번 추방당하기도 했다. 완치된 후 61년 동안 황제로 군림했으며, 중국 역사상 최고의 명군으로 불린다. 아침 일찍 일을 시작하고, 만주족답게 사냥도 했고, 한족의 유교도 연구했던 이상적인 황제. 대만을 평정하고 국내의 반란도 어렵지 않게 진압했다. 표트르 대제가 이끄는 러시아 제국을 격퇴하고 네르친스크 조약을 맺어서 국경을 결정했다. 무역도 순조로워서 나라가 풍요로워졌다. '만주족과 한족의 요리가 모두 갖추어진 '만한전석'이라는 풀코스 연회 요리도 시작되었다고 한다.

⑪ 명나라의 잔존세력이 대만으로 도망(1660년경)

⑫ 청나라의 대만 합병(1683년)

영토가 너무 크다 보니 북쪽에서는 ⑪러시아와도 충돌했지만, 러시아 정벌에 성공했습니다. 또한 서쪽에서는 ⑫몽골의 잔존 세력도 격파했습니다. 이렇게 청나라는 중국 통치에 그치지 않고 아시아 지역을 아우르는 초강대국이 되었습니다. 강희제는 이렇게 말했습니다.

쓸데없는 예산을 없애서
세금을 줄이겠다

청, 강희제(1654년~1722년)

이러한 조치로 청나라의 재정 상태는 매우 좋아졌어요. 또 강희제는 이렇게 말했습니다.

지금까지의 중국 문화를
책으로 정리해야겠어

청, 강희제

강희제는 지식인들을 동원해 ⑬이 시기까지의 중국 문화를 다룬 방대한 서적을 편찬했습니다. 군사, 문화, 정치의 모든 면에서 완벽했던 강희제의 치세는 61년 동안 지속되었어요. 이 61년은 중국 역대 황제 중 가장 긴 재위 기간이었습니다. 하지만 강희제도 시간이 흘러 세상을 떠났습니다.

---

⑪ 러시아 제국 참조➡P.079
⑫ 중가르: 17세기에 확대된 오이라트(몽골족)의 일파. 에센 칸의 먼 친척이다. 오이라트 중에서도 가장 서쪽에 존재했기 때문에 '중가르(몽골어로 '왼쪽 날개'라는 뜻)'라고 불렸다. 이후 청나라에 의해 멸망했고, 그 영토는 '신장(중국어로 '새로운 영역'이라는 뜻)'으로 불리게 되었다. 현재의 신장 웨이우얼 자치구에 해당한다.
⑬ 고금도서집성: 1725년. 강희제 때 편찬을 명령하고 옹정제 때 완성한 백과사전. 현존하는 중국 백과사전 중 최대 규모인 1만 권 분량. 중국 고금의 서적에 대한 내용을 항목별로 정리한 것이다.

강희제 이후에도 ⑭ 훌륭한 황제들이 청나라를 지배했고, ⑮ 강희제 다음 다음 황제인 건륭제 때 청나라의 면적은 최대 크기에 이르렀습니다⑬. 이렇게 청나라는 초강대국의 지위를 단단히 굳혔습니다.

옹정제(1678년~1735년)

건륭제(1711년~1799년)

청의 세력 지도(1685년)

⑬ (1820년경)

한편 그 무렵 청나라는 지구를 한 바퀴 빙 돌아온 **영국과도 무역⑭**을 했습니다. **청나라는 차를 팔고, 영국이 은으로 지불하는 식⑮**이었는데, 청나라만 무지막지하게 **흑자를 내며 떼돈을 벌었어요⑯**.

---

⑭ 옹정제: 1678년~1735년. 청의 제5대 황제. 강희제의 넷째 아들이다. 일을 매우 잘하는 유능한 군주였다. 보고가 올라오면 반드시 직접 검토하고 고민해서 지시를 내렸다고 한다. 강희제와는 방향성이 달라서 외교에는 소극적이었지만, 국내 시스템을 건전하게 만들었다. 황제에게 권력을 집중시키는 한편, 노예 신분이었던 사람들을 해방하기도 했다. 또한 '지정은'이라는 세제에서는 사람에게 부과하던 세금을 폐지하고 토지에 부과하는 세금으로 일원화했다. 이 세제 개편으로 인해 노동력인 사람이 아무리 많아져도 세금이 부과되지 않았기 때문에 중국에서 인구가 폭발적으로 증가하며 인구 대국의 첫걸음을 내디뎠다.

⑮ 건륭제: 1711년~1799년. 청나라 제6대 황제. 강희제의 손자. '전쟁에 강하고', '일을 잘하고', '문화를 소중히 여기는' 삼박자를 고루 갖춘 청나라 전성기의 황제. 외국과의 전쟁에서 자칭 10연승을 거두었으며, 중국의 역사와 문학을 집대성한 『사고전서』를 편찬했다. 또한 주로 명주실, 차, 도자기 등의 품목으로 유럽과 무역을 해 큰돈을 벌었고, 대량의 은이 청나라에 유입되어 1820년에는 세계 GDP의 3분의 1을 차지할 정도로 성장했다. 그러나 인구가 4억 명을 넘어서면서 토지 부족 문제가 심각해졌다.

⓮영국과 청의 위치 관계 ⓯⓰영국과 청의 무역 내용(1757년부터)

위험한 마약, 아편을 둘러싼 전쟁 발발
1800년~1840년 무렵 아편 전쟁

한편 영국에서는 중국의 차를 너도나도 마시며 크게 유행했고, 결국 청나라에 지급할 은이 바닥났어요. 그래도 청나라의 차를 수입해야 했던 영국은 이렇게 말했습니다.

영국

> 은 대신 아편이랑 차를 맞바꾸면 어때?

⓰**아편**은 위험한 마약이라서, 지금도 법으로 금지되어 있지요. 영국과 청나라의 차 무역은 아편을 주고 차를 받는 형태가 되었습니다. 그러자 청나라 국민들은 완전히 중독되어 버렸어요.

> 아편 없이는 못 살아!
> 정말 못 살아!

맛있게 아편을 피우는 청나라 국민

이제 **청나라가 은을 주고 영국에게 아편을 사 오는 형태⓱**가 되었습니다. 그랬더니 상황이 역전되어 청나라의 적자가 심각해졌어요.

⓰ 아편: 양귀비 열매를 짜낸 즙을 원료로 만든 마약. 중국에서는 오랫동안 진통제로 사용되어 왔으며, 17세기부터 담배처럼 흡입하는 방식이 중국 전역에 퍼졌다.

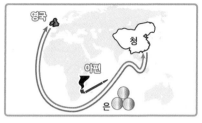

⑰영국과 청의 무역 내용(1780년경부터)　영국이 인도에 설치한 아편 창고

국민들이 아편에 중독되어 정신이 무너지고, 무역 적자로 맥을 못 추는 상황에 위기감을 느낀 청나라 정부가 ⑰아편 단속을 시작했습니다.

아편 가게에서 기분 좋게 누워 있는 청나라 사람　임칙서의 아편 단속

그러자 영국은 청나라를 향해 이렇게 말했습니다.

왜 네 맘대로 아편 단속을 하고 난리야!

이렇게 시작된 영국 vs 청나라의 전쟁이 ⑱아편 전쟁입니다.

영국은 먼 길을 부지런히 달려와서 전쟁⑱을 치러야 했지만, 그 대신 최첨단 무기를 사용했기 때문에 매우 강했습니다. 청나라는 영국에 완패해 배상금을 지불하게 되었고, 아편 무역도 계속하게 되었고, ⑲불평등 조약도 맺게 되었습니다.

---

⑰ 임칙서: 1785년~1850년. 청나라의 관료. 치수 사업에 뛰어난 재능을 발휘했다. 이후 아편 단속의 특명 대신으로 임명되었다. 약 1450톤의 아편을 불태우거나 물에 던져서 쓸모없게 만들었다고 한다. 아편 전쟁이 시작되자 책임을 지고 자리에서 물러났다. 한편 적국이었던 영국에게 '대단한 재능과 용기를 가진 사람'이라는 극찬을 받았다.

⑱ 아편 전쟁: 1840년~1842년. 영국에게 청나라가 패배한 전쟁. 영국 의회에서 전쟁 찬반 투표를 실시했는데 찬성 271표, 반대 262표로 출병이 결정되었다. 16척의 군함을 파견한 영국군은 청나라를 압도했다. 당시 황제였던 도광제도 깜짝 놀라 빠르게 항복했다.

영국 증기선의 공격에 날아가 버린 청나라 목조선

⑱청나라까지 먼 길을 달려온 영국

청나라는 굴욕적으로 프랑스와 미국과도 불리한 계약을 맺었습니다. 한때 초강대국으로 올라섰던 청나라는 외세의 공격에 맥없이 당하며 종이호랑이가 되고 말았습니다.

시험에 낙방한 남자가 중국을 지옥으로 만들다

1830년~1860년 무렵   태평천국의 난

이 무렵 청나라에 ⑳홍수전이 나타났습니다. 홍수전이 누구냐면, ㉑과거시험에 불합격한 충격으로 몸져누워 세상을 등지고 지내던 인물이었어요. 홍수전이 어느 날 꿈을 꾸더니 갑자기 이렇게 말했습니다.

나는 하나님의 아들이요, 예수의 동생이다

홍수전(1814년~1864년)

홍수전은 ㉒정체불명의 종교 단체를 조직했어요. 이 종교단체는 청나라 사회가 불안했던 탓인지 신도가 빠르게 늘어났지요. 기분이 좋아진 홍수전은 이렇게 말했습니다.

---

⑲ 난징 조약: 1842년. 아편 전쟁의 종식과 함께 영국과 청이 맺은 조약. 중국이 맺은 최초의 불평등 조약이다. 배상금 2100만 달러, 홍콩을 영국령으로 내어줄 것, 광저우와 상하이를 포함한 다섯 개 항구를 개방할 것, 영국인의 거주와 무역을 허용할 것 등의 내용을 담고 있다.

⑳ 홍수전: 1814년~1864년. 세 번째 과거 시험에 실패하고 열병에 걸려 자신이 '예수의 동생, 하느님의 차남'임을 깨달았다. 네 번째 과거 시험에 실패한 후에는 '배상제회'라는 종교단체를 만들어 많은 신도를 모았다. 말년에는 60여 명의 여성에게 시중을 들게 하는 등 욕망에 충실하게 살다가 신뢰를 잃었다.

㉑ 과거 시험 참조 ➡ P.214

㉒ 배상제회: 1843년에 설립되었다. 홍수전을 중심으로 한 종교 단체. '배'는 숭배, '상제'는 하느님을 의미한다. 뜻을 풀이하자면, '하느님을 숭배하는 모임'이다. 인구 증가로 궁핍해진 농민에게 인간 평등을 설파했다. 1850년에는 약 1만 명의 신도가 있었다. 이후 각지의 공자상이나 사당 등을 파괴하기 시작했다.

우리끼리 나라 한번 세워볼까!

홍수전

홍수전과 정체불명의 종교단체가 제멋대로 세운 나라가 태평천국입니다. 태평천국은 청나라에 대항해 반란을 일으킵니다. ㉓태평천국의 난으로 불리는 이 반란 때문에 **청나라는 대혼란을 겪게 됩니다⑲**.

⑲황폐해진 청나라에 반란 발생 /
태평천국의 난(1851년~1864년)

태평천국의 난의 모습

전쟁으로 흠씬 두들겨 맞은 '잠자는 사자'
1850년~1900년 무렵　　　　　　　　　　　　　열강의 중국 분할

반란이 한창 진행 중일 때 영국은 청나라를 향해 이렇게 말했습니다.

이봐, 청나라!
아무튼!
까불지 말라고!

이 정도 수준의 밑도 끝도 없는 개전 이유로 ㉔청나라는 또다시 억지로 영국과 전쟁을 벌이게 되었고, 처참하게 패배했습니다.

㉓ 태평천국의 난: 1851년~1864년. 홍수전이 '태평천국'이라는 국호를 정하고, 난징을 점령해 청나라에 저항한 일련의 반란이다. '멸만흥한(만주족을 물리치고 한족의 부흥을 꾀한다)'을 슬로건으로 내걸고 싸웠으나, 청나라 정부와 청나라에 협력한 서구 세력에게 패배했다. 상당히 진보적인 사상인 '남녀평등'과 '토지의 평등한 소유' 등도 이상으로 내세웠으나 내분으로 인해 쇠퇴했다.

결국 또 영국과 ㉕불평등 조약을 맺게 되었고, 어찌 된 일인지 ㉖러시아와도 불평등 조약을 맺게 되었어요.

그렇게 청나라가 만신창이가 되어가는 동안, 반대로 점점 강대국이 되어가는 나라가 있었습니다. 바로 ㉗일본이었어요. 일본은 이렇게 말했습니다.

청나라야, 한 판 붙자

일본, 이토 히로부미(1841년~1909년)

이렇게 일어난 전쟁이 ㉘청일전쟁입니다⑳. 이 전쟁에서 청나라는 일본에 완패했고, 또 ㉙불평등 조약을 맺게 됩니다.

⑳청일전쟁(1894년~1895년)

한반도를 둘러싸고 일본과 중국이 대립하는 모습. 배경에는 어부지리를 노리는 러시아가 그려져 있다

무적 전법으로 나라를 구하려는 단체
1900년 무렵   의화단 사건

몰락의 길을 걷고 있던 청나라에서 외국의 간섭에 반기를 들고 일어난 무술집단이 등장했어요. 이 단체의 이름은 ㉚의화단입니다. 의화단은 이렇게 말했습니다.

㉔ 애로호 전쟁(제2차 아편 전쟁): 1856년. 애로호에 타고 있던 중국 해적을 체포하고, 게양되어 있던 영국 국기를 내린 일을 트집 잡아서 영국이 '국기를 훼손했다'라고 시비를 걸었다. 영국은 프랑스와 연합해 무력을 동원해 약탈을 자행한 끝에 청나라를 굴복시켰다.

㉕ 톈진 조약: 1858년. 애로호 전쟁의 강화 조약. 배상금 지급, 기독교 포교, 외국 공사의 베이징 주재 등을 명문화했다. 조약을 비준할 때 청나라 측이 영국과 프랑스의 사절단을 포격해 협상이 틀어졌다.

㉖ 베이징 조약: 1860년. 사절단이 포격을 당한 것을 핑계로 영국과 프랑스가 한층 더 불평등한 내용을 강요한 조약이다. 조약을 중개했을 뿐인 러시아도 중국 연안 지역을 손에 넣었다.

우리의 무적 권법으로
외국 놈들을 박살 내주겠어

무술집단, 의화단 사람들

의화단이라는 무술집단이 반란을 일으켰어요. 이것이 ㉛ 의화단 사건입니다. 의화단은 권법을 구사했는데, 외세 열강들은 신식 무기로 무장했기 때문에 빠르게 반란을 진압했어요. 그리고 이런 말도 안 되는 반란을 일으켰다는 이유로 청나라에 막대한 배상금을 청구했습니다.

청나라 멸망과 중국 2000여 년 전통의 종말
1910년 무렵   청나라의 멸망

아편전쟁, 태평천국의 난, 청일전쟁, 의화단 사건이라는 끔찍한 사건이 네 번이나 연달아 일어나면서 청나라는 힘을 잃고 풍전등화의 운명에 놓였습니다. 이때 ㉜ 쑨원이 등장했습니다. 쑨원은 이렇게 말했습니다.

더 이상 중국의 전통적인 방식으로는
서구열강을 이길 수 없다,
청나라를 무너뜨리고 새로운 나라를 세우자

쑨원(1866년~1925년)

쑨원의 의지로 일어난 반란이 바로 ㉝ 신해혁명입니다. 신해혁명으로 인해 약소국으로 전

㉗ 일본 참조 ➡ P.343
㉘ 청일전쟁 참조 ➡ P.347
㉙ 시모노세키 조약: 1895년. 청일전쟁의 강화조약. 국가 수입의 약 3배에 달하는 배상금, 대만 양도, 조선의 독립 등을 인정했다. 막대한 배상금을 지불하기 위해 청나라는 서구 국가에 빚을 지는 대신 중국 각지를 반영구적으로 빌려주는 계약을 맺게 되었고, 이로 인해 청나라는 더욱 쇠퇴했다.
㉚ 의화단: 신력이 깃든다는 의화권법을 믿는 사람들. 각지에서 외국인이나 중국인 기독교 신자를 습격했다. 사실은 일찍이 홍건적의 난을 일으킨 종교의 맥을 잇고 있다. 참조 ➡ P.233
㉛ 의화단 사건: 1900년~1901년. 의화단이 중심이 되어 일어난 외세 배척 운동. 청나라 정부도 이들을 지지했다. '부청멸양(청 왕조를 도와 서양을 물리친다)'이라는 구호를 내세우며 교회와 외교관을 공격했다. 의화단은 베이징에서 대사관 같은 곳을 포위했지만, 여러 나라가 출병해서 진압했다. 이후 청나라는 거의 식민지 상태에 놓인다.
㉜ 쑨원 참조 ➡ P.258
㉝ 신해혁명 참조 ➡ P.259

락한 청나라는 멸망했습니다. 그리고 중국은 이 혁명을 통해서 지금까지의 방식으로는 세계 무대에서 경쟁력을 갖출 수 없다고 깨닫고, 오랜 전통인 '황제가 나라를 통치하는 체제'를 버리게 됩니다.

이때 청나라의 마지막 황제이자, 중국 역사상 최후의 황제였던 사람이 ㉞**푸이**입니다. 영화로도 제작되어 널리 알려진 마지막 황제이지요.

신해혁명(1911년~1912년) 모습

중국의 마지막 황제 푸이
(1906년~1967년)

최초의 황제인 진시황제로부터 2000년 이상 전통으로 이어진 중국의 '황제' 칭호는 푸이를 마지막으로 끝이 났습니다. 그리고 청나라의 약 300년에 걸친 역사도 여기서 마침표를 찍었습니다.

쑨원 일당이 종결시킨 청나라의 황궁 /
자금성

아편 중독이 심했던 푸이의 아내 /
완룽

㉞ 푸이: 1906년~1967년. 청나라, 그리고 중국 역사상 마지막 황제. 일본과 인연이 깊어서 최후의 만찬으로 '치킨 라멘을 주시오'라고 말했다는 일화도 있다.

중국 편

제11화

제11화

04:12

⏮ ▶ ⏭

초등학생도 이해할 수 있는

중화민국

세계열강들과 어깨를 나란히 하는 강국이 되자

1910년 무렵 　　　　　　　　　　　　　　　　　　　　　중화민국의 성립

시대는 1900년경, 장소는 중국입니다. 당시 중국은 ①청나라가 온 나라를 통치하고 있었습니다■. 청나라는 한때 엄청난 영토를 가진 초강대국이었지만, 어느 순간부터 고도의 기술을 갖춘 서양 국가와 일본의 침략을 받았습니다. 기술적으로 크게 뒤처져 있던 청나라는 꼼짝없이 당했고, 국내에서 반란까지 일어나서 더욱 약해졌습니다.

그렇게 청나라의 국력이 점점 사그라지던 시기에 ②쑨원이 등장했습니다. 쑨원은 이렇게 말했습니다.

> 이제 중국의 전통 방식으로는
> 해외 강대국을 이길 수 없어,
> 청나라는 버리고 새로운 나라를 세우자

쑨원(1866년~1925년)

쑨원의 의지를 따라 일어난 반란이 ③신해혁명입니다. 이미 휘청휘청 흔들리는 약소국이 되어버린 청나라는 풀썩 무너지고 말았습니다. 그리고 쑨원이 최고 권력자가 되어 중국에 세운 나라는 ④중화민국입니다②. 쑨원은 이렇게 말했습니다.

> 외국의 강대국을 참고해
> 최신 정치 시스템을 갖춘 나라를 만들자

쑨원

---

① 청나라 참조 → P.246
② 쑨원: 1866년~1925년. 중국의 혁명가. 13세에 하와이로 이주, 이후 홍콩에서 근대 의학을 공부하고 중국인 최초의 의학 박사가 되었다. 혁명을 일으키면서 일본으로 망명한 경험도 있고, 나카야마 기코리라는 이름으로 활동한 적도 있다. 이때 일본의 이누카이 쓰요시와 같은 정치가들의 지원을 받았다. 1911년 신해혁명이 성공한 후 위안스카이를 피해 일본으로 건너가 쑹칭링과 결혼했다. 결혼식 장소는 훗날 쑨원의 일본에서의 혁명 활동을 물심양면으로 후원한 우메야 쇼키치의 집이었다. 도쿄 진보초의 '한양루'에서는 지금도 쑨원이 즐겨 먹었던 죽을 제공하고 있다.

청나라는 2000여 년 전부터 이어진 중국의 전통 방식으로 나라를 다스렸는데, 쑨원은 그 방식으로는 최신식 정치 시스템을 갖춘 해외 국가들을 이길 수 없다고 생각했습니다. 그래서 중국을 다시 세계적인 초강대국으로 만드는 것을 목표로 삼고 노력했어요.

■1 중국의 세력 지도(1890년)

■2 중국의 세력 지도(1912년)

중화민국의 이상을 버린 독재자
1910년~1920년 무렵
위안스카이의 권력 탈취

쑨원이 열심히 노력하는 사이에 ⑤위안스카이가 나타났습니다. 위안스카이는 막강한 권력을 쥐고 있던 청나라 군인이었어요. 청나라가 멸망한 후에는 군사력을 포함한 대부분의 권력이 고스란히 위안스카이 손에 들어갔습니다. 위안스카이는 무소불위의 힘을 과시하며 쑨원에게 이렇게 말했습니다.

중화민국은 내 거야

중화민국, 위안스카이(1859년~1916년)

③ 신해혁명: 1911년~1912년. 1911년의 간지가 '신해'였기 때문에 붙여진 이름이다. 재정난에 빠진 청나라 정부는 민영 철도를 국유화하고, 이를 담보로 외국에서 자금을 빌리려고 했다. 이에 민중들이 반대운동을 일으켰고, 진압하러 간 군대까지 청나라를 배신하면서 대폭동으로 발전했다. 이 영향으로 중국의 거의 모든 성(省)이 잇따라 독립을 선언했다. 각 성의 대표가 모여 중화민국을 건국하고 임시 대총통으로 쑨원이 취임했다. 이후 쑨원과 청 왕조의 총리대신이었던 위안스카이 사이에 협상이 이루어지며 선통제가 퇴위했고, 청나라는 멸망했다. 위안스카이는 그 대가로 중화민국의 수장 자리에 앉았다.
④ 중화민국: 1912년 1월 1일 건국. 신해혁명으로 독립한 지방정부의 대표들이 만든 아시아 최초의 공화국. 좀처럼 하나로 뭉치지 못하다가, 1928년에 장제스가 중국을 통일했다. 제2차 세계대전 후 중화인민공화국이 성립되자 대만으로 거점을 옮겼다.

그러자 쑨원은 이렇게 대답했습니다.

어, 아니, 저, 그러니까, 음, 그... 그래, 다 가져

쑨원

쑨원은 중화민국의 최고 권력자 자리를 위안스카이에게 빼앗기고, 일본으로 도망쳐야 했어요. 쑨원이 꿈꾸었던 이상도 위안스카이에게 가로막혀 물거품이 되고 말았지요. 이후 반발 세력이 2차 혁명을 일으키기도 했지만, 위안스카이가 무력을 사용해서 손쉽게 제압해 버렸습니다.

한편, 세계적으로는 ⑥제1차 세계대전이 발생했어요. 하지만 중국에는 큰 영향이 없었습니다. 이후 권력에 도취된 위안스카이는 이렇게 말했습니다.

에헴! 오늘부터 내가 중국의 황제다

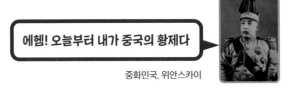

중화민국, 위안스카이

위안스카이는 스스로 황제를 자처하며 중화민국을 ⑦중화 제국이라는 새로운 나라로 바꾸었어요. 권력에 눈이 먼 위안스카이의 만행이 계속되자 국민들은 등을 돌렸고, 또다시 반란이 일어났습니다. 성난 민심을 거스를 방법이 없다고 판단한 위안스카이는 모든 것을 급히 철회했습니다.

이후 위안스카이는 이 사태에 충격을 받았는지 얼마 지나지 않아 병사해 버렸습니다. 서로 치고받으며 엉망진창이 된 중화민국은 위안스카이가 죽자 더 망가졌습니다.

⑤ 위안스카이: 1859년~1916년. 청나라의 군인, 정치가. 청일전쟁에서 패배한 청나라를 개혁하고 실력을 쌓아 총리대신 자리까지 올랐다. 신해혁명 당시 일곱 살이었던 푸이를 대신해서 중화민국 정부와 협상을 진행했다. 혁명 세력이 아닌 다른 힘을 빌려 중국을 통합하려는 쑨원에게서 몇 가지 약속과 함께 중화민국의 실권을 넘겨받는다. 야망에 불타던 위안스카이는 쑨원과의 약속을 무시하고 독재 체제를 구축했다.
⑥ 제1차 세계대전 **참조 → P.097**
⑦ 중화제국: 1915년~1916년. 약 83일간 존재했던 아주 짧은 정권. 평소 '황제가 되고 싶다'고 공언했던 위안스카이의 꿈이 잠시나마 이루어졌다. 그러나 민중뿐만 아니라 부하들과 해외에서도 황제 취임에 대한 반응이 좋지 않아서 곧 취소했다.

다시 한번 이상적인 중화민국 건설을 꿈꾸다

1920년 ~ 1925년 무렵

장제스와 국민당

⑧청나라 시대의 전국 각지에는 권력을 지닌 군인들이 있었어요. 이들이 제멋대로 독립해 **크고 작은 군벌을 이루었습니다3**. 그리고 수많은 군벌이 무수하게 분쟁을 벌였기 때문에 중화민국의 내부는 매우 어지러워졌습니다.

권력을 가진 군인들 / 군벌

3군벌의 부흥(1916년경)

위안스카이가 죽은 후, 쑨원은 중국으로 돌아왔습니다. 쑨원은 군벌 세력을 물리치고 **중화민국을 다시 하나로 통합하기 위해 노력했지만4**, 그 과정에서 병사하고 말았습니다.

4중국의 세력 지도(1917년경)

(1918년경)

이후 쑨원의 유지를 받들어 완주할 인물로 ⑨장제스가 등장했어요. 장제스는 이렇게 말했습니다.

---

⑧ 군벌: 1916년~1928년. 무력을 배경으로 지방 행정권을 획득한 무장 집단. 청나라 군대가 약화되자, 지역 방어를 위해 곳곳에 무장단체가 결성되었다. 그중 최대 세력은 위안스카이의 북양군벌이었지만, 위안스카이가 사망한 후에 분열되었다. 주도권을 둘러싸고 다른 군벌들도 서로 싸움을 벌였다.

⑨ 장제스: 1887년~1975년. 일본 유학 후 군인이 되었다. 이후 군사학교 교장을 거쳐 중국 국민당군 총사령관으로 취임했다. 쑨원과는 동서지간이었다. 중일전쟁 승리 연설에서 일본에 대해 '이덕보원(은혜로 원한을 갚는다)'이라고 발언하며 배상금을 포기했다. 패전 후 폐허가 된 일본에 대해 매우 관대한 태도를 보였다.

261

중국

중화민국

내가 쑨원 선생님의 뜻을 이어받아
중국을 다시 하나로 만들겠다

중화민국, 장제스(1887년~1975년)

쑨원의 뜻을 계승한 장제스는 군인 세력을 몰아내기로 **5** 했습니다. 장제스는 군벌 세력을 하나둘 제압해 나갔고, 혼란에 빠져 있던 **중국을 통일하는 데 성공했어요 6**.

그렇게 장제스가 이끄는 ⑩ 쑨원 세력이 중화민국을 통치하는 그림이 완성되었습니다.

5 군벌과의 전쟁(1926년~1928년)

6 중국의 세력 지도(1930년경)

모두가 평등하게 행복할 수 있는 파라다이스를 만들자
1925년~1930년대 무렵   마오쩌둥과 공산당

당시 중국에서는 장제스가 이끄는 쑨원 그룹과 별개의 세력이 힘을 키우고 있었습니다. 그 세력을 이끄는 지도자적인 존재가 ⑪ 마오쩌둥이었어요. 마오쩌둥은 이렇게 말했습니다.

모든 국민이 평등한,
천국 같은 나라를 만들자

낙원을 꿈꾸는 세력, 마오쩌둥(1893년~1976년)

---

⑩ 중국 국민당: 1919년 결성. 쑨원을 지도자로 추대하며 신해혁명을 일으킨 사람들이 모였다. 제2차 세계대전 후 중국 공산당에 패배하고 대만으로 이주했다. 장제스 시대에는 독재 체제를 유지했으나, 1980년대부터 점차 민주화되었다. 2000년에는 야당에 패배해 정권교체도 이루어졌다.

언뜻 듣기에 의미가 불분명한 말이지만, 요컨대 ⑫모든 사업을 국가가 운영해 모든 국민이 모두 같은 노동을 하고, 모두 똑같은 보수를 받아서, 모두가 평등하게 행복할 수 있는 낙원 같은 국가를 만들자는 생각입니다.

알쏭달쏭한 이 사상은 사실 유럽에서 탄생했어요. 이후 **러시아는 낙원을 꿈꾸는 세력이 전국을 완전히 지배하게 됩니다[7]**.

뜬구름 잡는 것 같이 보이는 이론임에도 불구하고, 거대한 국가를 통째로 집어삼킬 만큼 굳건한 지지를 받았던 사상이었지요. 그리고 ⑬중국의 낙원을 꿈꾸는 세력을 이끄는 지도자가 바로 마오쩌둥이었던 거예요. 그래서 마오쩌둥의 세력은 러시아의 지원을 받을 수 있었고, 중국에서도 목소리를 낼 수 있을 만큼 힘을 갖추게 되었습니다.

[7]러시아를 차지한 '낙원을 꿈꾸는 세력' / 소비에트 연방(1922년~1991년)

중국의 '낙원을 꿈꾸는 세력' / 중국 공산당

쑨원 세력 vs 낙원을 꿈꾸는 세력의 전투
1930년~1935년 무렵   제1차 국공 내전

중화민국에서 압도적인 힘을 발휘하던 쑨원 세력의 대표 장제스는 이렇게 말했습니다.

---

⑪ 마오쩌둥: 1893년~1976년. 중국 공산당의 지도자로 중화인민공화국을 세운 인물. 중학교 시절부터 신해혁명에 참가하는 등 뿌리 깊은 혁명가였다. 사범학교 졸업 후 공산주의에 심취하기 시작했다. 이후 국민당과의 전투에서 패배하고 대장정으로 도망치는 동안 '지금까지의 당 정책이 잘못되었다'고 연설해, 중국 공산당에서 확고한 입지를 구축했다. 이후 국민당을 몰아내고 중화인민공화국을 설립했다. 마오쩌둥은 위생 관념이 희미해서 입고 있는 옷도 너덜너덜하고, 양치질도 거의 하지 않았다고 한다. 또한 수영을 매우 잘했다고 하는데, 자신의 건강을 과시하기 위해 73세의 고령에도 불구하고 양쯔강에서 수영을 했다고 한다.
⑫ 공산주의 참조 → P.104
⑬ 중국 공산당 참조 → P.272

헛소리하는 놈들 죄다 없애버리자

중화민국, 장제스

장제스는 낙원을 꿈꾸는 세력을 무너뜨리기로 결심했습니다. 쑨원 세력의 장제스 vs 낙원을 꿈꾸는 세력의 마오쩌둥이 맞붙은 ⑭전투가 시작된 거예요⑧

⑧쑨원 세력과 낙원을 꿈꾸는 세력이 전쟁 시작 /
제1차 국공내전(1927년~1937년)

쑨원 세력이 낙원을 꿈꾸는 세력을 무너뜨린 사건 /
상하이 쿠데타(1927년)

병력은 낙원을 꿈꾸는 세력보다 장제스 쪽이 압도적으로 많았습니다. 마오쩌둥에게는 10만 명 정도의 병력이 있었어요. 장제스는 이를 무찌르기 위해 일단 비슷한 병력으로 부딪혔습니다. 하지만 마오쩌둥 측의 노련한 전술에 걸려들어 대패하고 말았습니다. 장제스는 병력을 더욱 늘려서 공격을 퍼부었지만, 이상할 정도로 강했던 낙원을 꿈꾸는 세력이 모두 물리쳤어요. 전쟁에 지친 장제스는 이렇게 말했습니다.

100만 명으로 공격해보자

중화민국, 장제스

---

⑭ 제1차 국공내전: 1927년~1937년. 중국 공산당과 소련과 협력하면서 군벌에 대항하던 중국 국민당이 정책을 전환했다. 중국 공산당의 세력 확장을 우려한 장제스는 군대를 동원해 공산당을 탄압하는 '상하이 쿠데타'를 일으켰다. 이로 인해 중국 공산당도 중국 국민당과의 협력 노선을 포기하고 루이진을 거점으로 삼아 게릴라식 전투를 벌였다. 중국 국민당의 장제스는 일본과의 전쟁보다 중국 공산당과의 내전에 집중했는데, 이는 만주사변이 확대되는 원인이 되기도 했다.

장제스는 마오쩌둥의 10만 명 규모의 병력을 타도하기 위해 100만 명의 병력으로 공격했습니다. 이번에는 마오쩌둥이 견디지 못하고 패배했습니다.

살아남은 마오쩌둥군은 가까스로 몸을 피해 1만 2500km 정도에 이르는 거리를 걸어서 도망쳤습니다. **마오쩌둥군이 장제스군에게 패배해[9] 엄청난 거리를 걸어서 도망친[10]** 사건을 ⑮대장정이라고 합니다. 거듭된 전투와 대장정으로 인해 10만 명에 달하던 마오쩌둥의 세력은 수천 명으로 줄어들었습니다.

[9] 낙원을 꿈꾸는 세력이 쑨원에게 패배(1934년)

[10] 1만 2500km(지구 한 바퀴의 약 30%)를 걸어서 도망치다 / 대장정(1934년~1936년)

대장정 중인 고위 간부들

대장정 중인 일반 병사들

---

⑮ 대장정: 1934년~1936년. 중국 공산당의 거점인 루이진을 포기하고 북부의 옌안까지 걸어서 이동한 사건. 군사적으로 열세라서 중국 국민당을 이길 수 없다고 판단했고, 만주와 가까운 곳을 거점으로 삼고 싶었기 때문에 북쪽으로 향할 필요가 있었다고 한다. 약 1만 2500km에 이르는 험난한 여정 속에서 여러 어려움을 함께 극복하며 중국 공산당의 결속력은 단단해졌고, 그들을 이끈 마오쩌둥은 권력을 쥐게 될 것이 거의 확실시되었다. 대장정 과정에서 소련에 순종적인 간부들이 실각하면서, 중국 공산당은 소련과 다른 독자적인 노선을 걷기 시작했다.

⑯ 일본 참조 → P.343

기회를 엿보던 일본에 영토를 빼앗기다
1931년~1936년 무렵
만주사변

중국이 내부 권력 다툼을 벌이고 있을 때, 나라 밖에서는 무서운 외적이 호시탐탐 기회를 노리며 중국을 주시하고 있었습니다. 바로 ⑯ 일본이었지요. 일본은 이렇게 말했습니다.

전쟁하고 싶어요,
전쟁이 최고예요,
중국으로 쳐들어갑시다

중국 정벌 작전을 생각하는 일본인

이렇게 일본은 중국을 공격했습니다. **이 사건이** ⑰ **만주사변입니다⑪**. 만주사변으로 인해 중국은 이 지역을 일본에 빼앗기고 말았습니다⑫.

⑪ 만주사변(1931년)

⑫ 일본에 만주를 빼앗기다(1932년)

만주를 침공하는 일본군

만주국 건국 의식

---

⑰ 만주사변: 1931년~1933년. 중국 동북부를 차지하려고 일본의 담당 부대(관동군)가 철도 선로를 폭파했다. 그리고 이 사건을 중국의 소행으로 트집 잡아 군사행동을 개시했다. 당초 일본 정부는 국제조약에 따라 '더 이상 문제가 커지는 것을 원치 않는다'는 방침을 결정했다. 그러나 군부는 이 방침을 무시했고, 오히려 일본 정부가 퇴진하는 사태가 벌어졌다. 결과적으로 관동군은 불과 반년 만에 만주 전역을 손에 넣었다. 이후 관동군은 청나라의 마지막 황제인 푸이를 데려와 만주국을 건국했다. 참고로 만주국에는 헌법도 주민등록도 없었기 때문에 세금을 징수할 수 없었고, 아편 밀매를 통한 수익이 국가 운영의 근간이 되었다.

해외에서 밀려드는 공격에 당해서 위험천만한 상황에 놓이자, 장제스는 이렇게 말했습니다.

일본이 쳐들어오는데,
집안 싸움할 때가 아니다

중화민국 장제스

⑱장제스가 이끄는 쑨원 세력과 마오쩌둥이 이끄는 낙원을 꿈꾸는 세력은 협력하기로 했습니다. 이로써 병력이 수천 명으로 줄어들어서 위기일발이었던 마오쩌둥의 세력은 간신히 살아남을 수 있었습니다.

중화민국은 내부 전투를 중단하고, 일본과 싸우기 위해 전열을 급히 가다듬었습니다.

마침내 중일전쟁이 발발하다
1937년~1945년 무렵   중일 전쟁

그 후 일본은 이렇게 말했습니다.

충분히 전쟁을 못 했어!
또 중국으로 쳐들어가 볼까!

일본, 고노에 후미마로(1891년~1945년)

이렇게 **일본과 중국 사이에 일어난 전쟁이** ⑲ 중일전쟁**입니다**⑬.

---

⑱ 국공합작: 1937년~1945년. 엄밀히 말하면 제2차 국공합작이라고 할 수 있다. 일본의 침략 행위에 대응하기 위해 결성된 중국 국민당과 중국 공산당의 우호적인 체제. 일본군에 의해 아버지가 폭사당한 장쉐량이 '오직 중국 공산당과의 전투에만 집착'하는 장제스를 납치해 감금했다. 그 상태에서 저우언라이(중국 공산당의 2인자)와 담판을 짓게 해 '최우선으로 일본 격퇴를 위해 협력한다'라는 약속을 받아냈다. 이를 시안사변이라고 한다. 이 사건은 중국 내에서 일어나던 내란이 진정되는 계기가 되었다. 또한 중국이 미국과 소련으로부터 무기를 비롯한 군사적 지원도 받게 되면서, 중일전쟁은 큰 전환점을 맞이하게 되었다.

만주에서 군사훈련을 받는 여성들

중국에서 포로로 잡힌 일본군

중국과 일본은 또다시 전쟁을 벌였고, 서방 세계는 ⑳제2차 세계대전으로 돌입합니다. 이번에는 전 세계가 휘말리는 전쟁이 일어났어요. 이 전쟁의 결과 **일본은 완전한 패배를 인정하며 무릎을 꿇었습니다⓮**. 일본은 이렇게 말했습니다.

더 이상 전쟁을 하지 않겠습니다

일본, 스즈키 간타로(1867년~1948년)

⓭중일전쟁 발발(1937년)

⓮중국의 승리. 일본은 중국에서 철수(1945년)

일본은 완전한 전쟁 포기를 선언했습니다.

---

⑲ 중일전쟁: 1937년~1945년. 의화단 사건 이후 베이징 근처에 주둔하고 있던 일본군이 국민혁명군과 격돌하는 루거우차오 사건이 발생한다. 이때부터 일본과 중화민국 양측이 본격적으로 격돌하는 중일전쟁이 시작된다. 중국 공산당군도 국민혁명군에 편입되는 형태로 힘을 보탰다. 일본군은 수도 난징을 제압했지만, 중국 정부는 결사 항전을 펼쳤다. 전쟁은 장기전이 되었고, 일본군은 국제적으로 고립되면서 자원이 고갈되기 시작했다. 이 전쟁에서 인기를 얻은 '일본을 물리치자'라는 내용의 군가 '의용군 행진곡'은 오늘날 중화인민공화국의 국가다.

⑳ 제2차 세계대전 참조 → P.110

쑨원 세력 vs 낙원을 꿈꾸는 세력의 두 번째 전투
1945년~1950년 무렵　　　　　　　　　제2차·국공 내전

중국이 일본으로부터 공격당할 위험이 사라지자, 장제스는 이렇게 말했습니다.

> 마오쩌둥을 때려눕힐 때인가?

중화민국, 장제스

㉑ 서로 힘을 보태던 장제스와 마오쩌둥은 또다시 전투를 벌이게 되었습니다. 과거 두 세력이 충돌한 전투에서는 마오쩌둥의 병력이 압도적으로 적었기 때문에 괴멸될 뻔했지요.

하지만 두 번째 전투가 벌어졌을 때는 장제스의 세력이 일본과 싸우며 전력을 많이 잃은 상태였어요. 반대로 마오쩌둥 측은 **이미 낙원을 꿈꾸는 세력이 완전히 장악한 러시아로부터 많은 지원을 받을 수 있었습니다⑮**. 그래서 이 두 세력의 힘이 호각이라 할 만큼 비슷해졌습니다.

⑮ 러시아 측 낙원을 꿈꾸는 세력의 많은 지원

베이징을 점령한
낙원을 꿈꾸는 세력(인민해방군)의 모습

그리고 드디어 이 두 세력의 최종 결전이 벌어졌습니다.

㉑ 제2차 국공내전: 1946년~1949년. 중일전쟁 승리 후 주도권을 놓고 중국 국민당과 중국 공산당이 다시 한번 전면전을 벌였다. 중국 국민당은 약 430만 명의 병력과 최신 무기를 보유한 상태였다. 반면 중국 공산당은 약 120만 명의 병력과 약한 무기만 갖추고 있었다. 그러나 국민당이 정치적으로 잘못을 저지르고 '태도가 나쁘다'는 악명을 얻으면서 국민의 지지를 잃고 전세가 역전되었다. 공산당군은 민중의 편이라는 점을 강조하기 위해 이름을 '인민해방군'으로 바꾸고 국민당군을 압박해 남쪽으로 몰아붙였다. 중국 공산당이 베이징을 제압하자, 마오쩌둥이 텐안먼(천안문) 위에 올라 '중화인민공화국'의 수립을 선언했다.

제1차 내전에서도 그랬던 것처럼, 마오쩌둥의 군대는 교묘한 전술을 사용해서 장제스의 군대를 무찔렀습니다. 장제스 진영은 더욱 궁지에 몰리게 되었고 점차 병력이 줄어들어 **궤멸될 위기에 처했지만[16]**, 겨우 목숨을 부지해 ㉒대만으로 탈출했습니다[17].

장제스 세력이 대만으로 도망치는 바람에 중화민국의 영토는 대만만 남게 되었습니다.

중국의 세력 지도(1945년)

[16](1947년)

[17](1949년)

한때 중국 전역을 손에 넣었던 장제스 세력의 중화민국은 멸망은 피했지만, 중국 영토를 잃으면서 중국 지배의 역사도 끝내야 했어요. 대만은 지금도 쑨원을 시조로 여기고, 장제스가 노력해 일구어낸 중화민국으로 존재하고 있습니다.

대만으로 도망치는 장제스 세력

대만 정부

대만만 남은 중화민국의 역사는 이후에도 계속 이어지고 있지만, 지금은 중국 역사를 다루고 있으니 이쯤에서 이야기를 마무리하겠습니다.

㉒ 대만(타이완): 원래 중국에서 '동번'이라 불리던 곳으로 원주민이 살고 있었다. 17세기에는 네덜란드와 스페인이 점령했다. 그 후 명나라가 멸망하자 잔존 세력이 힘을 합쳐 네덜란드를 격퇴하고 대만을 거점으로 청나라에 항전을 펼쳤으나, 약 20년 후 청나라의 일부로 편입되었다. 청일전쟁 이후부터 제2차 세계대전 종전까지는 일본령이었다가, 1949년 공산당에게 쫓겨난 국민당의 장제스가 중화민국 정부를 대만으로 옮기고 타이베이를 '임시 수도'로 삼았다. 참고로 중화인민공화국은 대만은 어디까지나 중국의 일부인 '대만성'이라는 입장이다. 양국의 엇갈린 주장은 대만 문제로 뚜렷하게 드러나고 있다.

중국 편

제12화

제12화
04:12

◀ ▶ ▶▶

초등학생도 이해할 수 있는

중화인민공화국

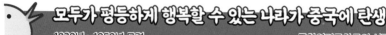

모두가 평등하게 행복할 수 있는 나라가 중국에 탄생
1930년 ~ 1950년 무렵
중화인민공화국의 성립

시대는 1930년경, 장소는 중국입니다. 당시 중국은 ① 중화민국이 통치하고 있었습니다. 중화민국은 서구 열강의 간섭을 받기도 하고, 내부적으로 권력 투쟁과 전란이 일어나면서 시종일관 어수선했지만, 어떻게든 하나의 국가로 유지되었습니다.

그런 중화민국 안에 어떤 세력이 조금씩 자라났어요. 이 세력의 리더가 ② 마오쩌둥입니다. 마오쩌둥은 이렇게 말했습니다.

> 모든 국민이 평등한
> 천국 같은 나라를 만들자

낙원을 꿈꾸는 세력, 마오쩌둥(1893년 ~ 1976년)

구체적인 이미지를 떠올리기 힘든 말이지만, 정리해 보면 ③ 모든 사업을 국가가 운영해 모든 국민이 모두 같은 노동을 하고, 모두 똑같은 보수를 받고, 모두가 평등하게 행복할 수 있는 파라다이스와 같은 국가를 만들자는 생각이었어요.

의미가 모호한 부분이 있는 사상인데, 사실 발상지는 유럽이에요. 이후 이 사상은 러시아를 통째로 뒤덮었고, 확인된 적이 없는 이론임에도 불구하고 거대한 나라를 통합하고 지배할 정도로 지지를 받았습니다.

그리고 ④ 중국에서 이 낙원을 꿈꾸는 그룹의 리더격인 존재가 바로 마오쩌둥입니다. 그래서 마오쩌둥의 세력은 러시아로부터 지원을 받을 수 있었고, 중국 안에서 어느 정도 기반을 마련할 수 있었습니다.

하지만 당시 중화민국에서 절대적인 권력을 휘두르고 있던 최고 권력자의 눈 밖에 나면서 공격을 받습니다.

---

① 중화민국 `참조 → P.259`
② 마오쩌둥 `참조 → P.263`
③ 공산주의 `참조 → P.104`
④ 중국 공산당: 1921년~현재. 중국의 정당. 초기에는 노동자와 농민 운동을 전개했으나, 이후 중국 국민당과 손을 잡고 중일전쟁에서 공동투쟁을 벌였다. 중국 국민당을 대만으로 쫓아내고, 일당 독재체제를 확립했다. 2016년 기준 약 9000만 명의 당원이 소속되어 있으며, 5년에 한 번 열리는 '전국대표대회'에서 당의 기본 방침과 정치 방향을 좌우하는 중앙위원회 위원을 결정한다.

⑤최고 권력자 세력과 마오쩌둥 세력의 전투는 처음에는 최고 권력자의 군대가 마오쩌둥 군대를 압도적인 힘으로 소탕해서 궤멸 직전까지 몰고 갔어요. 하지만 어떻게든 간신히 살아남는 데 성공했습니다.

그 후, 마오쩌둥의 낙원을 꿈꾸는 세력은 러시아의 도움을 받아 전력을 보충하고, 만반의 준비를 갖춘 뒤 중화민국 최고 권력자의 군대와 ⑥두 번째 전투를 벌였습니다. 이번에는 마오쩌둥이 영리한 전략으로 최고 권력자가 이끄는 중화민국을 점점 궁지에 몰아넣었고, ⑦대만으로 쫓아버리는 것까지 성공했습니다.

한 줌에 불과했던 마오쩌둥과 '낙원을 꿈꾸는' 세력이 중화민국을 몰아내고 **중국 전역을 차지했어요**❶. 마오쩌둥이 이끄는 세력이 **중국에 세운 나라가 바로** ⑧**중화인민공화국입니다**❷.

❶❷중국의 세력 지도(1950년)

중화인민공화국 건국을 선언하는
마오쩌둥의 모습

한방에 중국을 부강한 나라로 만들자
1950년~1960년 무렵
대약진 정책

낙원을 꿈꾸는 세력은 중국 전 지역을 손에 넣었지만, 이 시점에서는 아직 반대 세력이 많이 존재했어요. 그래서 마오쩌둥은 우선 반기를 든 세력을 때려잡는 활동을 시작했고, 수백만 명을 체포했습니다. 그리고 이렇게 말했습니다.

⑤ 제1차 국공내전 참조➡P.264
⑥ 제2차 국공내전 참조➡P.269
⑦ 대만 참조➡P.270
⑧ 중화인민공화국: 1949년~현재. 중국 공산당이 중국을 통일해 만든 국가. 베이징이 수도이며, 주요 민족인 한족과 55개 소수민족으로 구성된다. 인구는 약 14억 2000만 명으로 세계 2위(2023년) 규모다. 경제도 세계 2위의 GDP를 자랑한다. 최근에는 '중국의 꿈'이라는 슬로건을 내걸고, 2049년을 목표로 과거 중국의 영광을 되찾으려는 움직임도 있다.

⑨언론의 자유는 중요하지요,
국민 여러분 우리를 마음껏 비판해봐요

낙원을 꿈꾸는 세력, 마오쩌둥

무슨 생각인지 갑자기 태도를 바꾸어 열린 태도를 보였어요.

처음에는 다들 겁을 먹고 쉽게 비판하지 못했어요. 하지만 아무래도 많은 사람이 낙원을 꿈꾸는 세력에 불만을 품었는지, 서서히 볼멘소리가 쏟아져 나왔습니다. 비판의 목소리는 점차 시간이 갈수록 더욱 커졌고, 결국 중국 전체가 낙원을 꿈꾸는 세력에 대한 비판으로 가득 차게 되었습니다. 그러자 마오쩌둥은 이렇게 말했습니다.

우리를 신나게 비판한 놈들
모두 체포 당첨~

낙원을 꿈꾸는 세력, 마오쩌둥

이렇게 해서 낙원을 꿈꾸는 세력을 비판한 수십만 명의 사람들이 붙잡혔습니다.

잘못된 부분이 많아 보이지만, 아무튼 이렇게 반대 세력을 닥치는 대로 잡아들였기 때문에 중국 내에서 낙원을 꿈꾸는 세력과 마오쩌둥의 권력은 나는 새도 떨어뜨릴 만큼 절대적으로 자리 잡았고, 거역할 수 있는 사람은 없다시피 한 상황이 되었습니다.

'백화제방 · 백가쟁명(누구든 자기의 의견을 주장할
수 있다)' 연설을 하는 마오쩌둥

'백화제방 · 백가쟁명'에서
극단적인 방향 전환을 시도한 운동 / 반우파 투쟁

⑨ 백화제방 · 백가쟁명: 1956년~1957년. 중국 공산당의 사상, 학술적 슬로건. 부유층을 탄압하는 공산당의 방식을 보고 위축된 지식인들이 활동하기 쉬워지도록 제창되었다. '다양한 문화를 꽃피우고 다양한 의견으로 논쟁한다'는 뜻이다. 당시 공산당 선전부장이 호소했다. 1957년에 '언자무죄(무엇을 말해도 죄가 되지 않는다)' 방침을 발표하자, 지식인들의 거침없는 비판이 쏟아졌다. 그런데 중국 공산당은 이러한 비판을 반대 세력의 '독초'라고 몰아세우며 돌변했다. 그 결과 55만 명 이상의 지식인이 일자리를 잃었고, 이후 학교에서도 정치사상을 철저히 교육하게 되었다. 이를 '반우파 투쟁'이라고 한다.

막강한 권력을 쥐게 된 마오쩌둥은 이렇게 말했습니다.

좋아, 이제 본격적으로 낙원을 만들자!

낙원을 꿈꾸는 세력, 마오쩌둥

드디어 마오쩌둥은 모든 사업을 국가가 운영해 모두 평등한 천국을 만들겠다는 이상을 실행에 옮기기 시작했습니다. 또한 마오쩌둥은 이렇게 말했습니다.

15년 안에 영국을 따라잡자!

낙원을 꿈꾸는 세력, 마오쩌둥

이렇게 국가가 주도하는 비즈니스 시스템으로 당시 세계 2위였던 영국을 15년 안에 따라잡자는 구호 아래 경제 성장 계획이 굴러가기 시작했습니다. 바로 ⑩대약진 운동입니다. 이대약진 정책의 설정 목표를 달성하기 위해 국가가 주도해 생산 활동을 진행했습니다.

다만 낙원을 꿈꾸는 세력은 어디까지나 국가를 다스리는 조직일 뿐, 각종 물자를 생산하는 방법이나 지식은 전혀 없었어요. 그래도 마오쩌둥은 이렇게 말했습니다.

뭐, 아무튼, 일단 철을 많이 만들어 보자고, 강철 알지?

낙원을 꿈꾸는 세력, 마오쩌둥

---

⑩ 대약진 운동: 1958년~1962년. 마오쩌둥의 사상을 현실화하려는 시도. 마오쩌둥은 중국의 대량 노동력을 최대한 투입하면, 생산력이 폭발적으로 증가해 국가가 발전할 수밖에 없을 거라고 생각했다. 이에 따라 각지에서 생산 목표를 세우고 이를 달성하기 위해 노력하게 했다. 초기에는 잘 되었지만, 나중에는 실제로 달성할 수 없을 정도로 목표가 너무 높아져 품질이 낮은 제품이 대량 생산되었다. 게다가 이 정책으로 인한 환경 파괴 등의 영향으로 굶어 죽는 사람이 많이 발생했다. 2000만 명 이상이 아사했다고 한다. 굶주린 국민들은 나무껍질부터 새똥까지 먹을 수 있는 것은 무엇이든 먹었다고 한다.

마오쩌둥은 강압적으로 총동원 명령을 내려서 사람들에게 철강 생산 활동을 시켰습니다. 상부로부터 철을 만들어내라고 지시는 받았지만, 농사만 짓던 국민들이 철 만드는 방법을 알고 있을 리가 없었지요.

일단 철을 만들려면 땔감이 필요할 것 같아서 눈에 보이는 나무는 모두 베었어요. 그리고 힘을 모아 열심히 철을 만들었습니다. 하지만 엉터리로 만든 탓에 불순물이 너무 많아 아무짝에도 쓸모없는 고철 쓰레기만 수백만 톤이 생산되었고, 산이 무분별하게 벌목되는 결과를 낳았습니다.

또한 철강 생산 활동에 많은 농민들이 동원되는 바람에 논과 밭이 방치되었고, 철을 만들기 위해 농기구를 모조리 녹여버려서 밭을 경작할 수도 없게 되었습니다. 돌보지 않은 중국의 논과 밭은 황폐해졌어요. 그런 와중에 엉뚱하게도 마오쩌둥은 이렇게 말했습니다.

참새를 죽여라

낙원을 꿈꾸는 세력, 마오쩌둥

이번에는 쌀알을 쪼아 먹는다는 이유로 참새를 대량으로 죽이는 운동(타마작 운동)을 일으켰습니다. 하지만 참새 씨가 말라버리자, 참새의 먹이였던 메뚜기 같은 해충의 개체수가 급격하게 늘어나서 중국 전역의 논과 밭이 쑥대밭이 되었어요.

이런 식의 무분별한 생산 활동으로 인해 사람들의 생활에 필요한 필수 자원이 엉망진창이 되었습니다. 결국 식량이 부족해졌고, 대약진 정책으로 인해 수천만 명이 굶어 죽는 사태가 벌어졌습니다.

---

⑪ 류사오치: 1898년~1969년. 중화인민공화국의 제2대 최고 지도자. 마오쩌둥과 같은 사범학교를 다녔고, 이후 공산당에 입당했다. 마오쩌둥을 지지하는 입장이었다. 이후 국가주석이 되자 마오쩌둥으로부터 '자본주의의 길을 걷는 자'라는 비판을 받아 실각했다. 실각 후 아내와 함께 수차례 폭행을 당했다. 가택연금 상태에 놓인 류사오치는 이발이나 목욕도 허락받지 못했고, 심지어 '배신자'라고 욕설을 퍼붓는 사람까지 있었다고 한다. 생일날 중국 공산당에서 영구 제명당하고 점점 쇠약해졌다. 이후 옷을 갈아입거나 대소변을 처리도 제대로 하지 못한 채 사망했다. 사망 당시 류사오치의 몸무게는 20kg도 채 되지 않았다.

대약진 정책으로
무분별하게 개발이 이루어진 농촌

모두가 힘을 합쳐
철을 만드는 모습

참새를 대량으로 죽이는 운동
포스터 / 제사해 운동(참새, 들쥐,
파리, 모기를 박멸하는 운동-옮긴이)

중화인민공화국의 상황은 지옥보다 더 처참해졌습니다. 하지만 이렇게 비극적인 상황에서 마오쩌둥은 이렇게 말했습니다.

핵폭탄이 필요해

낙원을 꿈꾸는 세력, 마오쩌둥

철강조차 제대로 만들지 못했던 나라가 어찌 된 일인지 핵폭탄은 제대로 만들어냈답니다. 그래서 중화인민공화국은 아시아 최초의 핵보유국이 되었습니다.

한편 나라를 지옥 한가운데로 몰고 간 셈이었으니, 마오쩌둥이 이렇게 말했습니다.

아무래도 내 계획이 실패한 것 같군

낙원을 꿈꾸는 세력, 마오쩌둥

절대 권력자였던 마오쩌둥의 권위는 추락했습니다. 대약진 운동 실패의 책임을 지며 공식적으로 국가주석직을 사임했어요. 그리고 그 자리를 ⑪마오쩌둥에 이은 2인자가 채우며 권력을 잡았습니다.

중국 최초의 핵폭탄

류사오치(1898년~1969년)

대약진 정책 반성회가 끝난 후의
마오쩌둥 / 칠천인 대회

갑자기 열혈 학생들이 어른에게 달려들다

1960년~1980년 무렵

문화대혁명

새로운 권력을 차지한 2인자는 모든 사업을 국가가 운영해야 한다는 낙원을 꿈꾸는 세력의
이상적인 시스템을 조금 바꾸었습니다. ⑫ 더 많은 사람들이 자유롭게 사업을 하는 방식으로
만든 것이지요.

대약진 운동으로 망가져 버린 국가 생산력과 경제 효율을 개선하려고 노력했습니다. 그 결
과 다행히 국내 생산 활동이 조금씩 부활할 수 있었습니다. 그리고 2인자의 행보를 지켜보던
마오쩌둥은 이렇게 말했습니다.

잠깐!
우리 목표와 전혀 다른 짓을 하고 있잖아!

낙원을 꿈꾸는 세력, 마오쩌둥

---

⑫ 경제 조정 정책: 1962년경. 대약진 정책이 잘못되었다고 판단하고, 산업을 현대화해 자본주의적인 요소를 도입하기 위해
조정한 경제 정책. '삼자일포(자유시장', '자유롭게 사용할 수 있는 토지', '자영업을 늘리고 농업 생산의 임무를 각 농가에 맡기는 것)'가
슬로건이었다. 대약진 정책으로 중공업을 중시하다가 폐허가 된 중국에서 국민 생활과 더 밀접한 농업과 경공업을 회복하
기 위해 마오쩌둥이 추구했던 목표 대신 현실적인 정책 전환을 꾀했다. 이 정책이 성공해 1964년에는 중국 경제 전체가
회복세로 돌아서고 있었지만, 1966년에 마오쩌둥이 이 방향성에 이의를 제기하기 시작했다.

⑬ 문화대혁명: 1966년~1976년. 마오쩌둥이 주도한 대중운동. 대약진 정책의 실패로 무너진 경제를 재건하려고 노력해서
'자본주의의 길을 걷는 실권파'라고 비판받은 류사오치와 덩샤오핑 등을 타도하려 했다. 그러나 대량 학살과 문화재 파괴
도 함께 이루어졌다. 광시 좡족 자치구에서는 중학생들이 지리 선생님을 때려죽이고 내장을 먹는 행위까지 벌어졌다. 또한
마르크스주의에 따라 종교가 부정되면서 불교가 발달한 티베트에서는 승려가 대거 살해되거나 불상이 파괴되기도 했다.
이로 인해 중국은 지옥 같은 상황에 빠졌지만, 마오쩌둥의 사망으로 진정되기 시작했다.

마오쩌둥은 자신을 따르는 열렬한 청소년 지지자들을 선동해 반란을 일으켰어요. 이 반란이 바로 ⑬문화대혁명입니다.

이로 인해 중국은 새로운 혁명의 소용돌이에 휩싸였고, 마오쩌둥을 반대하는 세력은 모두 실각하거나 숙청되었습니다. 2인자도 이때 죽임을 당했습니다. 문화대혁명으로 인해 중국에서는 수백만에서 수천만 명 정도가 목숨을 잃었어요.

비판할 부분은 많지만, 아무튼 마오쩌둥은 정치적 위기를 극복하고 다시 절대 권력을 되찾았습니다. 하지만 마오쩌둥도 결국 병을 이기지 못하고 사망했습니다.

마오쩌둥이 죽자, 문화대혁명도 불씨가 사그라지며 종결되었어요. 대약진 정책과 문화대혁명으로 인해 중국은 그야말로 대혼란에 빠졌고, 2인자와 마오쩌둥마저 죽어서 텅 빈 상태가 되었습니다.

문화대혁명을 열렬히 지지하는 학생들

벽에 쓰인 문화대혁명의 슬로건

현대 중국의 초석을 다진 덩샤오핑
1975년~1990년 무렵
개혁개방

중화인민공화국의 새로운 최고 권력자로 등장한 인물은 ⑭덩샤오핑이었습니다. 덩샤오핑은 문화대혁명 당시 2인자와 함께 마오쩌둥의 반동분자로 간주되어 처형당할 뻔했지만, 가까스로 살아남았습니다. 어찌 보면 행운이라고 할 수 있겠지요. 중국의 새로운 지도자가 된 덩샤오핑은 이렇게 말했습니다.

---

⑭ 덩샤오핑: 1904년~1997년. 중화인민공화국의 정치인. 사회주의 체제에 시장경제 시스템을 도입해 중국 경제성장의 토대를 마련했다. 과거에 세 번이나 실각했지만, 그때마다 부활했다. 문화대혁명 때는 가족과 함께 장시성으로 보내져 트랙터 수리공장에서 일했다. 정치의 세계로 돌아와서는 1979년부터 10년간 국내총생산(GDP)을 두 배로 늘려 국민을 풍요롭게 했다. 현실주의자로 알려져 있으며, '흰 고양이든 검은 고양이든 쥐를 잡으면 좋은 고양이'라는 중국 쓰촨 지방 속담을 좋아했다고 한다. 상황에 따라 현실에 대응해서 결과를 남기는 것이 가장 중요하다는 뜻. 참고로 축구 관전을 좋아했다.

사업은 사람들이 알아서 하게 하자

낙원을 꿈꾸는 세력, 덩샤오핑(1904년~1997년)

'낙원을 꿈꾸는 세력'이 중화인민공화국을 이끌며 추구하던 이상적인 정책은 모든 사업을 국가가 운영하는 방식이었어요. 하지만 대약진 운동 때 여러 문제가 발생했고, 이에 대한 반성을 통해 결국 사람들이 자유롭게 사업하는 정책으로 바뀌게 됩니다.

덩샤오핑의 대담한 노선 변경, 즉 사람들이 자율 경영을 할 수 있도록 실용주의 체제를 과감하게 도입한 개혁을 ⑮ 개혁개방이라고 합니다.

이제 중국에 낙원을 건설하겠다는 꿈이 남아 있는지 단언할 수 없게 되었지만, 그래도 일단은 낙원을 꿈꾸는 세력이 계속 국가를 운영하는 기묘한 상태가 되었지요. 그래도 사람들은 덩샤오핑이 이끄는 사회를 받아들이고 열심히 생산 활동을 해나갔습니다.

이것은 ⑯ 국력을 대략적으로 보여주는 그래프입니다 **3**. 덩샤오핑의 개혁개방이 이루어진 것이 1980년 무렵입니다. 미국은 그래프로 확인할 수 있듯 엄청나게 강한 느낌이고, 중국은 여전히 약해 보이지요.

그리고 시간이 지나면서(1990년대) 일본이 힘을 냅니다 **4**. 이 무렵 덩샤오핑은 최고 권력자의 자리에서 내려왔습니다.

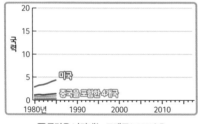

3 국력을 나타내는 그래프(1980년대)

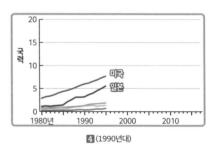

4 (1990년대)

---

⑮ 개혁개방: 1978년. 덩샤오핑이 시작한 공산주의에서 자본주의 시장경제로의 전환 정책. 이 용어는 농촌 '개혁'과 대외 '개방' 정책을 가리킨다. 농촌 개혁으로 국민들이 각자 토지를 소유할 수 있도록 했다. 또한 대외 개방 정책으로 세금 혜택과 인프라가 잘 갖추어진 경제특구를 설정했다. 선전, 주하이, 산터우, 샤먼, 이렇게 네 개의 경제특구가 조성되었다. 그중 하나인 '선전'에는 일본의 하이테크 기업의 지사가 다수 자리 잡고 있으며, 'TikTok'을 운영하는 바이트댄스를 비롯한 세계와 중국의 하이테크 기업이 특히 집중되어 있다.

초거대 국가인 중화인민공화국의 행보
2000년 무렵~현재
중국의 경제 성장

이 시대에 이르러 미국을 제외한 다른 나라들은 안정기에 접어드는 듯 보이고, 중국은 서서히 성장하기 시작합니다. 2000년쯤이었어요 **5**.

그대로 더 많은 시간이 흐르면서 중국이 무서운 힘을 내기 시작합니다. 일본을 넘어선 것은 2010년 무렵의 일이었어요 **6**. 이러한 추세는 2017년까지 이어졌고, 압도적인 초강대국으로 변모했습니다 **7**.

덩샤오핑이 이끌었던 중화인민공화국은 개혁개방 덕분인지, 혹은 경제 활동을 열심히 한 국민들 덕분인지, 미국에 이어 세계 2위의 힘을 가진 초강대국으로 성장했습니다.

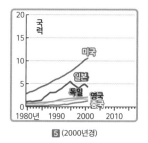

5 (2000년경)

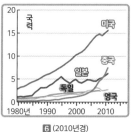

6 (2010년경)

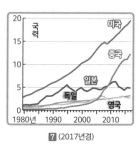

7 (2017년경)

그래프의 데이터는 최근까지의 상황만을 담고 있기 때문에 미래에 어떤 일이 벌어질지는 아무도 알 수 없습니다. 또한 중국에는 여전히 문제가 될 만한 부분이 다수 존재하지만, 그것 역시 현재 진행형이기 때문에 단정해 결론짓기는 어렵겠지요.

막강한 힘을 갖추게 된 이 초강대국이 앞으로 세계에 어두운 영향을 미칠지, 밝은 영향을 미칠지는 아직 미지수라고 할 수 있어요. 우리가 중국의 역사에 지속적으로 관심을 두고 주목해야 하는 이유이기도 합니다.

---

⑯ 국내총생산(GDP): 영어로는 'Gross Domestic Product'. 한 나라 안에서 일정 기간 동안 모든 사업자가 창출한 가치의 총합을 말한다. 즉, 그 나라 안에서 얼마나 많은 수익이 발생했는지 알 수 있는 지표가 된다. 이는 경제학자 케인스의 이론을 참고해 영국의 경제학자가 1940년대에 발명했다. '세계에서 가장 우수한 발명의 하나'로 여겨져 왔지만, 최근에는 '신뢰도가 떨어지는 지표'로 평가받기도 한다. GDP가 고안된 시대는 아직 공업이 주를 이루던 시대였기 때문에 지금처럼 지구적 규모로 확대된 디지털 사회의 실체는 파악할 수 없기 때문인 것 같다.

제 5 장
세계를 뒤흔든
나라들 편

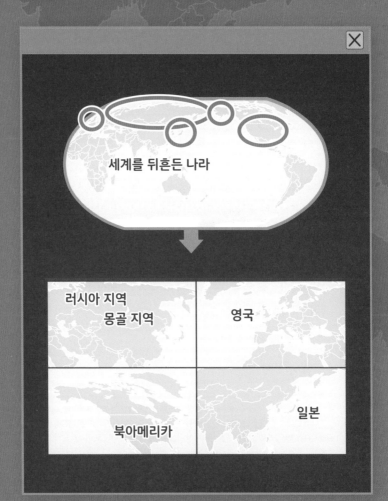

삐악이 코멘트

이번에는 세계사적으로 큰 영향을 미친 강대
국들을 살펴보겠습니다. 사실 이 나라들은 세
계 지도를 펼쳐놓고 보면 엉뚱한 지역을 확보
한 나라들입니다. 가장자리 지역에 거점을 두
고 조금씩 진지를 늘리는 모습은 오셀로 게임
처럼 느껴지기도 합니다. 이처럼 배후를 단단
히 굳힌 후 천천히 전진하는 것이 이 세상의
성공 법칙일 수도 있어요. 그렇다면 미래에
달을 완전히 장악한 하나의 나라가 지구에 뿔
뿔이 흩어진 수많은 나라를 야금야금 제압하
는 일이 벌어질지도 모르겠네요.

몽골 제국 ·· 285

대영 제국 ·· 299

소비에트 연방 ······································· 317

미국 ··· 331

일본 ··· 343

세계를 뒤흔든 나라들 편
제1화

제1화

05:05

|◀ ▶ ▶|

초등학생도 이해할 수 있는
몽골 제국

누가 봐도 너무 위험한 나라의 각성

1200년 ~ 1230년 무렵

초대 칭기즈 칸

시대는 1200년경, 당시 동아시아의 오늘날 중국 지역에 ① 송이라는 나라가 있었습니다■.

이 나라는 중국의 조상님 격인 나라인데, 지금과 비교하면 훨씬 작았어요. 왜냐하면 북쪽에서 매우 강한 이민족이 갑자기 쳐들어온 탓에 중국 북부 지방을 송두리째 빼앗겼기 때문이지요.

게다가 이 강대국 말고도 상당한 전투력을 가진 또 다른 이민족 나라들이 존재하고 있었습니다■. 지도에서 확인할 수 있듯이 말로 설명하기 어려운 여러 지역에 걸쳐 많은 부족이 복닥복닥하게 모여 있었는데, 서로 힘의 관계가 정리되지도 않았고■, 몇몇 강대국에 비하면 터무니없이 약했을 뿐더러, 자기들끼리 칼을 겨누며 피 튀기는 싸움을 벌이고 있었어요.

■■동아시아 세력 지도(1200년경)

■여러 부족이 다투는 몽골 지역

그 중 어느 부족에서 ② 칭기즈 칸이 등장했습니다. 역사에 영향력 있었던 인물 순위에서 29위를 차지한 사람이에요. 칭기즈 칸은 이렇게 말했습니다.

잔챙이 부족들을 싹 정리해야겠어

몽골 제국, 칭기즈 칸 (1162년경 ~ 1227년)

---

① 송나라 참조 → P.223
② 칭기즈 칸: 1162년경 ~1227년. 몽골의 작은 유목민 부족의 족장 아들이며, 오른손에 핏덩이를 움켜쥐고 태어났다. 정실 부인 보르테가 적대 관계였던 부족에 납치되자, 다른 유목민들과 힘을 합쳐 적군 세력을 공격해서 아내를 되찾아왔다. 아내는 얼마 지나지 않아 출산했다. '주치(몽골어로 '손님'이라는 뜻)'라는 이름을 가진 아들이 태어났는데, 칭기즈 칸의 자식인지 아닌지를 두고 몽골 제국의 후계자 쟁탈전이 벌어졌다. 참조 → P.230
③ 테무친: 칭기즈 칸이 황제가 되기 전에 사용했던 이름이다.

칭기즈 칸은 ③부족 간의 싸움에 휘말려서 아내가 납치당하거나 경쟁자와의 전투에서 패배하는 힘든 경험을 하면서도, 훗날 훌륭한 중신이 되어줄 동료를 모으며 열심히 노력했습니다.

마침내 칭기즈 칸은 **여러 부족을 한 나라로 통합**4하는 것에 성공했습니다. 이렇게 탄생한 나라가 ④**몽골 제국**입니다. 그리고 칭기즈 칸은 이 나라에서 가장 위대한 사람인 황제가 되었지요.

각 부족을 규합해 칸으로 즉위한
칭기즈 칸(1206년경)

4몽골 제국의 성립(1206년)

그런데 칭기즈 칸은 이렇게 말했습니다.

남쪽에 사는 큰 나라를 무너뜨려야겠어

몽골 제국, 칭기즈 칸

칭기즈 칸은 몽골 제국을 유지하기 위해 정복 전쟁에 나섰는데, 제일 먼저 정벌한 곳은 ⑤**남쪽의 커다란 나라**였습니다. 이 나라는 지금까지의 상대한 부족들과는 차원이 달랐어요. 한때 중국도 두려워할 만큼 만만찮은 나라였는데, **칭기즈 칸은 공격을 감행했습니다**5.

그 결과 이 나라를 성공적으로 몽골 제국에 복속시켰고, **이어서** ⑥**왼쪽의 거대한 나라 영토**6까지 얻게 되었습니다.

---

④ 몽골 제국: 1206년~1388년. 몽골 초원에서 탄생한 후 불과 수십 년 만에 유라시아 대륙 대부분을 지배한 나라. 어느 논문에서는 몽골 제국군이 각지에서 전쟁을 일으켰을 때, 지구상의 이산화탄소가 감소했다는 보고가 있다. 몽골군이 사람들을 대량 학살하면서 들판은 황폐해지고 숲이 되살아났고, 결과적으로 이산화탄소를 많이 흡수할 수 있었기 때문이라고 추측한다. 이 논문에서는 '페스트 대유행', '아메리카 대륙 침략', '명나라 멸망' 등의 영향과도 비교했지만, 전 세계 이산화탄소량에 영향을 미칠 수 있었던 것은 몽골 제국의 침략뿐이었다고 결론지었다.

⑤ 서하: 1038년~1227년. 중국 북서부에서 발전한 나라. 한족이 '오호(다섯 오랑캐)'라고 불렀던 '탕구트'가 세운 나라로 알려져 있으며, 1038년에 지배자가 스스로 황제라고 칭하며 건국했다. 이 행위는 당시 중국 왕조(송)에 반기를 든 것이나 마찬가지였기 때문에 분쟁이 일어났다. 한편, 금나라와의 관계는 양호했다. 그러나 몽골 제국의 침략을 받아서 멸망했다.

⑤ 서하 복속(1206년경)　　⑥ 서요의 일부(천산 위구르 왕국) 복속　　(1211년)
　　　　　　　　　　　　　　　　(1210년경)

막강한 힘을 얻은 칭기즈 칸은 이렇게 말했습니다.

이번에는 동쪽의 대국을 없애러 가 보자!

몽골 제국, 칭기즈 칸

칭기즈 칸이 말한 ⑦동쪽의 대국은 이 지역에서 최강으로 꼽힐 만한 나라였어요. 마침내 이 최강 세력과 몽골 제국의 싸움⑦이 시작되었습니다. 몽골 제국은 차원이 다른 힘으로 거대한 나라의 북쪽을 점령⑧했습니다.

⑦ 금나라를 공격(1211년경)　　⑧ 금나라의 북쪽을 모두 점령(1213년경)

이전에 몽골 제국은 북쪽 평원 지역에서만 전투를 벌였는데, 이번 전투는 중국 지역에서 벌어졌어요. 그래서 굳건히 서 있는 성을 공략할 전술이 필요했지요. 몽골 제국은 이 전투에

---

⑥ 서요: 1132년~1218년. 1125년 금나라에 멸망한 요나라 왕족이 서쪽으로 도망쳐 세운 나라. 아랍어로는 '카라 키타이(검은 거란)'다. 요나라의 체제를 계승해 중국식으로 국가가 운영되었다. 1211년에 투르크계 민족에게 나라를 빼앗기고 몽골 제국의 공격을 받아 멸망했다.
⑦ 금나라 참조➡P.225

서 성을 함락시키는 공성 전술도 익히며 침략 전쟁의 노하우를 한층 더 발전시켰습니다. 그리고 칭기즈 칸은 이렇게 말했습니다.

힘내서 서쪽도 파괴해보자

몽골 제국, 칭기즈 칸

이제 완전히 초거대국이 된 몽골 제국은 **쉬지 않고** ⑥왼쪽에 위치한 대국**을 삽시간에 잿더미로 만들어 버렸습니다**⑨.

⑨서요 공격(1218년경)

서요 멸망(1218년)

몽골 제국은 도시를 침략할 때 패배를 인정하고 항복하면, 지원 물자를 아끼지 않고 나누어 주고 몽골 제국의 도시로 인정해 그대로 살게 두었어요. 하지만 저항하면, 뼈도 남지 않을 정도로 철저하게 파괴하고 학살하는 방식으로 침략 활동을 했습니다.

필사적으로 저항했던 도시가 많았지만, 이 도시들의 백성은 철저하게 말살당했고 이후 역사를 재건할 수 없을 만큼 괴멸적인 피해를 봐야 했습니다. 잔인한 파괴와 학살에 대한 소문은 다른 도시들을 공포에 떨게 했어요. 그래서 효율적으로 이들을 굴복시킬 수 있었고, 적은 노력만으로 쉽게 정복할 수 있었습니다.

적을 추격해서 공격을 퍼붓는 몽골 제국군

몽골 제국에 납치되는 포로들

그리고 칭기즈 칸은 또 이렇게 말했습니다.

뭣들 하느냐! 더 서쪽으로 말살하러 가자!

몽골 제국, 칭기즈 칸

이 주변은 더 이상 중국이나 일본 같은 동아시아가 아니라, 중동 세력권이었어요. 지금도 대대로 이슬람교를 믿는 사람들이 많이 사는 지역인데, 이곳에 대제국이 있었습니다⑩.

이 대제국은 ⑧몽골 제국에 도발적인 행위를 보였고, 부지런히 국가의 기틀을 마련해서 힘을 기르기 시작한 나라였어요. 혈기 왕성한 두 제국 사이에 충돌이 일어났습니다.

그 결과 중동 대제국 사람들이 100만 명 규모로 학살당했고, 귀중한 이슬람 건축물을 비롯한 많은 문물이 앞뒤 가리지 않고 파괴되었습니다.

한편 ⑨대제국의 왕은 전투 중에 충격을 받고 동쪽에서 너무 강한 적이 찾아왔다면서 황급히 도주했지만, 끝내 ⑪아시아와 유럽 사이에 있는 커다란 호수 위에서 병사하고 말았어요.

⑩⑪몽골 제국 vs 대제국(1220년경)

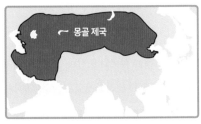

대제국 멸망(1231년경)

---

⑧ 호라즘 샤 왕조: 1077년~1231년. '호라즘(현재의 우즈베키스탄 부근)의 왕'이라는 뜻의 투르크계 이슬람 왕조. 원래 가즈니 왕조가 있던 곳에 건국되었다. 몽골 제국이 보낸 400명의 상업 사절단을 모두 죽였기 때문에, 보복 침략을 받아 멸망했다. 참조 → P.161

⑨ 알라우딘 무함마드: 1169년~1220년. 제7대 호라즘 샤 왕. 사실 칭기즈 칸과 우호적인 관계로 지내고 싶어 했으나, 신뢰하던 신하가 몽골 사절단에게 횡포를 부려 실패했다. 그 신하는 왕의 은인이었기 때문에 엄하게 처벌할 수 없었다.

⑩ 키예프 루스: 9세기~13세기. 키이우(키예프)(지금의 우크라이나)를 수도로 삼은 나라. '루스'라고 불리는 노르만인이 원주민이었던 슬라브인들과 함께 건국했다. 무역 이권을 노리고 동로마제국을 여러 차례 공격했다. 그러나 어느 시점부터 동로마제국의 종교를 받아들여 기독교의 큰 종파(그리스 정교회)를 믿게 되었다. 이후 그리스 정교회에서 유래한 성소피아 대성당 등을 건립했는데, 이 건축물은 현재 세계문화유산으로 등록되어 있다. 참고로 루스는 훗날 나타난 '러시아' 국명의 기원이기도 하다. 이 나라를 러시아의 조상으로 볼 것인지, 우크라이나의 조상으로 볼 것인지는 현재도 상당한 논란이 남아 있는 부분이다.

대제국의 왕을 추격하던 **몽골 제국의 별동대는 이 일대를 돌아다니다가 의욕이 넘쳤는지, 머나먼 지역까지 거침없이 나아갔습니다⑫**. 이 일대는 지금의 ⑩러시아 남부 지역이었는데, 별동대는 들른 김에 **이 지역 나라들에 치명타를 안겨주고 전리품을 약탈해서 돌아갔습니다⑬**.

칭기즈 칸도 일단 본거지로 돌아갔습니다. 그런데 **이 무렵 ⑤앞서 등장했던 이 나라가 조금 수상쩍은 움직임을 보이던 터라 곧바로 움직여 파멸할 정도의 타격을⑭** 입혔어요. 하지만 그 과정에서 병사하고 말았습니다.

⑫몽골 제국 vs 러시아 세력의 나라
(1223년경)

⑬몽골 제국이 한 차례 철수
(1227년경)

⑭지배하에 두었던 나라가
수상한 움직임을 보여서
완전히 멸망시키다(1227년)

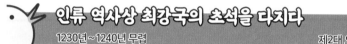

인류 역사상 최강국의 초석을 다지다
1230년~1240년 무렵
제2대 오고타이 칸

칭기즈 칸의 뒤를 이어 ⑪오고타이 칸이 몽골 제국의 황제가 되었습니다. 오고타이 칸은 칭기즈 칸의 아들이었는데, 이렇게 말했습니다.

영토가 너무 커졌어,
내부 구조를 잘 정비해보자

몽골 제국, 오고타이 칸(1186년~1241년)

---

⑪ 오고타이 칸: 1186년~1241년. 제2대 몽골 제국 황제. 칭기즈 칸의 셋째 아들이다. 알코올 중독이 심했던 모양인지, 차가타이 칸의 감시를 피해 술을 들이부었다고 전해진다. 술을 마시려고 거대한 술잔을 특별히 제작하기도 했다. 사망 원인도 과음이었다. 만약 그가 술을 줄였다면, 유럽이 몽골화되었을지도 모른다.

몽골 제국에는 ⑫나라 곳곳에 역을 설치해서 사람들이 효율적으로 이동할 수 있는 시스템이 있었는데, 오고타이 칸은 이를 대대적으로 늘리며 개선했습니다.

그 결과 몽골 제국 내에서 다양한 물품이나 중요한 정보, 혹은 가장 중요한 물자인 말을 갈아탈 수 있는 시스템을 구축했습니다. 몽골 제국은 거대했지만 나라 안에서의 이동이 매우 원활하게 이루어질 수 있었어요. 역의 설치가 시작되자마자, 오고타이 칸은 이렇게 말했습니다.

동쪽의 대국을 멸망시키러 가자

몽골 제국, 오고타이 칸

오고타이 칸은 한때 중국의 간담을 서늘하게 했던 이 ⑦동쪽의 대국을 완전히 멸망⑮시켰습니다. 이로써 **중국 북부도 몽골 제국의 영토가 되었습니다⑯**.

⑮몽골 제국 vs 동쪽의 대국(1230년경)

⑯동쪽의 대국 멸망(1234년)

그런데 오고타이 칸이 또 이렇게 말했습니다.

---

⑫ 자무치: 일명 역참 제도. '길(자무)'을 '관장하는 자(치)'라는 뜻이다. 킵차크 칸이 계승한 후에는 모스크바 대공국의 이반 3세가 이어받아서 정비했다. 러시아에서는 '얌'이라고 부르는데, 우편배달부를 '얌시크'라고 부르는 것도 그 잔재다.

⑬ 타타르의 멍에: 1236년~1480년. 몽골 제국과 킵차크 칸국이 약 250년간 러시아를 지배한 것을 말한다. '타타르(몽골인)'가 러시아의 발전을 지연시켰다는 의미다. 또한 타타르인들은 늙고 힘줄만 많은 소나 말을 먹을 때 잘게 썰어 양파랑 마늘과 섞어 먹었다. 이것은 그들의 이름을 풍자해 '타르타르스테이크'라고 불린다. 이것을 구운 것이 현재 '함박스테이크'의 원형이다. 또한 이와 비슷한 방식으로 양파나 피클을 잘게 썰어 마요네즈와 함께 버무린 소스에는 '타르타르소스'라는 이름이 붙었다. 타타르의 덕을 톡톡히 본 셈이다.

러시아인지 뭔지도 박살내자

몽골 제국, 오고타이 칸

예전에 몽골 제국의 별동대가 길을 잃는 바람에 어쩌다 한 번 들렀던 **러시아 세력의 지역을 13년 만에 다시 공격하러 간 거예요⑰**. 이로 인해 **러시아의 조상님들은 통째로 몽골 제국에 집어삼켜졌고⑱** ⑬이후 러시아 문명에 큰 침체기가 왔다고 합니다.

⑰몽골 제국 VS 러시아 세력의 나라(1235년경)

⑱러시아 세력의 나라 멸망(1240년경)

그리고 ⑭이곳에 도착한 몽골군은 이렇게 말했습니다.

저 멀리 서쪽 지역도 싹 쓸어버리자

몽골 제국, 바투 장군(1207년~1255년)

몽골군은 더욱 서쪽으로 침략 활동을 펼쳤습니다. **폴란드나 독일 같은 유럽의 강성한 군대와도 ⑮전투를 벌여 엄청난 피해를 주는 데 성공했어요⑲**. 그리고 이 몽골군은 한술 더 떠서 이렇게 말했습니다.

---

⑭ 바투: 1207년~1255년. 킵차크 칸국의 통치자. 칭기즈 칸의 장남인 주치의 아들이다. 유럽을 공격할 때 신성 로마 제국 황제와 '매'라는 공통된 취미로 친분을 쌓았다. 황제는 "당신은 틀림없이 훌륭한 매사냥꾼이 될 것이다"라고 칭찬을 아끼지 않았다. 이후 몽골 본국으로 돌아가지 않고 '사라이(페르시아어로 '궁전'이라는 뜻)'라는 도시를 건설했다.

⑮ 발슈타트 전투: 1241년. 유럽으로 쳐들어온 몽골 제국군에게 독일과 폴란드 연합군이 대패했다. 전투가 끝난 후 병사들의 시체가 땅을 뒤덮었기 때문에 이 전투가 벌어진 곳에 독일어로 '시체의 땅(발슈타트, Wahlstatt)'이라는 뜻의 이름이 붙었다.

아직 서쪽으로 더 갈 수 있어

몽골 제국, 바투 장군

마침내 이 일대 유럽 전역이 완전히 무너질 위기[20]에 처했습니다. 그런데 몽골 제국의 황제인 오고타이 칸이 사망했다는 소식을 듣고, 모든 몽골군이 본토로 돌아가기 위해 돌연 철수하기 시작했습니다.

몽골군의 후퇴 덕분에 유럽 전역의 멸망은 피할 수 있었어요. 이 사건이 이후 역사에서 유럽과 그 외 지역의 문명에 큰 차이를 가져온 것 같습니다.

[19][20] 몽골 제국 vs 유럽 지역(1240년경)

몽골 vs 유럽의 전투 모습 /
발슈타트 전투(1241년)

 끊임없이 이어진 주변국 침략 활동
1250년 ~ 1260년 무렵
제4대 몽케 칸

몽골 제국은 오고타이 칸의 죽음 이후, 황제의 후계자 문제로 어수선해지면서 폭풍전야 같은 위기감이 감돌았습니다. 하지만 다행히 혼란이 수습되어 새로운 황제로 ⑯ 몽케 칸이 즉위했습니다. 몽케 칸은 칭기즈 칸의 손자인데, 그는 이렇게 말했습니다.

⑯ 몽케 칸: 1208년~1259년. 몽골 제국 제4대 황제. 호탕한 성격으로 사치를 별로 좋아하지 않았던 이상적인 인물. 또한 여러 언어를 자유자재로 구사하고, 학문적 교양에 관심이 깊었으며, 유클리드 기하학에 대한 이해도도 높았다고 한다.
⑰ 토번 참조 → P.220
⑱ 고려: 918년~1392년. 왕건이 세운 왕조. 936년에 한반도를 통일했다. 현재 대한민국의 영어 국명인 'Korea'는 고려를 영어로 옮긴 표기다. 불교를 보호하고 중국의 제도를 도입했다. 주변국의 공격을 받아 결국 몽골 제국에 복속되었다.
⑲ 아바스 왕조 참조 → P.134

중국과 중동 지역을 동시에
멸망시켜보자

몽골 제국, 몽케 칸(1208년~1259년)

새로운 황제는 할아버지로부터 물려받은 침략 활동을 더욱 적극적으로 추진했습니다. 먼저 중국 전체를 차지하기 전에, **현재 ⑰티베트 등이 있는 지역을 재빨리 흡수한 것 같아요㉑**.

그리고 기다렸다는 듯이 **송나라를 공격㉒**했는데, 이 전투는 녹록지 않았습니다. 하지만 오고타이 칸 재위 시절부터 열심히 공격했던 ⑱고려의 항복㉓은 받아냈습니다.

㉑티베트 부근 /
토번 공략(1252년경)

㉒몽골 제국 vs 송나라
(1253년~1259년)

㉓고려 침공(1231년-1259년)

한편, 중동 지역에 대한 공격은 어떻게 되었을까요. **이곳에는** ⑲500년 정도의 전통을 가진 유서 깊은 나라**가 있었습니다. 이 나라의 수도인** ⑳바그다드㉔는 당시 세계에서 가장 큰 도시였어요. 몽골군은 악마도 울고 갈 공격으로 바그다드 시민 수십만 명을 학살했고, 이 도시에 세워진 수백 년 역사의 ㉑뛰어난 학교와 귀중한 건축물은 물론 도서관에 소장되어 있던 중요한 이슬람 서적들까지 철저하게 파괴했습니다.

세계 최대의 번영을 누렸던 이 도시는 **순식간에 폐허㉕**로 변해버렸지요. 바그다드 옆을 흐르는 강은 처음에는 사람들의 피로 새빨갛게 물들었고, 다음에는 책에 쓰인 잉크로 새까맣게 물들었다고 합니다.

---

⑳ 바그다드: 이슬람 문화의 중심지로 번성했던 도시. 티그리스강 근처에 성립되었으며, 운하와 도로가 정비되어 있었다. 원래는 바빌론과 가까운 곳에 위치한 황량한 도시였으나, 4년의 세월과 10만 명이 넘는 장인들의 힘으로 766년에 아바스 왕조의 수도로 건설되었고, '평안의 도시(마디나 아살람)'라는 이름이 붙여졌다. 도시의 중심부는 원형 성벽으로 둘러싸여 있으며, 녹색 돔형 궁전이 세워져 있었다. 전성기의 인구는 200만 명이 넘었다. 이후 내란으로 거의 폐허가 되었으나 강 건너편에 재건되었고, 1258년 몽골 제국에 의해 파괴되었다.

지혜의 전당을 운영하던 사람들 　　　　 몽골에 의해 짓밟힌 바그다드

24 몽골 제국 vs 중동 지역의 나라(1250년경)

25 중동 지역의 나라 멸망(1260년경)

　몽골 제국은 손자 대에 이르러서도 날뛰듯이 정복 활동을 이어 나갔습니다. 몽골군은 더욱 서쪽으로 진격했는데, 이 무렵 몽케 칸이 갑자기 병사했어요.

　몽케 칸의 죽음은 또다시 몽골 제국에 후계자 쟁탈전을 불러왔습니다. 한창 후계자 다툼이 벌어지던 중 **이곳에 존재하던** ㉒**이슬람 국가와의 전쟁**26에서 패배했고, 몽골 제국의 **중동 지역 침략은 여기에서 멈추게 되었습니다**27

26 몽골 제국 vs 이슬람 국가(1260년)

27 몽골 제국의 서역 정벌 종료(1260년경)

㉑ 지혜의 전당: 830년경~1258년. 주로 고대 그리스어를 아랍어로 번역하는 이슬람 최고의 학술 연구소. 천문대도 병설되는 등 당시 학문의 최첨단을 달리는 곳이었다. 지혜의 전당에서는 주로 '지혜의 보고'라는 도서관에 소장된 대량의 고대 그리스 문헌을 꾸준히 번역했다. 이후 서양의 학문은 이 성과를 역수입하면서 발전했다. 몽골군의 침략으로 이 건물도 책도 모두 잿더미로 변해버렸다. 만약 이 건물의 파괴가 조금만 더 빨랐다면, 현대 과학의 발전은 불가능했을지도 모른다.

㉒ 맘루크 왕조 참조 ➔ P.136

너무 거대해져서 분열하다
1260년~1300년 무렵

몽골 제국 내에서 벌어진 내분은 끝이 났고, 몽케 칸의 동생인 ㉓쿠빌라이 칸이 다음 황제가 되었습니다.

다만 이 무렵의 몽골 제국은 나라 안의 ㉔몇몇 지역이 상당히 큰 권력을 가지고 별개의 국가처럼 운영되었어요. 몽골 제국은 하나의 거대한 제국이자, **여러 대국의 연합㉘**이라고 할 수 있는 상태가 되었습니다.

몽골 제국, 쿠빌라이 칸(1215년~1294년)

㉘몽골 제국의 분할(1240년~1270년경)

그 후 애를 먹이던 **송나라를 마침내 멸망㉙**시키면서, 몽골 제국은 인류 역사상 두 번째로 넓은 면적을 가진 **압도적인 대제국㉚**이 되었습니다.

㉙남송 멸망(1279년)

㉚몽골 제국의 최대 영토(1279년)

몽골 제국이 너무 무서워 여덟 살에 자결한 송나라의 마지막 황제, 상흥제

㉓ 쿠빌라이 칸 참조 → P.231
㉔ 4칸국: 1240년경~1270년경. 몽골 제국의 후계자는 칭기즈 칸의 혈족으로 한정되어 있었다. 1227년에 칭기즈 칸이 죽자 이후 몽골 제국은 내란이 끊이지 않았다. 이후 원나라를 중심으로 여러 울스(국가)가 완성된다. 쿠빌라이 칸이 사망하자, 하이두의 난이 발생했다. 중국을 통치하는 '원나라'와 킵차크 칸국(장남의 아들 바투파), 차가타이 칸국(차남 차가타이파), 일 칸국(넷째 아들 훌라구파)의 세 나라로 분열된다. 그러나 원나라를 중심으로 원만한 연대는 유지되었다.

그 후 몽골 제국은 **베트남을 공격하기도 하고** ㉕**일본을 공격하기도㉛** 했지만 잘되지 않았어요. 게다가 몽골 제국 연합 내에서 분쟁이 종종 생기면서, 폭발적이던 점령 활동도 정체기에 접어들게 되었습니다.

몽골군에게 앙갚음하는 가마쿠라 시대의 무사

이후 연합국들이 다시 화해하면서, 사람들은 거대한 나라 안을 자유롭게 오가며 ㉖분주하게 활동하는 비교적 평화로운 시대가 찾아왔습니다. 교류한 적이 없던 문화권과도 매우 적극적으로 교류하는 전무후무한 시대였어요.

그러나 그 후 다시 각 나라에서 분쟁이나 전쟁이 일어나면서 이 연합은 서서히 결속력을 잃었고, 몽골 제국의 뒤를 이은 나라들이 독자적으로 역사를 엮어나가면서 거대한 제국으로서의 몽골 제국은 끝나게 됩니다.

㉛베트남과 일본을 공격하는 몽골 제국(1280년경)

평화로운 몽골 제국을 방문했던 마르코 폴로
(1254년~1324년)

㉕ 몽골의 일본 침공 참조→P.232
㉖ 팍스 몽골리카: 13세기~14세기. 쿠빌라이 칸의 후계자 싸움이 일단락된 후 몽골 제국의 압도적인 힘으로 가져온 평화. 몽골 제국은 유라시아 대륙의 대부분을 통치했고, 다양한 사람들이 영토 내에서 이동했다. 그 중 한 사례로 이탈리아 출신의 마르코 폴로가 원나라에 올 수 있을 정도였다. 또한 몽골 제국은 관세를 철폐했다. 이로 인해 상업이 매우 활성화되었고, 문화 교류도 활발해졌다. 한편 14세기에는 전 세계적으로 페스트가 유행했는데, 몽골 제국의 교역 활성화가 영향을 미쳤다고 한다. 참조→P.233

세계를 뒤흔든 나라들 편

제2화

제2화

05:05

◄◄ ► ►►

초등학생도 이해할 수 있는

대영 제국

대항해 시대에 벌어진 전심전력의 반격
1600년~1720년 무렵
스페인 계승전쟁

시대는 1600년경, 장소는 **유럽 지역의 끝자락에 있는 이 섬나라❶**입니다. 당시 이곳에 ①**영국이 있었습니다. 다만 이 시점에서 영국의 영토는 여기뿐이었어요❷.**

한편, **유럽 대륙 끄트머리에 삐죽 튀어나온 나라인 스페인❸**은 전 세계를 탐험해 **이만큼 많은 영토를 가진 나라가 되었어요❹.** 하지만 전쟁에서 지기도 하고 해서 여러모로 기세를 잃어가던 상황이었지요.

❶유럽

❷❸영국과 스페인(1600년)

❹스페인이 전 세계에 점령한 영토 (1570년경)

그때 영국이 이렇게 말했습니다.

우리도 해외 탐험 출발~!

영국

영국은 나라 밖을 탐색하다가 **일단 아메리카 대륙과 인도 지역에 거점을 설치했습니다. 동남아시아 지역에서도 열심히 활동했지만, 여기에서는 라이벌이었던 ②네덜란드의 거센 반발에 가로막혀서 거의 활동할 수 없었지요❺.**

대신 **영국은 네덜란드가 차지하고 있던 ③아메리카 대륙의 몇몇 주요 거점을 빼앗는 것에❻** 성공했습니다.

---

① 잉글랜드 왕국 참조 → P.062
② 암보이나 사건: 1623년. 영국과 네덜란드의 주도권 다툼이 벌어지던 인도네시아 암보이나섬에서 고문을 당한 일본 출신 용병이 "영국이 네덜란드 상관(사무소)을 공격하려 한다"라고 자백했다. 이에 분노한 네덜란드인이 영국 상관의 전원을 고문하고 살해했다. 영국은 이 사건으로 반격하지 못했고, 그대로 동남아시아 진출을 포기한 채 인도 방면으로 진출하는 정

5 영국이 아메리카 지역과 인도 지역에 거점 확보
(1600년경)

6 영국이 네덜란드로부터 뉴암스테르담을 획득
(1664년)

그랬더니 **이번에는 프랑스가 아메리카 대륙을 싹쓸이했습니다7**. 프랑스는 마침 이 무렵

에 유럽 지역에서도 난리법석을 부리고 있었기 때문에 ④ 유럽 주변국들이 연합해 프랑스를

무찔렀습니다. 그리고 영국은 이렇게 말했습니다.

> **프랑스가 차지한 아메리카 대륙 영토도
> 공격할래**

⑤ 이 전쟁을 벌인 결과, 영국은 **아메리카 대륙에 거대한 영토를 얻었습니다8**. 또한 그동

안 스페인이 독점했던 ⑥ 노예무역의 권리까지 얻게 되었습니다.

7 아메리카 대륙의 세력 지도(1700년경)

8 영국이 거대한 영토를 획득(1713년)

책으로 전환했다. 현재 연구에 따르면 영국은 실제로 습격을 계획하지 않았으며, 네덜란드 측의 음모였을 가능성이 높다고
한다.

③ 뉴암스테르담: 1626년~1664년. 네덜란드 서인도 회사가 맨해튼섬에 건설한 모피 무역의 거점 도시. '새로운 암스테르담
(네덜란드의 수도)'이라는 뜻이다. 이후 영국의 요크 공작(훗날 제임스 2세)의 이름을 따서 뉴욕으로 개칭했다.

④ 루이 14세의 전쟁 **참조 → P.077**

⑤ 앤 여왕 전쟁: 1702년~1713년. 북아메리카 대륙을 무대로 벌어진 영국과 프랑스의 전쟁. 두 나라 모두 식민지를 확장하
려 했다. 그 결과 영국이 승리해 식민지를 넓혔다. 이 전쟁 중에 영국은 스코틀랜드와 합병해 '그레이트 브리튼 왕국'으로
이름을 바꾸었다.

노예무역의 권리를 얻은 영국은 이렇게 말했습니다.

노예 사업으로 떼돈을 벌어보자!

    영국은 전쟁 중인 아프리카 국가에 무기를 팔고 **9**, 적군을 포로로 잡아 오게 했어요. 이렇게 잡혀 온 **아프리카 사람들**을 아무런 죄의식 없이 아메리카 대륙으로 보내 강제노동을 시켰지요**10**. 그리고 아메리카 대륙에서 **노예**들이 만든 담배나 설탕 등을 유럽으로 가져와 판매하는**11** 방식으로 큰돈을 벌었습니다. 윤리적인 문제는 모르는 척한 ⑦**삼각무역**으로 영국은 막대한 이익을 얻으며 힘을 키웠습니다.

9아프리카에 무기 판매   **10**노예로 판매된 전쟁 포로를 미국으로 이동   **11**담배와 설탕을 영국에서 판매

    게다가 이 시기에 **영국**은 이 지역을 **합병12**해 더욱 힘을 불렸습니다. 이렇게 강성해진 영국은 이후 다시 아메리카 대륙에서 **프랑스와 전쟁**을 벌입니다**13**. ⑧**프렌치-인디언 전쟁**이에요. 이 전쟁에서 영국은 프랑스에 결정적인 승리를 거두었고, 프랑스는 아메리카 대륙의 영토를 완전히 잃게 되었습니다.

---

⑥ 위트레흐트 조약: 1713년. 스페인 계승 전쟁의 평화 조약. 네덜란드 위트레흐트에서 체결했다. 스페인과 프랑스는 영원히 합병하지 않는다는 조건으로 펠리페 5세(프랑스 루이 14세의 손자)를 스페인 왕으로 인정했다. 이로써 프랑스의 기세를 누르는 데 성공해 유럽의 세력 균형이 유지되었다. 또한 이 조약에는 '아시엔토(아프리카 흑인 노예무역에 대한 독점권)'를 프랑스가 포기하고, 영국에 양도하는 조항도 있었다. 그래서 영국은 엄청나게 많은 흑인 노예를 아프리카에서 미국 식민지로 수출할 수 있게 되었다. 이 일은 영국 왕실에서 남해회사에 위탁했다.

⑫영국이 스코틀랜드와 합병(1707년)

프렌치-인디언 전쟁 당시의
조지 워싱턴

영국 vs 프랑스 전쟁의 결과는 **인도와 주변 지역까지 파급되었어요. 이 지역에서도 프랑스는 거의 철수했고, 영국은** ⑨**이곳을 얻게 되었습니다⑭**.

⑬프렌치-인디언 전쟁(1754년~1763년)

⑭인도 지역에서도 철수하는 프랑스(1765년경)

이로 인해 기세를 탄 영국은 이렇게 말했습니다.

인도를 본격적으로 침략해봐?

영국

그동안 영국은 인도와 무역을 했지만, 이때부터는 무역보다 침략에 가깝게 변해갔습니다. 게다가 이제 **프랑스의 눈치를 볼 필요도 없어졌으니** ⑩**현지 국가를 마음껏 유린하기 시작했지요⑮**.

---

⑦ 삼각무역: 두 나라의 무역이 불균형할 경우, 다른 한 나라를 끼워 3국 무역으로 만들어 모든 수지를 개선하고 균형을 맞추는 방법. 무역량도 늘어나기 때문에 일석이조다. 역사적으로 영국이 노예를 상품으로 삼은 북미 식민지 무역과 아편 무역이 유명하다. 이때만으로도 200만 명 이상의 흑인 노예가 상품으로 수송되었다. 이 무역에서 벌어들인 돈으로 영국이 산업 혁명을 뒷받침했다는 설도 있다. 참조➡ P.089

⑧ 프렌치-인디언 전쟁 참조➡ P.080

⑨ 벵골 참조➡ P.165

인도를 침략하는 영국군

영국

무굴 제국

⒖인도 현지 국가를 침략

죄수를 가둘 수 있는 편리한 땅을 얻다

1760년~1790년 무렵　　　　　　　미국의 독립과 호주의 식민지화

이 무렵 영국에서는 인류 역사를 바꿀 수준의 ⑪신기술과 기계 개발이 더욱 발전했어요. 그 덕분에 영국은 다른 나라들과는 차원이 다른 군사력과 생산력을 갖추게 되었습니다. 하지만 거듭된 전쟁으로 인해 점점 돈이 바닥나고 말았어요. 그래서 영국은 이렇게 말했습니다.

영국

음, 미국에서 세금을 왕창 걷지 뭐

영국

영국은 식민지로 지배하고 있던 ⑫미국에 어마어마한 세금을 매겨서 어떻게든 구멍 난 나라 살림을 해결하려고 했습니다. 그러자 미국에 살던 영국 주민들이 이렇게 말했습니다.

영국이 선 넘네,
독립밖에 답이 없다

미국에 사는 영국계 미국인 대표, ⑬워싱턴(1732년~1799년)

---

⑩ 무굴 제국 **참조 → P.164**
⑪ 산업 혁명 **참조 → P.089**
⑫ 타운센드법: 1767년. 영국 재무장관 타운센드가 제정했으며, 미국 식민지에 부과한 법률이다. 미국의 식민지 의회를 정지시키고, 영국으로부터 수입되는 차, 종이, 잉크 등에 관세를 매기고, 세관을 설치하는 등 영국의 지배 강화와 자금 징수가 목적이었다. 식민지 측은 격렬히 반대했다. 수출용 차를 대량으로 폐기한 보스턴 차 사건으로 발전했다.
⑬ 워싱턴 **참조 → P.333**

이렇게 미국의 이 지역은 **영국에 대항해** ⑭독립 전쟁을 일으켰습니다 16. 이로 인해 ⑮미합중국이 성립되었고, 영국은 미국이라는 거대한 식민지를 잃게 되었습니다 17.

16 미국 독립 전쟁(1775년)

17 미국 승리(1783년)

사실 이 무렵 영국에서는 새로운 기술과 기계의 보급으로 인해 기존 직업들이 사라지면서 많은 노동자가 일자리를 잃고 거리를 방황했고, 범죄자도 기하급수적으로 늘어났어요. 영국 정부는 늘어난 죄수를 수용해야 했지요.

이전에는 미국의 일부 지역을 유배지로 사용했으나, 미국이라는 나라로 독립했기 때문에 더 이상 죄수를 보낼 수 없게 되었습니다. **대신 죄수들을 호주로 보내기로 했어요** 18.

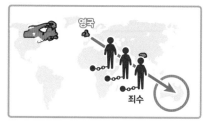

18 영국에서 호주로 보내진 죄수들(1788년~1868년)

호주로 온 사람들

그리고 호주에 도착한 영국 죄수들은 이렇게 말했습니다.

원주민을 없애버리자

호주로 보내진 영국 죄수들

이렇게 ⑯호주 원주민들이 학살당하면서, 영국의 영토는 더욱 거대해졌습니다.

⑭ 미국 독립 전쟁 참조 → P.332
⑮ 미국 참조 → P.333

나폴레옹 덕분에 부국강병해진 영국
1800년~1820년 무렵

케이프 식민지 획득

영국 상황이 이렇게 복잡하게 돌아가던 때 프랑스에는 ⑰ 나폴레옹이 등장했습니다.

나폴레옹은 압도적인 군사력으로 주변 국가를 초토화한 후, 영국 본토를 노리고 공격해왔어요. 하지만 **수적 열세에도 불구하고 ⑱ 영국이 프랑스에 승리하며, 국가 존망의 위기를 극복할 수 있었습니다⑲**.

나폴레옹 보나파르트
(1769년~1821년)

⑲트래펄가 해전에서 영국 승리(1805년)

그리고 나폴레옹 때문에 유럽 주변국들이 박살 난 **틈을 타서** ⑲아프리카 남단 지역을 네덜란드에서 빼앗았고, 또 네덜란드가 떵떵거리던 동남아시아 지역에도 진출했습니다⑳. 나폴레옹 덕분에 오히려 성공적으로 파워업한 셈이지요.

아프리카 남단 지역

⑳케이프 식민지로 점령(1814년)

---

⑯ 에보리진: 호주의 원주민. 과거에는 '애버리지니'라고 불렸으나 최근에는 호칭이 바뀌고 있다. 원래 영어의 'aborigine'은 라틴어 'aborigine(처음부터)'에서 유래했으며, '원주민'을 나타내는 단어다. 영국이 호주에 상륙하기 전에는 100만 명 이상이 있었다. 백인에 의한 학살과 백인 우월주의를 표방한 정부로부터 엄격한 관리와 동화 정책이 시행된 과거도 있다. 조금씩 권리 회복이 진행되고 있다.

⑰ 나폴레옹 참조 → P.082

⑱ 트래펄가 해전: 1805년. 스페인 남서부 트래펄가곶 앞바다에서 벌어진 영국과 프랑스 · 스페인 연합군의 해전. 영국 본토에 상륙하려는 나폴레옹군을 매복으로 격퇴하고 제해권을 획득했다. 영국군을 이끈 넬슨 제독은 오른쪽 눈과 오른팔을 잃고도 배 위에 오를 만큼 용맹했지만, 이 전투에서 총상을 입고 전사했다. 영국은 승리를 기념하기 위해 런던 중심부에 트래펄가 광장을 건설했다. 광장 중앙에는 넬슨 제독을 기리는 동상과 대분수가 있으며, 유명한 관광 명소로 알려져 있다.

드디어 본격적으로 기세가 오른 영국을 다스릴 왕으로 ⑳ 빅토리아 여왕이 등장했습니다. 빅토리아 여왕은 대영 제국의 번영을 상징하는 압도적인 존재로 군림하게 됩니다. 그리고 동남아시아 지역까지 진출한 영국은 이렇게 말했습니다.

그래서 영국은 이렇게 말했습니다.

아편은 마약의 한 종류예요. 영국은 인도에서 재배한 아편을 중국에 수출해서 돈을 벌었습니다. 그 결과 중국에 아편 중독자가 엄청나게 늘어난 데다가 무역 적자까지 눈덩이처럼 불어나자, 큰일이다 싶었던 중국은 아편 금지령을 내렸지요. 이를 본 영국은 이렇게 말했습니다.

---

⑲ 케이프 식민지: 1652년~1910년. 아프리카 남단의 식민지. '희망봉'이라고 불리는 곳(Cape)에서 유래했다. 유럽에서 이주한 사람도 많았다. 1914년에 영국령이 되자, 식민지 지배에 반대하는 사람들이 트란스발 공화국과 오렌지 자유국을 건국해 독립했다.

⑳ 빅토리아 여왕: 1819년~1901년. 영국 제국 번영기의 여왕. 잘생긴 남편을 극진히 사랑하고 그림을 잘 그리는 등 사랑스러운 면도 있었지만, 식민지였던 캐나다의 수도를 정할 때 눈을 감고 아무렇게나 핀을 꽂아서 오타와로 결정하는 등 엉뚱한 면도 있었다.

세계를 뒤흔든 나라들

대영 제국

이렇게 벌어진 영국과 중국의 싸움을 ㉑아편 전쟁이라고 합니다. 전쟁은 영국의 승리로 결판이 났고, 일방적으로 중국에 불리한 조약을 강요해서 **홍콩㉑**을 얻어냈어요. 그리고도 멈추지 않고 중국에 아편을 퍼붓다시피 밀어 넣으며, 유럽인들이 발 들이지 못했던 중국을 침략했습니다.

빅토리아 여왕(1819년~1901년)

㉑영국의 홍콩 점령

한편 인도에서는 영국의 강압적인 약탈과 지배에 분노한 사람들이 이렇게 말했습니다.

영국에 화난 인도인들

이렇게 ㉒인도인들은 영국에 대한 반란을 일으켰습니다. 영국은 이렇게 말했습니다.

영국

영국은 인도인들을 진압하고 인도의 왕조까지 멸망시켜서, **인도 전역을 완전히 지배하게 되었어요㉒**.

㉑ 아편 전쟁 참조➡ P.251
㉒ 인도 대반란 참조➡ P.166
㉓ 수에즈 운하 참조➡ P.148
㉔ 우라비 혁명: 1881년~1882년. 이집트 최초의 반식민지 운동. 혁명 이름은 지도자인 아흐마드 우라비에서 유래했다. 정치·경제적으로 궁지에 몰린 무함마드 알리 왕조와 이에 편승한 유럽 국가들에 맞서 이집트인들이 '이집트인을 위한 이집트'를 구호로 내걸고 무장봉기를 일으켰다. 이후 영국의 개입으로 진압되어 영국의 지배가 시작되었다. 이 혁명은 일본의 '메이지 유신'을 참고했다. 참조➡ P.346

인도에서 일어난 대반란 / 인도의 대반란

영국에 의해 인도 왕조 멸망(1858년)

그리고 빅토리아 여왕이 인도 황제를 겸해 직접 통치하기로 했습니다.

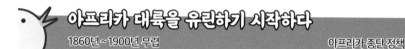

아프리카 대륙을 유린하기 시작하다
1860년~1900년 무렵
아프리카 종단 정책

한편 지중해와 홍해 사이에는 이집트 시나이반도가 가로막고 있어서, 유럽 지역에서 동쪽 방면으로 무역하러 가려면 아프리카 대륙을 우회해야만 했습니다②. 그런데 이곳에 인공적으로 강을 만들면② 교역로가 단축되어 엄청나게 편리해질 거라는 계획이 있었습니다. 이 계획에 대해 영국은 이렇게 말했습니다.

그런 강을 만들 수 있을 리 없잖아

이러한 상황에서 여러 사람이 협력하고 현지인들을 노예처럼 강제 노동시킨 결과, ㉓ 환상적인 인공 강이 훌륭하게 완성되어 **인류의 해상교통에 혁명을 일으켰습니다**㉕.

㉓영국에서 인도로 가는 방법
(1869년 이전)

㉔수에즈 운하의 건설 진행
(1859년~1869년)

㉕수에즈 운하로 인해
교통혁명이 일어나다(1869년 이후)

이 사실을 알게 된 영국은 이렇게 말했습니다.

갑자기 이집트가 마음에 드네

하지만 이 시기의 이집트는 서구 국가들과의 무역에서 엄청난 적자를 보고 있었기 때문에 정부가 너무 가난해져서 재정파탄에 이르렀어요. 그래서 이집트 정부와 이집트에 간섭하는 유럽 국가들에 화가 난 ㉔이집트인들이 반란을 일으켰습니다㉖. 이 사실을 알게 된 영국은 이렇게 말했습니다.

아무래도 이집트를 가만두면 안 되겠지?

영국은 이집트의 반란을 진압하는 것에 그치지 않고, 아예 점령했습니다. 그 **기세로 계속 밀고 나아가서** ㉕**이 지역까지 점령했지요㉗**. 이렇게 영국은 **초특급 해상 지름길㉘**을 손에 넣으며, 동서 연결에 혁명을 일으켰습니다.

㉕ 수단: 아프리카 사하라 사막의 남쪽, 콩고 분지보다 북쪽의 땅을 말한다. '흑인의 땅'이라는 뜻이다. 이곳에 사는 사람들은 맘루크 왕조에 정복되어 급속도로 이슬람의 색채를 띠게 되었다. 이후 이슬람교인 무함마드 알리 왕조와 영국의 지배를 받았다. 1881년에는 '마흐디의 난'이 발발해서 1956년에 영국의 지배에서 벗어나 수단 공화국으로 독립했다. 지금도 이슬람과 비이슬람 세력 간의 내전이 계속되고 있다.

㉖ 버마 참조 → P.166

㉗ 파키스탄 참조 → P.169

㉘ 아프리카 종단 정책: 1880년경~1920년경. 케이프타운(남아프리카공화국)과 카이로(이집트)를 전선과 철도로 연결하는 계획. 머리글자가 'C'인 캘커타(인도), 카이로, 케이프타운을 잇는 삼각형의 안쪽을 영유하려는 영국의 '3C 정책'에 근거했다. 케이프 식민지 총리이자 영국인인 세실 로즈가 추진했다. 로즈는 영국 남아프리카 회사를 설립해서 아프리카 각지를 차례로 차지했다. 이후 '남아프리카 전쟁'을 일으켜 트란스발 공화국과 오렌지 자유국을 무너뜨린 후, 제1차 세계대전으로 영토 종단을 완성했다. 그러나 정작 중요한 철도 부설은 실현되지 못한 채로 끝났다.

㉙ 트란스발 공화국: 1852년~1902년. 남아프리카공화국 북동부. 영국의 지배에 반기를 든 네덜란드인이 세웠으며, '발강 건너편'이라는 뜻의 나라. 한때 영국에 합병되었지만, 다시 전쟁을 벌여서 영국으로부터 독립을 쟁취했다. 그러나 거대한 규모의 금광이 발견되자 영국이 태도를 돌변해 완전 식민지가 되었다.

㉖반란 발생(1881년~1882년)

㉗현재의 수단 주변 지역도 보호국화

그리고 ㉖ ㉗ 인도 양쪽 지역도 **침략해㉘**, 영국령 인도가 엄청나게 커지게 되었습니다㉙.

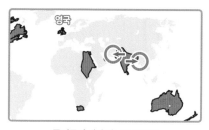

㉘영국의 세력 지도(1825년경)

㉙영국의 세력 지도(1890년경)

그리고 영국은 또 이렇게 말했습니다.

아프리카 대륙을
세로로 연결하면 어떨까?

영국은 **아프리카 대륙의 중요 거점인 이집트와 아프리카 남단을 확보하고 있었는데㉚**, 이를 세로로 연결하면 교통의 효율을 더욱 높일 수 있을 거라고 판단했어요. 이렇게 ㉘ 아프리카 대륙을 놀이판으로 삼은 장대한 오목 놀이가 시작되었고, 아프리카 남부 세력은 북쪽으로 진출했습니다.

한편, 과거 나폴레옹 시대에 아프리카 대륙에서 영국의 공격을 받았던 **네덜란드 세력이 도망쳐서㉛**, ㉙ ㉚ 네덜란드계 국가를 세웠어요. 이 나라 안에서 거대한 다이아몬드 광산과 금광이 발견되었습니다.

㉚ 오렌지 자유국: 1854년~1902년. 남아프리카에 대한 영국의 지배에 저항한 네덜란드인들이 오렌지강 건너편에 세운 나라. 네덜란드와 미국식 정치 시스템을 도입해서 대통령제로 나라를 운영했다. 남아프리카 전쟁을 치렀으나 영국에 패했다.

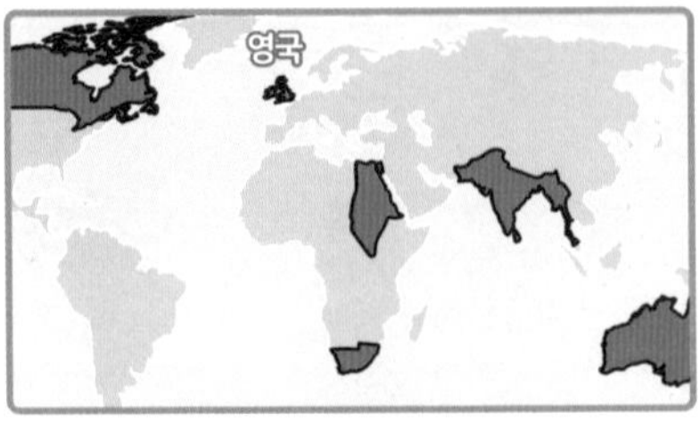

30 아프리카 대륙의 세력 지도(1850년경)

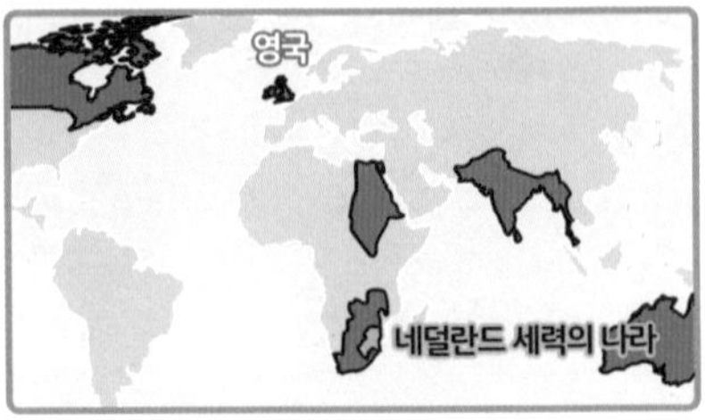

31 (1870년경)

그러자 영국은 이렇게 말했습니다.

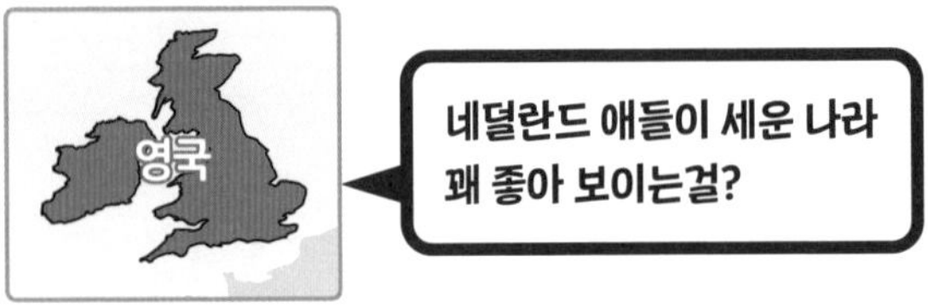

그래서 ㉛**영국이 공격**해 네덜란드계 사람들을 강제수용소로 보내면서, **네덜란드계 국가는 멸망했습니다**32. 남아프리카 지역에서 **영국의 지배력은 압도적으로 강해졌고**33, '아프리카 영토를 수직으로 연결하겠다'라는 야망도 계승되었습니다.

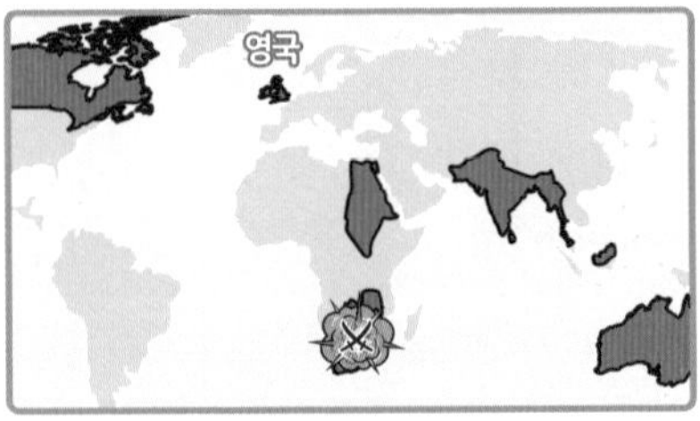

32 아프리카 대륙의 세력 지도(1890년경)

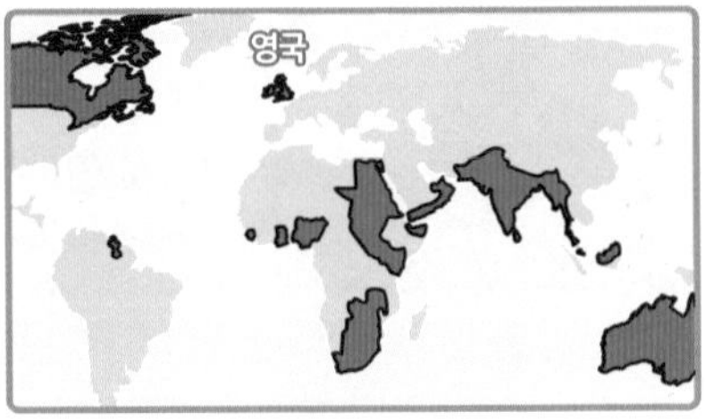

33 (1900년경)

㉛ 남아프리카 전쟁: 1899년~1902년. 일명 보어 전쟁. 남아프리카로 이주한 네덜란드인과 프랑스에서 아프리카로 망명한 사람들을 가리키는 보어인과 영국의 전쟁. '보어'는 네덜란드 말로 '농민'을 의미한다. 19세기 후반의 어느 날 금광이 발견된 트란스발 공화국에 영국이 대량의 이주민을 보내서 그들의 시민권과 선거권을 요구하며 공화국 측의 자치권을 빼앗으려 했다. 이에 위기감을 느낀 트란스발 공화국은 오렌지 자유국과 보어인 동맹을 맺고 전쟁에 돌입했다. 본국의 지원을 받은 영국은 보어인 연합을 상대로 승리했고, 남아프리카 전역은 영국의 식민지가 되었다.

너무 거대해져서 분열될 것 같다
1900년~1920년 무렵

영국 절정기의 상징인 빅토리아 여왕이 죽고, **이번에는 유럽 지역의 나라들이 두 세력으로 나뉘어 대규모로 충돌하는 커다란 전쟁이 일어나고 말았습니다**❸❹. 바로 ㉜**제1차 세계대전**입니다.

이 대전쟁에 영국도 참전해 승리했고, 그 결과 영토를 더 많이 늘렸습니다. 그리고 아프리카 대륙의 수직 연결에도 성공해 영국은 인류 역사상 가장 넓은 면적을 지배한 대제국이 되었습니다❸❺.

❸❹제1차 세계대전(1914년경)

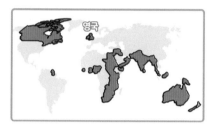

❸❺전 세계의 영국 영토(1920년경)

하지만 영국은 세계대전을 치르면서 막대한 피해와 지출이 발생했고, 이로 인해 대제국으로 군림하던 국력이 크게 약화되었습니다. 그러자 세계 곳곳의 영국 영토에 사는 사람들이 이렇게 말했습니다.

왜 우리가 영국 말을 잘 들어야 하지?
우리 발언권도 챙겨줘요

영국령 영토의 주민 대표

세계를 뒤흔든 나라들

대영제국

㉜ 제1차 세계대전 당시 영국: 1914년~1919년, 1914년 6월 28일 사라예보 사건 발생 후 영국은 중립적인 입장을 취했다. 그러나 독일의 벨기에 침략을 이유로 8월 4일에 영국도 참전하게 되었다. 독일과의 대립 배경에는 당시 독일의 3B 정책(베를린, 비잔티움, 바그다드를 중심으로 구축하려는 지배권)이 영국의 '3C 정책'과 대립하고 있었던 점과 함선 제조 경쟁이 벌어졌던 점이 주요하게 작용했다. 또한 영국은 일본에 '중국의 자국 상선 보호'를 요청했다. 이후 일본도 '일영동맹'을 이유로 참전했다. 중국과 남양 제도의 독일령을 공격했다. 참조 → P.349

거대한 덩치로 불어난 영국은 각 지역을 영국 본국이 직접 통치하는 구도가 아니라, 여러 나라가 연합한 듯한 형태라는 것을 법으로 명확하게 규정하게 되었습니다. 영국의 구조를 연합 국가처럼 만들기로 결정한 법을 ㉝웨스트민스터 헌장이라고 합니다.

인류 역사상 가장 큰 영토를 자랑하던 영국은 제1차 세계대전에서 크나큰 피해를 입으면서 압도적이던 지배 체제에 한계가 보이기 시작했습니다.

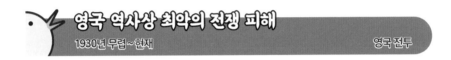

영국 역사상 최악의 전쟁 피해
1930년 무렵~현재
영국 전투

이번에는 제1차 세계대전에 패해서 초토화된 독일에 ㉞히틀러가 등장했습니다㊱. 히틀러는 독일을 부활시킨 후 이렇게 말했습니다.

전쟁을 일으키겠다

독일, 히틀러(1889년~1945년)

히틀러가 이끄는 독일이 일으킨 전쟁은 바로 ㉟제2차 세계대전입니다. 히틀러 세력은 순식간에 거대한 영역을 장악했습니다㊲. 하늘을 찌를 듯이 기세가 오른 히틀러가 이렇게 말했습니다.

영국을 공격하겠다

독일, 히틀러

독일은 비행기를 동원해서 영국 본토를 공격하기 시작했습니다㊳.

㉝ 웨스트민스터 헌장: 1931년. 영국과 자치령의 관계를 명문화한 법률. 1926년에 영국 제국은 '영국 연방'으로 명칭을 변경했다. 국가 체제를 바꾸고 각 자치령도 대등한 관계가 되어 국왕을 중심으로 뭉치게 되었다. 또한 법도 각 자치령에서 통용되는 법을 우선시하게 되었다. 하지만 이는 백인이 지배하는 자치령(캐나다, 호주, 뉴질랜드, 남아프리카공화국 등 여섯 개국)에만 적용되었고, 인도와 같은 '식민지'는 포함되지 않았다. 이후 영국은 풍부한 자치령과 식민지 무역을 중시하는 '블록 경제'를 통해 세계 대공황에 대응했다.

36 제1차 세계대전의 패배로
괴멸 상태인 독일(1920년경)

37 유럽의 압도적인 영역을
지배하는 독일 세력(1940년경)

38 독일의 공습 / 영국 전투(1940년)

전면적인 절망 상황에 빠지게 된 영국에는 영국 역사상 가장 위대한 정치인으로 꼽히는
36 처칠이 있었습니다. 처칠은 이렇게 말했습니다.

독일에 똑같이 복수한다

영국, 처칠(1874년~1965년)

이렇게 제2차 세계대전 중에 영국 공군과 독일 공군 사이에서 벌어진 전투를 37 영국 전
투(영국 본토 항공전)라고 합니다. 이 전투의 결과, 영국은 수도 런던을 폭격당하면서도 히틀
러 세력을 몰아내는 데 성공했어요. 하지만 **이번에는 머나먼 동쪽의 영토를 일본에 사정없이
침략당했습니다**39.

39 일본이 아시아의 영국령을 공격(1941년)

아시아의 영국 영토가 공격당해, 항복한 영국군

---

34 히틀러 참조 → P.108
35 제2차 세계대전 참조 → P.110
36 처칠: 1874년~1965년. 영국의 군인이자 총리. 명문 귀족 가문에서 태어났으며, 남아프리카 전쟁에 특파원으로 파견되었
다가 보어인에게 붙잡혀 포로가 된 경험이 있다. 남아프리카 전쟁에서 귀국하자마자 갑자기 영웅 대접을 받았고, 제1차 세
계대전 시기에는 해군 대장으로 승진했다. 제2차 세계대전에서 나치 독일이 부상하자, 냉정하게 대처해야 한다는 태도를
표명했다. 독일군이 침공하자 영국 총리로 취임해서 하루 16시간씩 일했다고 한다.

영국은 역대 최악의 피해를 입었지만, 이후 이런저런 일이 벌어지며 독일과 일본이 전쟁에 패배하고 제2차 세계대전은 종결되었습니다.

영국은 제2차 세계대전의 승전국임에도 본토에 결정적인 타격을 입었고, **영국이 지배하던 지역들이 하나둘 독립하면서**40 전 세계를 호령했던 패권국의 지위를 잃게 되었습니다.

40 영국의 식민지들이 차례로 독립

그러나 ㉟ 독립한 여러 나라 중에는 내부 분열로 고통받는 경우도 있었어요. 이렇게 전 세계에서 발생한 현대 사회의 분쟁을 거슬러 올라가면, 많은 부분 과거 영국의 통치에서 원인을 찾을 수 있습니다.

그럼에도 불구하고 이러한 압도적인 영향으로 인해 지금도 전 세계 곳곳에서 영어가 사용되고 있습니다.

제1차 중동전쟁   우간다-탄자니아 전쟁   인도-파키스탄 전쟁
(1947년~1949년)   (1978년~1979년)   (1947년~1970년대)

㉟ 영국 전투: 1940년. 영국의 제공권을 빼앗기 위해서, 프랑스를 격파한 독일군이 공군으로 영국 본토를 공격했다. 영국 국왕도 런던에 머물렀고, 시민들도 방공호와 적군 비행기에 대한 경계망을 만들었다. 세계 최초로 레이더를 사용한 방공망도 형성되었다.
㉟ 탈식민지화: 식민지의 독립을 뜻하는 단어. 특히 제2차 세계대전 이후 1945년~1960년 사이에 활발한 움직임이 있었다. 계기는 1947년 영국의 식민지였던 인도와 파키스탄의 독립이었다. 식민지화된 국가나 사람을 연구하는 '탈식민지 이론'은 독립의 원동력이 되었다. 다만 단숨에 진행된 탈식민지화의 폐해로 정치 경제에 불안을 겪은 지역도 있다.

세계를 뒤흔든 나라들 편

제3화

제3화

05:05

초등학생도 이해할 수 있는

소비에트 연방

시대는 1900년, 장소는 **이 거대한 영역①**입니다. 당시 **이곳에** ①**러시아 제국이 있었습니다②**.

① 유라시아 대륙

② 러시아 제국(1721년~1917년)

이 제국은 지도에서 확인할 수 있듯이 엄청나게 크고, 엄청나게 강한 나라였어요. 하지만 ②국민들이 정부에 반발해 빈번히 반란을 일으킨다는 내부적인 문제를 끌어안고 있었습니다. 그러던 중 당시 유럽 왼편 지역이 들썩이며 대규모 전쟁이 일어났어요. ③제1차 세계대전이지요.

제1차 세계대전에 러시아 제국도 참전해 싸웠습니다. 그런데 한창 전쟁하던 중에 국민들이 본격적으로 분노를 터뜨리기 시작해서 ④러시아 제국에서 가장 높은 사람인 황제가 처형당하고 나라가 붕괴되는 사태가 벌어졌어요. 제1차 세계대전 기간에 러시아 국내에서 일어난 대반란이 ⑤러시아 혁명입니다.

제1차 세계대전에서 싸우는 러시아 병사들

격분한 러시아인들

---

① 러시아 제국 참조 ➡ P.079
② 데카브리스트의 난: 1825년 12월. 러시아 제국 수도 페테르부르크에서 일어난 반란. 12월(러시아어로 '데카브리')에 발생한 것이 명칭의 유래다. 귀족 출신 청년 장교가 지방 농민의 비참한 상황을 듣고 '전제정치 폐지'와 '농노 해방'을 촉구하며 일어섰다.

러시아 혁명으로 인해 러시아 제국은 멸망하고**3**, 이 거대한 지역은 아수라장의 전쟁터로 변해버렸습니다. 제1차 세계대전이 끝난 후에도 러시아 내부는 여전히 혼란스러운 상태였어요. 그리고 어수선한 러시아에 ⑥레닌이 등장했습니다. 레닌은 이렇게 말했습니다.

나는 모든 국민이 평등한 낙원을 만들고 싶어

레닌(1870년~1924년)

무슨 뜻인지 한 번에 이해하기 어려운 말인데, 자세히 말하자면 ⑦모든 사업을 국가가 운영함으로써 모든 국민이 모두 똑같은 노동을 하고, 모두 똑같은 만큼의 보수를 받아서 모두 평등하게 행복할 수 있는 낙원 같은 국가를 만들자는 생각입니다. 사실 이 사상은 상당히 오래전부터 있었지만, 실행에 옮긴 나라가 현실에 존재하지 않았어요.

그런데 사상 속의 나라를 실제로 러시아에 만들려고 노력한 사람이 레닌이었던 거지요. 한 번도 겪어본 적이 없는 이론임에도 불구하고, 레닌은 많은 사람들의 지지를 얻었고 엉망진창이 된 러시아에서 열심히 활동했습니다.

몇 년 동안 러시아 내부 분쟁을 겪은 결과, 레닌은 성공적으로 나라 전체를 손아귀에 쥐게 됩니다. 레닌에 의해 **새롭게 러시아 땅에 탄생한 나라가** ⑧소비에트 연방(소련)이에요**4**.

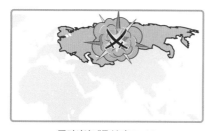

3러시아 제국 붕괴(1917년)

4소비에트 연방의 탄생(1922년)

③ 제1차 세계대전 참조 → P.097
④ 니콜라이 2세: 1868년~1918년. 러시아 제국의 마지막 황제. 황태자 시절 일본 여행을 하던 중 시가현 오쓰시에서 경호하던 경찰이 갑자기 습격해서 칼에 찔린 적이 있다.
⑤ 러시아 혁명: 1917년. 러시아의 사회주의 혁명. 3월(러시아력 2월)에 시민을 탄압하는 군대와 경찰을 보고 분노한 군인들이 반란을 일으켰다. 이 반란은 진압되지 않았고, 황제가 통치하는 체제 대신 부자들이 운영하는 임시 정부가 출범했다. 그러나 부자가 아닌 노동자와 병사 계층은 러시아어로 '회의'를 의미하는 '소비에트'라는 이름의 평의회를 지지해, 러시아에 두 개의 정부가 존재하는 상황이 되었다. '3월보다 더 많은 혁명에 성공할 것'을 목표로 한 소비에트는 11월(러시아력 10월)에 급진적 사회주의를 지향하는 집단(볼셰비키)이 권력을 장악했다. 임시 정부를 타도하고 레닌을 중심으로 새로운 정부를 세웠다.

모두가 평등하게 행복할 수 있는 나라를 만들자

1920년~1925년 무렵   레닌에 의한 소련의 개혁

나라를 세운 레닌은 이렇게 말했습니다.

낙원을 만들자

소비에트 연방, 레닌

레닌은 모든 국민이 평등한 이상적인 국가를 실현하기 위해 노력했습니다. 레닌은 낙원 같은 나라를 만들기 위해 이미 다음과 같이 선언한 바 있었습니다.

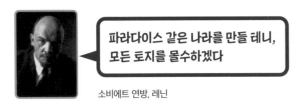

파라다이스 같은 나라를 만들 테니, 모든 토지를 몰수하겠다

소비에트 연방, 레닌

낙원 같은 나라에서 땅을 많이 가진 사람이나 땅을 한쪽도 갖지 못한 사람이 생기면 평등해지지 않기 때문에 국민들의 토지 수유를 금지했습니다. 또한 레닌은 이렇게 말했습니다.

---

⑥ 레닌: 1870년~1924년. 소비에트 연방을 만든 지도자로, 본명은 블라디미르 울리야노프. 레닌은 필명으로 러시아를 흐르는 '레나강의 사람'이라는 뜻이다. 아버지가 물리학자였으며, 성적이 매우 우수했다. 시험은 항상 만점이었으며 성적도 최상위권이었다. 그리고 상당히 소탈한 사람이었다고 한다. 한때 변호사로 일했지만, 이후 형의 영향을 받아 사회주의자가 되어 다양한 운동에 참여했다. 정권을 장악하자 사회주의적 개혁을 단행했다. 레닌의 시신은 방부 처리되어 마치 살아 있는 것처럼 붉은 광장의 레닌 묘에 안치되어 있다. 레닌의 시신을 보기 위해 찾아오는 관광객도 많다.

⑦ 공산주의 참조 → P.104

⑧ 소비에트 연방: 1922년~1991년. 정식 명칭은 소비에트 사회주의 공화국 연방이다. 레닌이 이끄는 볼셰비키당이 '소비에트'의 권력을 탈취한 후, '러시아 공산당'으로 이름을 바꾸었다. 그들은 제1차 세계대전에서 탈퇴하고 다른 나라의 간섭을 극복하면서 1918년에 염원하던 헌법을 제정했다. 이렇게 세계 최초의 사회주의 국가인 러시아 소비에트 사회주의 공화국 연방이 성립되었다. 이후 국제적으로도 '국가'로 정식 승인되자 12월 30일에 벨라루스, 우크라이나, 자캅카스와 연방을 결성해서 마침내 '소련'이 탄생했다. 이후에도 회원국이 급격히 늘어나면서 거대 세력으로 성장했지만, 1991년에 체제가 붕괴되었다.

낙원 같은 나라를 만들 거라서,
자유로운 사업을 금지한다

소비에트 연방, 레닌

낙원 같은 나라에서는 사람들이 장사를 해서, 이 사람은 돈을 벌고 저 사람은 손해를 보는 경우가 생기면 평등과 멀어지기 때문에 ⑨사람들끼리 자유롭게 물건을 사고파는 행위를 기본적으로 금지했습니다. 또한 레닌은 이렇게 말했습니다.

낙원을 반대하는 자를 징벌하는
경찰을 만들겠다

소비에트 연방, 레닌

낙원 같은 나라에서 체제를 무너뜨리려는 자는 당연히 나쁜 놈이기 때문에 ⑩응징하기 위한 경찰을 만들었어요. 또한 레닌은 이렇게 말했습니다.

국가의 모든 권력은 우리가 갖는다

소비에트 연방, 레닌

레닌이 이끄는 소련의 중앙 정부는 이상적인 나라를 만들기 위해 열심히 노력하기 때문에, 평등하지는 않지만 특별히 국가의 모든 권력을 차지해도 이해하기로 했습니다.

하지만 안타깝게도 실제로는 레닌이 꿈꾸던 대로 이루어지지 않았고, 일부 국민들이 반발했어요. 그래서 어쩔 수 없이 ⑪사람들이 자유롭게 사업을 할 수 있도록 일부 허용하기로 했습니다.

---

⑨ 전시 공산주의: 1918년~1921년. 러시아 혁명에 반대하는 나라가 도발해 시작된 전쟁 중에 시행한 경제 정책. 상공업을 국가가 통제하고, 식량은 배급하며, 노동을 의무화하기로 했다. 생산과 분배를 국가가 장악. 비상사태가 일단락되면 그다음에는 네프로 전환되었다.

⑩ 체카: 1917년. 사회주의 체제를 지키기 위해 만들어진 치안 유지 부대. 총살과 같은 비상 수단까지 사용하면서 혁명 반대 세력을 탄압했다. 소련의 비밀경찰인 KGB의 전신이다.

⑪ 네프: 1921년~1928년. 러시아어 '신경제 정책(Novayaekonomicheskaya politika)'의 약칭이다. 잉여 식량의 판매와 소기업 경영을 허용해 자본 친화적인 방침으로 전환했다.

그 결과 사업으로 큰 부자가 되는 사람들이 생겨나며 소련은 모두가 평등한 천국이라고는 할 수 없는 상태가 되었습니다. 어쨌든 어수선했던 러시아는 일단 안정을 되찾을 수 있었어요. 그런데 레닌은 소비에트 연방이 성립되자마자 죽고 말았습니다.

반대하는 사람을 응징하는 경찰 / 체카

자유 판매와 개인 경영으로 돈을 번 사람 / 네프맨

더 힘내서 모두 평등하게 행복해지는 나라를 만들자
1925년 무렵   스탈린에 의한 소련 개혁

이후 소련의 최고 권력자로 ⑫스탈린이 등장했습니다. 스탈린은 이렇게 말했습니다.

레닌 선생님의 뒤를 이어 내가 낙원 같은 나라를 만들겠다

소비에트 연방, 스탈린(1879년~1953년)

꿈만 꾸다 끝나버린 이상적인 국가 건설 작업은 스탈린에게 맡겨졌습니다. 이후 스탈린은 이렇게 말했습니다.

자유로운 개인 경영은 이전보다 더 금지!

소비에트 연방, 스탈린

⑫ 스탈린 참조 → P.105

레닌이 집권하던 시절에도 여전히 사업으로 부자가 되는 사람들이 있었어요. 이들을 인정해 주면 모두 평등한 나라라고 절대 말할 수 없기 때문에 스탈린은 개인 경영을 더욱 철저하게 금지했습니다. 당연히 이에 대한 반발이 있었지만, 반대파를 체포하거나 처형하는 방식으로 대처했어요.

그리고 스탈린은 개인 경영을 금지하는 대신 ⑬⑭ 모두 평등하게 일할 수 있는 농장을 많이 만들었고, 사람들을 그곳에서 일하게 했습니다. 이로 인해 사람들은 농장에 묶여 이동의 자유도 금지당했어요.

열심히 양배추를 재배하는 소련 국민들

열심히 돼지를 키우는 소련 국민들

스탈린은 이렇게도 말했습니다.

모두 나를 숭배해라

소비에트 연방, 스탈린

국민들은 유토피아 건설에 온 힘을 쏟는 스탈린을 엄청나게 위대하다면서 숭배하게 되었지요. 아무튼 스탈린이 이끄는 소련은 레닌이 꿈꾸었던 모두 평등한 낙원 같은 나라에 점점 가까워졌습니다.

---

⑬ 콜호스: 러시아어 '집단농장(kolljektivnoje hozjajstvo)'의 약자. 대부분의 토지, 농기구, 가축을 정부가 소유하고, 농민은 그 운영에 참여해 보수를 받았다. 따르지 않는 농민은 수용소로 보내지거나, 처형당했기 때문에 현장에 큰 혼란을 가져왔다.

⑭ 소프호스: 러시아어 '소련 국영농장(sovjetskoje hozjajstvo)'의 약자. 지주나 부농으로부터 몰수한 대농장에 기계를 도입해서 농장을 경영했다. 이로 인해 농민들은 수확물을 판매할 권리와 땅을 떠날 권리까지 빼앗겼고, 모든 농촌이 정부의 지배 아래 놓였다.

모두 평등한 나라가 강점을 발휘하다
1930년 무렵
5개년 계획과 대숙청

한편 당시 세계 최강국이었던 미국에서 갑자기 사람들이 가난해지는 이상한 현상이 일어났습니다. 그 영향으로 미국이 더 이상 다른 나라들을 지원할 수 없게 되었지요. 지원이 끊기자, **미국의 가난 현상이 연쇄적으로 퍼지면서 한순간에 전 세계가 가난해졌습니다⑤**. 전 세계가 갑자기 가난해진 영문 모를 현상이 ⑮ 세계 대공황입니다.

하지만 소련은 전 세계에서 유일하게 모두 평등해지는 방식으로 국가를 운영했기 때문에 세계 대공황의 영향을 받지 않았어요. 그래서 소련은 아무것도 하지 않았음에도 다른 나라들이 몽땅 가난해진 덕분에 홀로 승승장구하는 상황이 되었습니다. 스탈린은 이렇게 말했습니다.

외국과 더 열심히 무역할 때야!

소비에트 연방, 스탈린

중앙 정부는 외국과 무역을 하기 위해 **이 지역⑥**에서 생산되는 농작물을 거의 모조리 거두어갔어요. 그 결과 ⑯ 이 지역 사람들은 수백만 명이 굶어 죽었습니다.

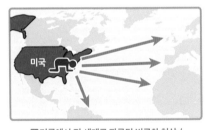

⑤미국에서 전 세계로 파급된 빈곤화 현상 /
세계 대공황(1929년)

⑥우크라이나 지역 사람들이 극빈화 /
홀로도모르(1932년~1934년)

---

⑮ 세계 대공황 참조 → P.106
⑯ 홀로도모르: 1932년~1934년. 우크라이나를 중심으로 소련에서 발생한 대기근. 정부가 우크라이나의 농민에게서 식량과 씨앗을 강탈했다. 정부는 외화 획득을 위해 곡물을 계속 수출했고, 기상악화까지 겹치면서 국내 곡물이 바닥을 드러내는 사태로 발전했다. 약 400만 명이 굶어 죽었다고 한다.

이해하기 어려운 부분이 많지만 어쨌든 이런 식으로 소련 중앙 정부는 국민을 노예처럼 부리고, 생산물을 마음대로 착취했으며, 세계를 절망에 빠뜨린 세계 대공황에도 끄떡없는 강력한 사회구조를 갖추어 당시 최고 강대국이었던 미국에 이어 두 번째 강대국의 지위를 획득하는 데 성공했습니다.

스탈린을 숭배하자는
포스터

국가를 발전시키자는 포스터 /
5개년 계획 포스터

모두 열심히 일하자는 포스터

하지만 이후 스탈린은 이렇게 말했습니다.

나를 미워하는 놈에게 암살당할 것 같아서 무서워

소비에트 연방, 스탈린

반대파를 더 많이 처형해야겠어

소비에트 연방, 스탈린

스탈린은 중앙 정부의 거물 권력자와 공적을 세운 고위직 인물도 포함해 ⑰수많은 사람들을 무자비하게 처형했습니다. 이렇게 소련은 아무리 지위가 높아도 언제 스탈린에게 처형당할지 모르고, 절대 권력자인 스탈린도 언제 암살당할지 몰라서 두려움에 떨고, 국민들은 노예처럼 일만 하는 생지옥 같은 나라가 되었습니다.

---

⑰ 대숙청: 1930년 후반. 스탈린이 공산당 간부, 군인, 지식인, 대중에 대해 실시한 공포 정치. 스탈린의 적대자나 비판자는 무자비하게 살해되었고, 이로 인해 약 1000만 명이 사망한 것으로 알려져 있다. 이때 죽임당한 사람들 중에는 능력이 뛰어난 사람들도 많았다.

세계 전쟁에 휘말리며 멸망 위기에 돌입
1930년~1945년 무렵
제2차 세계대전과 독소 전쟁

소련은 좋든 나쁘든 이상향 실현에 성공했지만, 유감스럽게도 이 무렵 소련보다 서쪽에 있는 독일 **7** 에 ⑱ 히틀러가 나타났습니다. 히틀러는 이렇게 말했습니다.

전쟁을 일으킬 거야

독일, 히틀러(1889년~1945년)

이렇게 히틀러에 의해 시작된 전쟁이 ⑲ 제2차 세계대전입니다. 그러자 스탈린은 이렇게 말했습니다.

우리도 전쟁할 건데?

소비에트 연방, 스탈린

히틀러가 이끄는 독일과 스탈린이 이끄는 소련은 유럽을 완전히 뒤집어 놓았습니다. 지도로 살펴보면 유럽 지역은 이런 분위기가 되었지요 **8** .

7 유럽의 세력 지도(1939년)

8 (1941년)

---

⑱ 히틀러 참조 → P.108
⑲ 제2차 세계 대전 참조 → P.110
⑳ 독소 전쟁: 1941년~1945년. 일명 대조국 전쟁. 제2차 세계대전 중에 벌어진 독일과 소련의 전투로 1416일 동안 약 3100만 명이 사망했으니 하루에 약 2만 명씩 목숨을 잃은 셈이다. 소련군의 승리에 쐐기를 박은 것은 스탈린그라드 전투다. 최대의 격전지였던 마마이 언덕에서는 양군의 포격이 난무했으며, 전쟁 당시에는 그 열기로 인해 혹한을 자랑하는 지역임에도 불구하고 눈이 전혀 쌓이지 않았다고 한다.

히틀러는 이렇게 말했습니다.

소련을 공격해야겠어

독일, 히틀러

이번에는 독일과 소련이 맞붙게 되었습니다. 제2차 세계대전 중에 벌어진 독일과 소련의 싸움이 ⑳ 독소 전쟁입니다.

하지만 소련은 군인을 비롯한 인재란 인재는 모두 스탈린이 처형했기 때문에 잘 싸울 수 없었어요. 그 결과 **소련은 독일의 맹공격에 휘둘릴 수밖에 없었고, 국가 존망의 기로에 이르렀습니다[9]**. 그런데 그때 적군의 독일 병사가 이렇게 말했습니다.

러시아 너무 추워

추위에 떠는 나치 독일군

독일과 소련이 전쟁하던 러시아 땅에 겨울이 찾아왔습니다. 이 극한 추위의 힘으로 전세가 완전히 뒤집혀서, **소련은 독일을 몰아붙이는 데 성공했습니다[10]**. 그 후 **미국을 비롯한 여러 나라가 독일을 공격[11]**했고, 히틀러가 죽은 뒤 독일과 소련의 전쟁이 끝났습니다.

결과적으로 소련은 제2차 세계대전에서 승리했고, 국력을 더욱 높일 수 있었습니다.

[9]소련의 중심부까지 쳐들어간
독일 세력(1942년경)

[10]독일 세력을 물리친 소련 세력
(1943년경)

[11]미국과 영국이 독일 세력을 공격
(1944년)

세계는 미국이라는 초강대국 진영과 소련이라는 초강대국 진영으로 뚜렷이 나뉘게 되었습니다⑫ 두 나라를 앞세워 세계 여러 나라가 두 세력으로 편이 갈라졌어요. 서로 위협하거나 전쟁을 벌이며 견제하는 시대가 되었습니다.

그러던 중 스탈린이 병으로 사망했습니다. 새로운 소련의 최고 권력자는 ㉑흐루쇼프였어요. 흐루쇼프는 이렇게 말했습니다.

스탈린은 정말 별로였어요,
멍청한 나쁜 놈이었죠

소비에트 연방, 흐루쇼프(1894년~1971년)

스탈린은 당시 나라 권력을 모두 혼자 쥐고 있었고, 국민이 신처럼 숭배해야 하는 대상이었고, 조금이라도 스탈린을 거스르면 누구라도 눈 깜짝할 사이에 제거되었습니다. 무시무시한 공포 정치가 행해졌기 때문에 흐루쇼프가 ㉒스탈린을 공개적으로 비판(스탈린 격하 운동)하자 전 세계가 충격을 받았습니다.

흐루쇼프는 스탈린보다는 온건한 편이었기 때문에 이후 미국과 소련 사이의 긴장감이 누그러지긴 했지만, 여전히 두 나라는 사이가 좋지 않았어요. 이후 여러 사건이 터지며 양국의 관계가 틀어져서 ㉓한때는 핵전쟁으로 발전할 것 같은 상황까지 벌어졌지만, 다행히 세계 전쟁의 위기는 아슬아슬하게 벗어날 수 있었습니다.

㉑ 흐루쇼프: 1894년~1971년. 소련의 정치가. 우크라이나 국경 부근의 가난한 농가에서 자랐다. 공산당의 우크라이나 담당으로 출세했다. 대숙청이 일어났을 때 반대파를 소탕한 공로로 스탈린의 총애를 받았고, 독소 전쟁에서도 공을 세웠다. 스탈린 사후에도 승승장구해 공산당의 최고 지도자로 군림했다. 외국과 평화공존을 목표로 농업 진흥이나 해빙 외교 정책을 실시했다.

㉒ 스탈린 비판: 1956년~1964년. 흐루쇼프가 대숙청이나 독소 전쟁 준비 부족 등을 꼬집어 스탈린을 신랄하게 비판했다. 또한 각지에 세워진 스탈린 동상을 철거하는 등 개인숭배 노선을 전환했다. 그러나 흐루쇼프의 실각 후에는 비판의 기세가 약해졌다.

㉓ 쿠바 위기: 1962년. 미국과 소련의 긴장이 극한까지 고조된 사건. 미국은 혁명이 일어난 쿠바와 교류를 단절했지만, 소련은 쿠바에 우호적이었다. 그리고 소련은 쿠바에 미사일 기지를 건조하고, 미사일 반입을 계획했다. 미국은 이에 반발해 쿠바를 해상 봉쇄했다. 이때 쿠바 앞바다에는 소련의 잠수함이 있었고, 미군은 폭뢰로 위협했다. 사실 이 잠수함에는 '핵 어뢰'가 실려 있었다. 잠수함의 승무원들은 상황을 몰랐기 때문에 '전쟁이 시작되었다'라고 착각했다. 핵 어뢰 발사 혹은 물 위로 부상이라는 두 가지 선택지를 마주한 극한의 상황이었는데, 함장이 필사적으로 설득해 '부상'이 결정되었다. 이 영리한 결단으로 미국과 소련의 전면 충돌을 막을 수 있었다.

🔟 미국과 소련으로 전 세계를 양분한 냉전

쿠바 근해로 접근하는
미국 비행기와 소련 항공모함

만약 미국과 소련이 핵무기를 진짜로 발사하면, 인류는 그대로 멸망해 버릴 가능성이 있습니다. 그런 일은 벌어져서는 안 되기 때문에 미국과 소련은 ㉔ 서로 긴장 관계를 해소해 비교적 우호적인 상태로 안정을 찾았습니다.

그 후에도 미국과 소련은 아무리 사이가 나빠도 최악의 수는 선택하지 않는다는 애매한 관계성이 형성되었습니다. 제2차 세계대전 이후에 미국과 소련 사이에서 발생한 일련의 대립 상태를 ㉕ 냉전이라고 합니다.

여러모로 무리한 상황이라서 나라를 없애다

1985년~1991년 무렵 　　　　　　　　　　　　　고르바초프의 페레스트로이카

냉전 상태로 수십 년이 지났을 무렵, 유토피아의 평등한 방식이 끌어안고 있던 문제가 악화되었는지 소련의 국력이 점점 침체되었습니다.

이때 소련의 최고 권력자로 ㉖ 고르바초프가 나타났습니다. 고르바초프는 이렇게 말했습니다.

㉔ 미소 데탕트: 1970년대. 원래 프랑스어의 데탕트(détente)는 '긴장한 상태(tente)가 풀리는(dé) 것'을 뜻한다. 그래서 전쟁 상태에 있는 나라들이 서로 화해하는 것을 가리키는 외교 용어가 되었다. 냉전 당시 미국과 소련 사이에 데탕트가 일어난 주된 이유로 '핵전쟁을 피하자'라는 공통 인식이 크게 작용했다. 또한 그 배경에는 양국의 군사력이 적절한 균형 상태에 있었던 것과 소련 국내에서 농작물의 흉작이 계속되어 미국과 대립할 상황이 아니었다는 사정도 있었다.

㉕ 냉전 참조 → P.116

㉖ 고르바초프: 1931년~2022년. 소련의 정치가. 1985년에 공산당 서기장으로 취임했다. 냉전을 끝내기 위한 신사고외교를 주축으로 정치에서 경제, 문화 등의 개혁을 추진했다. 1990년에는 소련에 대통령제를 도입하고 직접 취임했다. 이후 1991년에 소련 붕괴와 함께 사임했다.

**소련은 이대로 가다가는 끝이야,
개혁이 필요해**

소비에트 연방, 고르바초프(1931년~2022년)

고르바초프가 진행한 소련의 개혁 정책과 이념을 ㉗페레스트로이카라고 합니다. 페레스트로이카 정책을 시행했지만, 소련 내 분열이 가속화되어 ㉘소비에트 연방은 붕괴했습니다.

소련이 개혁으로 내홍을 겪으며 해체된 이후 이 지역에는 ㉙러시아가 성립했습니다. 이로써 격동의 소비에트 연방 역사는 70여 년 만에 막을 내렸습니다.

모스크바에서 아이들과 악수하는
미국의 레이건 대통령

소비에트 연방 국기와 러시아 연방 국기가
교체되는 순간

㉗ 페레스트로이카: 1986년~1991년. 고르바초프 정권이 추진한 소련 내 기업 활동의 자유화, 공산당과 국가의 분리 등 소비에트 연방의 지배 체제를 뿌리부터 재검토하는 개혁. 반대하는 사람도 많아서 고르바초프는 레닌 묘소 근처에서 암살 시도를 당하기도 했다.

㉘ 소비에트 연방 붕괴: 1991년. 미국의 부시와 소련의 고르바초프가 몰타섬에서 회담을 하며 '냉전 종식'을 선언했다. 소련이 더 이상 버틸 수 없다고 판단한 고르바초프는 소련 정부의 활동을 중단하고, 인기가 높았던 옐친을 후임 대통령으로 지명했다. 그러나 1992년에 러시아 시장이 개방되면서 해외 제품이 대거 유입되었고, 그 여파로 소련 붕괴 이후 물가는 약 26배가 뛰었다. 기대와 달리 러시아 경제는 거의 파산 직전에 이르렀다.

㉙ 러시아 연방: 1991년~현재. 소비에트 연방에 속해 있던 러시아 공화국이 명칭을 바꾸어 성립된 나라다. 러시아 민족 이외의 몇몇 공화국도 연합해서 독자적인 방식으로 운영되고 있다.

세계를 뒤흔든 나라들 편

제4화

제4화

05:05

⏮ ▶ ⏭

초등학생도 이해할 수 있는

미국

평범하지 않은 과정으로 탄생한 미국
1750년~1800년 무렵
미국의 독립

시대는 1750년경, 당시 **아메리카 대륙의 북쪽 부분❶**은 유럽 여러 나라의 식민지였습니다❷.

❶아메리카 대륙

❷아메리카 대륙의 세력 지도(1770년경)

　유럽 국가들은 유럽 지역에 있는 본국을 기반으로 삼아서 바다 건너편의 아메리카 대륙에 슬금슬금 간섭을 하고 있었습니다. 그중에서도 **영국은 전쟁 등 여러 방면으로 돈을 퍼 나르다시피 지출했기 때문에 이를 충당하려는 목적으로 아메리카 대륙 식민지인 미국에 과중한 세금을 부과했어요❸**. 그러자 **이 지역 사람들❹**이 이렇게 말했습니다.

❸본국인 영국에 많은 세금을 갈취당한 미국 지역
(1770년경)

❹영국의 지배에 분노가 쌓인 사람들이 많았던 지역

영국 진짜 너무해,
우리끼리 독립하자

미국에 사는 영국계 미국인

---

① 미국 독립 전쟁: 1775년~1783년. 13개의 식민 지역이 영국으로부터 독립을 쟁취한 전투. 식민지 측의 병력은 일반인 중심이었지만, 삶이 걸린 문제였기 때문에 사기가 높았다.

이렇게 시작된 전쟁이 ①미국 독립 전쟁입니다. 이 지역 사람들이 똘똘 뭉쳐서 영국의 식민 통치에 반기를 들고 독립을 쟁취하기 위한 전쟁을 벌였어요. 그런 상황에서 영국령 미국 지역에 ②워싱턴이 등장했습니다.

워싱턴은 인류 역사상 가장 영향력이 있었던 인물 순위에서 26위로 기록되어 있습니다. 워싱턴이 어떤 인물인가 하면, 미국 내 영국 식민지에서 군대의 부관 참모로 임명되었던 고위직 군인이었습니다. 이후 독립 전쟁에서는 독립군의 사령관으로 선출되었지요.

하지만 영국군은 매우 강했기 때문에 미국군은 힘겨운 싸움을 해야 했습니다. 이러한 악조건 속에서 영국에 적대감을 느끼고 있던 프랑스와 유럽의 몇몇 나라(네덜란드, 에스파냐)가 미국의 독립을 지지해 주었습니다.

그 결과 미국은 영국을 상대로 성공적인 승리를 거둘 수 있었지요. 이렇게 영국으로부터 독립해 **성립된 나라가 바로** ③**미국입니다**5. 그리고 독립과 함께 **미국은** ④이 넓은 영역도 **영국에게서 얻어냈습니다**6.

조지 워싱턴
(1732년~1799년)

5아메리카 대륙의 세력 지도
(1776년)

6 (1783년)

또한 미국은 왕이나 황제처럼 절대적인 권력자가 나라 전체를 지배하는 방식이 아니라, ⑤국민이 투표로 통치자를 뽑는 방식을 선택했습니다.

현대 사회에서는 투표가 당연한 국가 운영 방식으로 느껴지지만, 당시에는 세계적으로 보기 드문 방식이었어요. 그리고 첫 선거를 통해 워싱턴이 미국 초대 대통령으로 선출되었습니다.

② 워싱턴: 1732년~1799년. 식민지군 총사령관이자 미국 초대 대통령. 자신의 죄를 인정하는 정직한 사람이다. 치아가 잘 빠지는 체질이었던 모양으로, 대통령으로 취임할 때 치아가 하나밖에 남아 있지 않았다. 게다가 노예의 이를 뽑아서 자신의 틀니로 재사용했다.
③ 미국: 1776년~현재. '독립 기념일'인 7월 4일에는 각지에서 불꽃놀이와 화려한 퍼레이드가 펼쳐진다. 사람들은 '행복한 7월 4일(Happy 4th of July)!'이라는 축하 인사를 한다.
④ 미시시피강 동쪽의 루이지애나: 프렌치-인디언 전쟁에서 승리한 영국은 미시시피강 동쪽의 영토를 얻었으나, 독립 전쟁에서 패배해 미국에 양도했다. 참조→ P.080
⑤ 대통령제: 대통령을 국가 수장으로 하는 국가 체제. 사람들이 정치를 움직이는 주체가 되면서, 이전까지 왕의 역할을 수행하던 사람을 '대통령'으로 정하고 누가 대통령이 될지 국민이 선택하게 되었다.

또한 대통령이 최고 권력자인 것은 맞지만 ⑥각 주마다 상당한 권력이 주어졌으며, 여러 주가 연합해 하나의 나라를 성립하는 나라였습니다.

현재의 미국이 거의 완성되다
1800년~1850년 무렵
미국의 영토 확장

미국의 역사는 이렇게 시작되었는데, 저 멀리 유럽 지역에서 조금 엉뚱한 생각을 하는 ⑦나폴레옹이라는 인물이 등장합니다. 나폴레옹은 이렇게 말했습니다.

난 전쟁이 하고 싶더라!

프랑스, 나폴레옹(1769년~1821년)

그리고 이런 말도 했습니다.

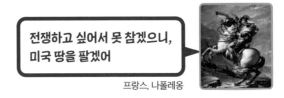

전쟁하고 싶어서 못 참겠으니, 미국 땅을 팔겠어

프랑스, 나폴레옹

프랑스는 이때 ⑧아메리카 대륙에 영토를 가지고 있었는데, 갓 독립한 미국에 **이 땅을 팔아서 전쟁 자금을 확보했습니다⑦**. 이후 나폴레옹 때문에 유럽은 전쟁 지옥이 되었지만, 반대로 미국은 단숨에 거대해졌어요. 그리고 **이 부분까지 스페인으로부터 인수했습니다⑧**.

---

⑥ 연방제: 미국 헌법의 이념. 미국 정부 아래에서 각 주에 자치를 허용하고, 연방정부와 각 주정부가 모두 힘을 갖는 방식. 러시아 연방처럼 여러 국가가 모여 있는 방식의 국가도 연방국가라고 한다.
⑦ 나폴레옹 참조 → P.082
⑧ 미시시피강 서쪽의 루이지애나 참조 → P.083
⑨ 먼로주의: 1823년. 제5대 대통령 먼로가 표명한 외교 정책. '유럽에 간섭하지 말 것', '미국에도 개입하지 말 것', '식민지로 삼으려 하면 되갚아줄 것'이라는 세 가지 내용을 기본 방침으로 삼았다.
⑩ 아메리카 원주민: 아메리카 대륙의 원주민. 콜럼버스가 인도인으로 착각해서 한때 '인디언'이라고 불렀으며, 15세기 말에 그들이 담배를 피우는 모습을 본 유럽인들에 의해 담배가 전 세계로 퍼져나갔다.
⑪ 텍사스 공화국: 1836년~1845년. '동료'라는 뜻의 텍사스(멕시코령) 땅에 이주한 수많은 미국인이 독자적으로 독립을 선언했다. 이후 미국이 합병해 미묵전쟁(멕시코-미국 전쟁)으로 발전했다.

7 미시시피강 서쪽의 루이지애나를 프랑스로부터 매입
(1803년)

8 스페인으로부터 플로리다를 매입(1819년)

이후 미국은 이렇게 말했습니다.

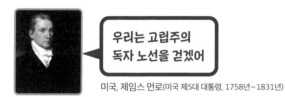

우리는 고립주의
독자 노선을 걷겠어

미국, 제임스 먼로(미국 제5대 대통령, 1758년~1831년)

이렇게 미국은 ⑨해외 국가에 대한 불간섭 정책을 취하며 동맹이나 개입을 꺼리는 외로운 늑대 같은 외교 노선을 걷기로 했습니다. 그런 식으로 다른 나라들과의 관계를 줄이더니, 이번에는 이렇게 말했습니다.

원주민을 학살해서
영토를 확장하겠어

힘자랑하는 미국인

이번에는 ⑩유럽인들이 아메리카 대륙을 발견하기 전부터 살던 원주민을 말살하면서 활동 영역을 넓히고, 나라 안쪽으로 눈을 돌려 집중하는 정책을 펼쳤습니다.

그런 식으로 **우선은** ⑪여기에 있던 나라와 **합치고9**, 영국과 협의해 ⑫이곳을 얻고**10**, 이후 ⑬전쟁에서 압승해 이 부분을 차지하면서**11** 어려움 없이 초거대 국가로 거듭났습니다.

⑫ 오리건: 오레곤(Ouragon)이라 불리던 콜롬비아강 유역의 숲이 많은 지역. 현재의 워싱턴주, 오리건주, 아이다호주다. 1846년에 영국과의 공동 통치에서 단독 통치로 전환했다.
⑬ 미묵전쟁: 1846년~1848년. 텍사스 사태를 이용해서 멕시코를 도발하고 전쟁을 일으켰다. 그 결과 텍사스 합병이 완전히 인정되어, 멕시코가 뉴멕시코와 캘리포니아를 1500만 달러에 양도했다. 이로써 지금의 미국 영토가 거의 완성되었다.

⑨텍사스 획득(1845년) ⑩오리건의 남쪽을 획득(1846년) ⑪캘리포니아와 뉴멕시코 획득
(1848년)

미국 국내에서 위험한 전투가 발발하다
1850년~1900년 무렵 남북전쟁

미국은 새롭게 획득한 국내 영토에서 금광도 발견하고, 서쪽 바다로 진출해 일본에 상륙하기도 했습니다. 그렇게 무조건 승리하는 게임을 반복하던 무렵, 영국에서 먼저 발전한 ⑭새로운 현대 기술이 미국에도 점점 도입되었습니다.

아메리카 대륙에는 일찍이 아프리카에서 납치해 온 많은 흑인을 노예로 부리고 있었는데, 미국 북부에서는 기술 산업이 발달한 덕분에 흑인 노예 시스템이 점점 퇴색되어 노예 제도를 반대하는 분위기가 생기기 시작했어요.

하지만 반대로 남부에서는 전통적인 방식으로 물자를 생산했기 때문에 흑인 노예가 없으면 산업이 주저앉게 된다는 입장이었습니다. 이때 미국 대통령으로 ⑮링컨이 당선되었습니다. 링컨은 이런 말을 하는 입장이었습니다.

노예 제도는 나쁜 제도예요

미국, 링컨(1809년~1865년)

노예 제도를 반대하는 사람이 대통령이 된 사실을 알게 된 남부 사람들은 이렇게 말했습니다.

---

⑭ 미국의 산업 혁명: 1830년경~1910년경. 1790년~1913년 사이에 총생산량이 약 460배로 성장하는 등 경이적인 발전을 보였다. 원래는 토지가 남아돌고 노동력이 부족한 상황이었으나, 남북 전쟁으로 노예가 해방되면서 미국의 산업이 급격하게 발전하게 되었다.

⑮ 링컨: 1809년~1865년. 제16대 미국 대통령. 가난한 농가 출신이다. 지금도 존재하는 공화당 결성에 일조했다. 초상화에서도 알 수 있듯이 얼굴이 너무 말라서 '수염을 기르는 것이 좋겠다'라는 한 소녀의 충고를 듣고 순순히 따랐다. 그리고 미국 대통령에 당선되었다. 미국 역사상 최초로 수염을 기른 대통령이 되었다.

> 어 그래, 그럼 우리 전쟁해야겠네

미국, 제퍼슨 데이비스(1808년~1889년)

이 대립은 내전으로 발전하게 되었어요. 바로 ⑯남북 전쟁입니다. 이 전쟁에서 북부가 승리하면서 미국의 노예 제도는 폐지됩니다. 그 후 미국은 러시아로부터 ⑰알래스카 **영토를 싼값에 인수하면서⓬ 더욱 거대해졌습니다⓭.**

⓬알래스카 매입(1867년)

⓭미국의 영토(1870년경)

게다가 원주민 외에도 ⑱버펄로 같은 동물도 악마처럼 죽였고, ⑲대륙을 횡단하는 철도를 건설해 광활한 영토의 강력한 이동 수단도 확보했습니다. 그리고 이 철도를 이용해서 여전히 미지의 땅이었던 서부 지역을 개척해 나갔습니다.

무분별하게 사냥당한
버펄로 머리뼈로 쌓은 산

대륙 횡단 철도의 완성을 기뻐하는 사람들

⑯ 남북 전쟁: 1861년~1865년. 미국의 거대한 내전. 영어로는 단순하게 '시빌 워(the Civil War)'라고 한다. 전사자가 62만 명을 넘어 당시 인구의 2% 이상이 사망했다. 환경이 다른 두 지역, 공업과 금융업 기반의 북부와 농업 위주였던 남부의 경제 방침과 정책 대립이 발단이 되었다.

⑰ 알래스카: 아메리카 대륙 북서쪽 끝의 땅. 1741년에 러시아가 탐사해 획득한 후 1867년에 미국이 720만 달러에 매입했고, 금광을 발견했다.

⑱ 버펄로: 일명 아메리카 들소. 수천만 마리가 살았으나 무분별한 남획으로 인해 감소했다. 현재는 약 50만 마리로 줄어들어 준멸종 위기종으로 취급되고 있다. 풀과 나뭇잎 등을 먹는다.

⑲ 대륙횡단철도: 1869년 개통. 미국 동부(대서양)와 서부(태평양)를 연결하는 철도로, 1845년에 계획이 세워졌으나 남북전쟁이 발생해 완공이 늦어졌다.

국내에서 미지의 영역을 발견한 후, 미국은 이렇게 말했습니다.

슬슬 해외로 눈을 돌려볼까?

미국은 드디어 한동안 고수했던 '한 마리의 외로운 늑대 전략' 노선을 그만두었습니다. 그리고 ⑳ 스페인과의 전쟁에서 승리해 **필리핀을 일시적으로나마 점령하기도 했고[14]**, **하와이를 얻기도 했어요[15]**. 적극적으로 전쟁에 뛰어든 일본, 중국, 러시아와 같은 강대국에 참견하기도 했습니다.

[14] 필리핀 획득(1898년)

이 근처 바다에 하와이가 있음

[15] 하와이 획득(1898년)

또한 ㉑ 비행기가 발명되고, ㉒ 사람들이 일상적으로 자동차를 타는 등 날이 갈수록 풍요로운 나라가 되었습니다. 이처럼 미국은 당시 가장 부유한 나라가 되었지만, 유럽에도 만만치 않은 여러 강대국이 존재했어요.

그런데 유럽 강대국끼리 복잡한 사정이 얽히고설키더니 급기야 커다란 전쟁으로 발전해 버렸습니다. 이것이 ㉓ 제1차 세계대전입니다. 미국은 유럽 지역에서 갑자기 터진 전쟁에 **참전하지 않고 방관하는 입장이었지만, 군수 물자를 공급하면서 큰돈을 벌었어요[16]**. 하지만

㉒ 미서전쟁: 1898년. 스페인령 쿠바의 독립을 둘러싸고 일어난 전쟁이다. 쿠바에 정박 중이던 미국 군함 메인호가 폭발해 침몰. 승조원 250명이 사망했다. 이를 계기로 스페인과 미국이 전쟁에 돌입하게 되었다. 미국은 압승을 거두며 카리브해를 제압했고, 필리핀과 괌 등을 획득해 세계 제국으로 발돋움했다.

㉑ 비행기 참조 → P.099

이후 여러 가지 문제가 발생하면서 결국 미국도 이 전쟁에 발을 들이게 됩니다⑰.

⑯제1차 세계대전 당시 미국의 입장(1914년~1917년)   ⑰제1차 세계대전 당시 미국의 입장(1917년~1919년)

전쟁은 미국이 지원한 세력이 승리하면서 종식되었어요. 하지만 이 전쟁으로 인해 강대국들의 힘 싸움으로 들끓던 유럽 땅은 엉망이 되었고, 미국이 세계 최강국의 지위를 단단히 굳히게 됩니다.

불황과 전쟁이 미국 전역을 뒤흔들다

1930년~1945년 무렵   세계 대공황과 제2차 세계대전

전쟁으로 돈을 번 세계 최강국 미국은 풍요로운 황금기를 맞이했습니다. 이 시대를 ㉔광란의 시대라고 표현하기도 해요. 그렇게 몇 년이 지난 어느 날, 평범한 미국 사람이 말했습니다.

어라?
갑자기 돈이 막 사라지고 있어!

미국인

이렇게 미국 국민들이 갑자기 빈곤층으로 전락하는 기이한 현상이 일어났어요. 그리고 미국이 궁핍해지자 미국의 지원을 받던 세계 각국도 가난해져서, 전 세계가 하루아침에 빈곤의 늪에 빠지는 현상이 발생했습니다. 전 세계가 갑자기 가난해지는 빈곤화 현상이 ㉕세계 대공황입니다.

㉒ 자동차: 이미 개발되어 있던 가솔린 엔진을 개량해 1886년 독일의 칼 벤츠가 삼륜차를 개발했다. 이후 미국의 포드가 대량 생산해 대중화에 성공했다.
㉓ 제1차 세계대전 참조 → P.097
㉔ 광란의 20년대: 1920년대. 제1차 세계대전의 영향으로 외국에서 물건이 잘 팔렸고, 미국 국내의 소비량도 급증했다. 주식시장도 활기를 띠며 거품 경제 같은 상황이 발생했다. 1926년~1929년 사이에 미국 기업의 주가는 3배 이상 상승했다.
㉕ 세계 대공황 참조 → P.106

제1차 세계대전이 끝난 지 얼마 되지도 않았는데, 또 다른 위험한 기운이 감돌기 시작했습니다. 그런 상황에서 새로운 미국 대통령으로 ㉖프랭클린 루스벨트가 등장했습니다. 프랭클린 루스벨트는 이렇게 말했습니다.

㉗ 여러모로 잘 해보겠소

미국, 프랭클린 루스벨트(1882년~1945년)

새로운 대통령은 미국에서 일어난 빈곤화 현상을 조금이나마 완화하는 데 성공했어요. 그런데 **가난 지옥에 빠진 유럽 나라 중에서 독일⑱**에 위험한 사상을 가진 ㉘히틀러라는 사람이 등장했습니다. 히틀러는 이렇게 말했습니다.

전쟁이 하고 싶다!

독일, 히틀러(1889년~1945년)

히틀러에 의해 시작된 전쟁이 ㉙제2차 세계대전입니다. 이 전쟁으로 인해 유럽 지역은 또 다시 지옥보다 더 깊은 바닥으로 추락했지만, 미국은 여전히 나른 나라의 전쟁에는 끼어들지 않겠다는 입장을 취했습니다.

⑱가난 지옥으로 변해버린 독일(1925년경)

⑲거대 세력으로 변모한 일본(1941년)

㉖ 프랭클린 루스벨트: 1882년~1945년. 제32대 대통령. 비상시국이었기 때문에 미국 역사상 유일하게 4선으로 재임을 했던 대통령이다. 제26대 대통령 시어도어와 사촌지간이다. 태어날 때부터 병약해 성인이 된 후에는 휠체어를 타고 생활했다. 대중 앞에 나설 때는 가급적 휠체어에서 내렸기 때문에 몸이 약한 이미지가 정착되지 않았다. '소련'을 국가로 승인하는 등 선린외교를 펼쳤다. 야구를 매우 좋아했는데, 특히 '8대 7' 경기를 좋아해서 그 점수를 기록하는 경기를 '루스벨트 게임'이라고 불렀다고 한다. 또한 바람둥이였기 때문에 아내와의 관계는 최악일 정도로 냉랭했다고 알려져 있다.

하지만 **이번에는 일본⑲**이 이렇게 말했습니다.

미국을 공격할 거야

일본, 도조 히데키(1884년~1948년)

결국 **일본이 미국 영토인 ㉚하와이를 공격했습니다⑳**. 미국은 역사상 유례없는 공격을 받았고, 말 그대로 미국 전역이 뒤집어졌습니다. 그래서 프랭클린 루스벨트가 이렇게 말했습니다.

우리도 참전한다

미국, 프랭클린 루스벨트

이렇게 미국은 **동쪽의 독일, 서쪽의 일본과 동시에 싸우게 되었습니다㉑**. 미국은 압도적인 군사력으로 독일을 박살냈고, 인류 역사상 최초로 ㉛핵폭탄 공격을 감행해서 일본을 무너뜨리며 제2차 세계대전을 끝냈습니다.

⑳미국 vs 일본의 전쟁 / 태평양 전쟁(1941년)

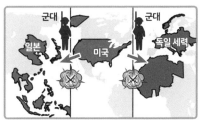

㉑제2차 세계대전 당시의 미국 입장

제2차 세계대전으로 인해 모든 나라가 괴멸적인 피해를 입었지만, 본토에 상처 하나 없이 끝 난 미국은 이 전쟁을 통해 압도적인 세계 최강국이 되었습니다.

한편, 러시아 지역에 ㉜소비에트 연방이 있었어요. 소비에트 연방 역시 제2차 세계대전을 통해 힘을 키우는 데 성공한 나라였습니다.

소련은 미국에 버금가는 힘을 가진 초강대국22이었고, 이로 인해 **전 세계는 ㉝미국 세력 vs 소련 세력이라는 구도로23** 뚜렷하게 나뉘게 되었어요. 다만 이 두 나라가 전쟁하게 되면 핵폭탄이 터져 인류가 멸망할 가능성이 있기 때문에 쉽사리 제3차 세계대전을 벌일 수는 없 었습니다.

22미국과 소련의 양대 강국(1950년경)

23냉전

이 두 세력은 세계 곳곳에서 충돌하기도 하고, 핵전쟁 일보 직전의 상황까지 가기도 했어 요. 그런데 서로 날카롭게 대립하던 어느 날 소련이 내부 분열로 붕괴하고 말았습니다. 이로 써 초강대국 두 나라가 견제하던 시대는 끝나고, 전 세계에서 가장 강한 나라는 미국이 되었 으며, 미국은 전 세계의 패자가 되었습니다.

최근에는 최강국 미국을 추격하는 모양새로 ㉞중국이 약진을 거듭하고 있어서 앞으로 세 계 동향이 어떻게 흘러갈지는 아무도 모르는 상황입니다.

㉜ 소비에트 연방 참조➡P.320
㉝ 냉전 참조➡P.116
㉞ 중국의 약진 참조➡P.280

세계를 뒤흔든 나라들 편
제5화

제5화

05:05

◀ ▶ ▶▶

초등학생도 이해할 수 있는
일본

완전히 판을 뒤엎은 근대 개혁
1850년~1880년 무렵
메이지 유신

시대는 1850년 무렵, 장소는 일본입니다. 일본에는 2000년 넘게 계보를 이어온 ①천황이라는 매우 높은 지위의 존재가 있습니다.

천황이 누구도 넘볼 수 없는 일본의 최고 권력자로 군림했던 시대도 있었어요. 하지만 일본 안에서 크고 작은 사건이 벌어진 결과, 이 시기의 천황에게는 나라를 움직일 권력이 거의 남아 있지 않습니다.

> 천황이요?
> 아~전통을 지키고 계시죠, 대단해요,
> 하하하

당시 일본에 살던 사람

천황에 대한 인식이 이 정도로 바뀔 만큼, 교토에서 쥐 죽은 듯이 조용히 지냈답니다**1**.

천황이 무력한 존재로 취급받을 때, 일본의 절대 권력은 센고쿠 시대의 승리자인 막강한 무사 집단 ②도쿠가와 막부(에도 막부)가 꽉 쥐고 있었습니다. **지금의 도쿄 지역인 에도에 탄탄하게 자리 잡고 일본을 철저히 지배했지요2**.

그런데 이 무렵 일본에 서양의 여러 강대국이 바다를 건너 찾아와서, 명백하게 일본이 불리한 불평등 조약을 강요하는 일이 벌어졌습니다. 도쿠가와 막부가 꼼짝 못 하고 굴복해 조약을 맺었기 때문에 국내에서는 막부에 대한 불만이 하늘을 찌를 듯 높아졌어요.

12천황은 교토에 살고,
도쿠가와 막부는 에도에 사는 상태

도쿠가와 막부의 성 / 에도성

---

① 천황: 일본 역사의 중심에 존재했던 일본의 군주. 시대에 따라 정치와 여러 분야에 다양한 방식으로 관여했다. 지금은 '일본 국가의 상징이자, 일본 국민 통합의 상징'으로 규정하고 있다.

이런 상황 속에서 막부에 반기를 든 사람들은 이렇게 말했어요.

도쿠가와 막부를 때려눕히고,
천황 중심의 새 나라를 열어야 해

도쿠가와 막부에 불만이 있던 사람

유명무실했던 천황의 힘을 되살려서, 막부가 지배하는 세상을 끝내려는 세력이 쏟아져 나왔습니다. 결국 천황파와 막부파 사이에 전쟁(보신 전쟁)이 벌어졌고, 천황파가 성공적으로 승리를 거두면서 도쿠가와 막부의 천하는 막을 내렸습니다.

도쿠가와 막부의 쇼군 도쿠가와 요시노부
(1837년~1913년)

천황파와 막부파의 전쟁

일본은 천황이 절대적인 권위를 갖는 나라로 다시 태어났어요. **에도는 ③도쿄라는 새 이름으로 불리게 되었고, 천황은 교토에서 도쿄로 몸을 옮겼습니다③.**

③ 권력자가 교체되며 에도는 '도쿄'가 되었다

에도성을 정비해 천황이 살기 시작했다(고쿄)

---

② 도쿠가와 막부: 1603년~1867년. 에도에 세워진 무사 정권. '막부'와 막부에 충성을 맹세한 다이묘가 '번(영지)'을 다스리는 체제를 선택했다(막번 체제). 외국과 최소한으로만 교류하는 '쇄국 상태'를 유지했다고 알려졌지만, 실제로는 정보에 밝아 여러 나라와 '외교전'을 벌였다고 한다.

③ 도쿄: 1868년~현재. 도쿠가와 막부가 무너진 뒤 '에도'의 명칭을 바꾸었다. 새 이름인 '도쿄'는 당시 수도였던 교토와 구별하기 위해 붙여졌으며, 글자 그대로 동쪽의 교토라는 뜻이다. 1869년에 정식으로 수도가 되었다.

이때까지 일본은 지방마다 무사 세력이 작은 나라와 같은 형태로 존재했고, 그들의 통치권을 최강의 무사 집단인 도쿠가와 막부가 지배하는 방식❹으로 나라를 운영했어요.

하지만 새로운 정부는 이 구조를 과감하게 바꿨습니다. ④일본 전국을 천황 직속의 정식 영토로 지정해서 관리하는 체제로 만들었어요. 이에 따라 **무사의 나라는 사라졌고**, 현재도 유지되고 있는 **도도부현 행정구역이 마련되었지요❺**. 이런 식으로 점차 새로운 정부에 힘이 집중되었습니다.

❹각 지방의 무사 세력이 작은 국가처럼 존재하는 구조

❺일본 전국을 천황 직속의 정식 영토로 한꺼번에 관리하는 구조

또한 서양의 최신 기술이 적용된 설비를 일본에 도입하고, 서양의 강대국을 본보기 삼아 국가 구조를 뜯어고치면서 일본은 급격하게 변했습니다. 이 시대에 일어난 큰 개혁을 ⑤메이지 유신이라고 합니다. '메이지'는 당시의 연호를 따서 붙여졌어요.

한편, 급격한 개혁의 영향으로 그동안 특권을 누렸던 **무사 세력은 찬밥 신세❻**가 되었습니다. ⑥ 이 사태에 분노한 무사들이 반란을 일으키기도 했지만, 모두 진압되어 무사 시대는 완전히 마침표를 찍게 되었지요.

메이지 천황
(1852년~1912년)

메이지 시대의 화려한 느낌

❻무사 세력이 쇠퇴하던 당시 사람들의 머릿속

④ 폐번치현: 1871년. 다이묘가 지배하던 '번(영토)'과 '적(민중)'을 천황에게 반납한 후, 번을 없애고 재편성해 현을 설치했다. 각 번의 재정 사정이 빠듯했기 때문에 큰 반대 없이 순조롭게 이루어졌다. 정부에서 현을 다스릴 관리자도 파견했다.
⑤ 메이지 유신: 1868년~1889년경. 정치 체제를 천황에게 힘을 모으는 중앙 집권 방식으로 바꾸기 위해 실시된 개혁. 이때 막부가 정치의 주도권을 천황에게 넘겨주었고, 책임자였던 가쓰 가이슈는 메이지 유신 후에 시즈오카로 떠났다. 일자리를 잃은 무사들을 고용해서 차를 연구하며 재배를 시작했는데, 나중에 시즈오카 차로 유명해졌다.

무패 행진의 섬나라, 제국주의 일본의 시작

1890년~1920년 무렵   청일전쟁, 러일전쟁

일본이 내부적으로 대대적인 개혁을 꾀하던 시기, **일본 밖 세상에서는 6~7개 정도의** ⑦매우 강한 서양 국가들이 대립하고 있었습니다. 그 국가들은 전쟁을 벌이거나 약한 나라를 침략하기도 했어요**7**.

일본은 다른 약소국처럼 유린당할지 모른다는 두려움을 느꼈고, 할 수 있다면 세계열강의 대열에 합류하고 싶었습니다. 하지만 일본에게 일방적으로 불리한 조약이 여전히 효력을 발휘하고 있었기 때문에 아직 입지가 낮았어요.

그러던 중 **옆 나라** ⑧조선에서 반란이 **일어났고8**, 조선 정부는 이를 진압하기 위해 청나라에 도움을 요청했습니다. 이를 본 일본이 이렇게 말했습니다.

우리도 조선에 군대를 보낼게

일본, 이토 히로부미(1841년~1909년)

대륙 침략의 기회를 노리던 일본이 텐진 조약을 구실 삼아 군대를 파병했는데, **결과적으로는 중국과 전쟁을 하게 되었습니다9**. 이렇게 일어난 일본 vs 중국의 전쟁이 ⑨청일전쟁입니다.

---

⑥ 세이난 전쟁: 1877년. 칼 휴대 금지령에 반발한 무사들의 반란. 사이고 다카모리는 메이지 유신으로 몰락한 무사들이 활약할 수 있도록 메이지 정부에 조선 정복을 제안했지만, 받아들여지지 않았다. 이를 계기로 메이지 유신 일등 공신의 관직에서 사퇴했다. 그 후 무사들은 '칼 휴대 금지령'으로 특권이었던 칼까지 차지 못하게 되자, 분노를 참지 못하고 반란을 일으켰고 사이고가 앞장섰으나 진압되었다. 메이지 유신 시기의 전사자들을 기리기 위해 세워진 '도쿄 쇼콘샤는 나중에 야스쿠니 신사가 되었다.

⑦ 열강: 정의는 모호하지만, 국제적으로 월등하게 강한 몇몇 국가를 일컫는 말이다. 당시에는 오스트리아, 영국, 프랑스, 독일, 이탈리아, 러시아, 미국이 해당되었다.

⑧ 동학농민운동: 1894년~1895년. 관리들의 부정부패에 분노해 조선 농민들이 일으킨 폭동이 도화선이 되었다. 반란이 더욱 격화되어 '척양척왜(유럽과 일본을 몰아내자)'라고 주장하며 외세 배척을 목적으로 하는 대반란으로 발전했다. 반란의 중심에는 서양 사상(서학)을 반대하는 신흥 종교인 동학당이 있었다.

⑨ 청일전쟁: 1894년~1895년. 한반도 땅에서 긴장이 고조되던 일본과 청나라가 군사 충돌을 일으켰다. 병력에서 수적으로 열세였던 일본군은 서양식으로 훈련된 전법을 사용해 연전연승을 거두었다. 그러나 일본군은 보급이 충분하지 않았기 때문에 청나라의 영토상 중요한 거점을 점령하자, 일찌감치 강화조약을 체결하고 휴전했다. 배상금으로 은 2억 냥(일본의 3년 치 국가 예산)을 받았다.

■7 압도적으로 강한 서양 국가들

청일전쟁의 결과를 그린 그림

■8 조선에서 반란 발생(1894년)

■9 일본과 청나라 사이에 전쟁 발생(1894년)

일본은 개혁을 통해 힘을 키운 상태였지만, 중국은 수천 년 전부터 초강대국이자 초거대국이었어요. 하지만 전쟁의 결과는 일본의 승리였습니다. 이 승리로 일본은 중국으로부터 현재 가치로 환산하면 수십조 엔의 가치에 해당하는 대량의 은을 얻었고, ⑩ 이곳과 대만 영토를 얻었습니다⑩

청일전쟁 중단하기 위한 회의 모습

■10 청일전쟁으로 얻은 땅

---

⑩ 랴오둥반도: 중국에서 두 번째로 큰 반도. 끝에는 뤼순과 다롄이라는 중요한 항구가 있다. 중국의 중심부를 압박할 수 있는 최적의 거점이다. 랴오둥(요동)이라는 이름은 '랴오허'라는 거대한 강의 동쪽 지역이라는 뜻에서 유래했다. '요나라'의 옛 영토가 바로 이 부근이다. 참조 ➡ P.224

이로 인해 일본의 국력은 더욱 높아졌는데, 이 모습을 보고 **초강대국인 러시아 제국을 비롯한 여러 나라들⑪**이 이렇게 말했습니다.

> ⑪ 일본이 너무 설치는 거 같은데?

러시아 제국, 니콜라이 2세(1868년~1918년)

그 결과 **일본은 울며 겨자 먹기로** ⑩ **이 부분을 중국에 돌려주기로 했습니다⑫**. 그렇게 혼자 억울해하며 방구석에서 주먹을 불끈 쥐고 있던 일본에게 **거대한 영토를 가진 초강대국 영국⑬**이 이렇게 말했습니다.

⑪ 러시아 제국(1721년~1917년)

⑫ 러시아와 다른 나라의 위협으로 랴오둥반도를 중국에 반환

⑬ 영국이 전 세계에 가지고 있던 영토(1900년경)

> 일본아 내 말 좀 들어봐,
> 러시아 제국 잘난 척이 심하지 않아?

일본과 마찬가지로 초강대국 러시아를 견제하던 ⑫영국이 일본과 손을 잡았습니다. 초강대국 영국의 힘을 빌리게 된 일본은 이렇게 말했습니다.

⑪ 삼국 간섭: 1895년. 겨울에도 얼지 않는 항구를 확보하기 위해 러시아는 독일, 프랑스와 함께 일본에 랴오둥반도의 영유권을 철회하라고 압박했다. 그 직후 러시아는 청나라로부터 랴오둥반도 끄트머리 지역인 뤼순과 다롄을 '영구히 빌릴' 권리를 얻었고, 이를 본 일본에서는 반러 감정이 고조되어 '와신상담'이라는 말이 국민적으로 유행했다.

⑫ 일영동맹: 1902년~1923년. 중국에 진출하는 러시아를 견제하려는 영국과 가까운 장래에 러시아와 싸울 것으로 예상되는 일본의 이해관계가 맞아떨어졌다. 한쪽이 두 나라 이상과 전투 상태에 들어가면 다른 쪽이 도와주기로 약속했고, 일본은 이 동맹으로 인해 제1차 세계대전에 참전했다.

러시아 제국이랑 싸우면 내가 이길걸?

일본

이렇게 일어난 **일본 vs 러시아 제국의 전쟁이** ⑬러일전쟁입니다⑭. 당시 러시아 제국은 세계에서 수위를 다툴 정도로 강한 나라였기 때문에 너무 무모한 도발이라는 우려도 있었지만, 러시아 제국은 전쟁 도중에 나라 안에서 상당히 큰 규모의 반란이 일어나는 바람에 제대로 싸우지 못했습니다. 그래서 전쟁은 중단되었고, 일본이 판정승을 거둔 분위기로 마무리되었습니다.

⑭러일전쟁(1904년~1905년)

⑮대한제국 강제 합병(1910년)

이 승리 이후 **일본은 조선을 비롯한 여러 지역을 차지했고**⑮, 숙원이었던 불평등 조약의 무효화도 성공했습니다. 드디어 일본도 일본이 엄청나게 강한 나라들의 대열에 합류한 듯한 느낌이 들었지만, 안타깝게도 러일전쟁의 승리로 얻은 배상금이 없었기 때문에 막대한 전쟁 비용을 감당하느라 일본 국내에서는 오히려 더 가난해졌다는 느낌이 들게 되었지요.

---

⑬ 러일전쟁: 1904년~1905년. 러시아가 대한제국을 노리는 것을 못마땅하게 여긴 일본이 러시아에 선전포고했다. 일본군은 큰 피해를 입었지만 어느 정도 전과를 거두었다. 한편, 러시아는 국내 정치가 혼란스러워 전쟁을 계속할 수 없게 되었다. 일본은 러시아와 화해했지만, 러시아 측 동맹으로 참전했던 몬테네그로 공국과의 평화 합의는 인지하지 못해서 2006년까지 공식적으로 전쟁 상태가 지속되었다.

⑭ 제1차 세계대전 참조 → P.097

⑮ 간토대지진(관동대지진): 1923년 9월 1일. 간토 지방 남부를 진원으로 일어난 대지진. 사망자·실종자는 약 10만 명에 달했다. 청일전쟁 배상금으로 바다를 매립해 만든 게이힌 공업지대가 특히 큰 피해를 입었다. 공장이 피해를 입자, 경제가 멈추고 일본은 불황에 빠졌다. 이후 일본에서는 매년 9월 1일을 '방재의 날'로 지정하고, 전국의 학교에서 대피 훈련을 실시하고 있다.

뤼순 공략전 (러일전쟁)   동해 해전 (러일전쟁)

그 후 ⑭ 제1차 세계대전이 발발했습니다. 일본은 이 전쟁을 치르는 서양 국가들에 무기를 비롯한 자국 생산품을 대량으로 수출하며 전쟁 특수를 누렸습니다. 그리고 초강대국 영국과 일본이 맺었던 동맹은 효력 기한이 만료되었다는 이유로 폐기되었습니다.

 빈곤해지자 과격해지기 시작하다
1920년 ~ 1940년 무렵   세계 대공황과 만주사변

제1차 세계대전이 끝나자, 일본은 무기와 필수품을 팔아 돈을 벌 길이 막혀버렸어요. 시장을 잃어버린 일본의 경제 상황은 빠듯해졌고, ⑮ 간토대지진이 일어나서 도쿄가 쑥대밭이 되었지요. 게다가 **재무장관의 실언으로 온 나라가 패닉에 빠져 ⑯ 더 가난해지는 현상이 일어나는 사태16**가 벌어졌습니다.

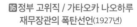

간토대지진 (1923년)   16 정부 고위직 / 가타오카 나오하루 재무장관의 폭탄선언 (1927년)   쇼와 금융공황 (1927년)

그리고 이번에는 세계 최강국인 미국 사람들이 이렇게 말했습니다.

우와~이게 무슨 일이래?
돈이 막 사라지고 있어~

미국

그러자 미국과 거래하던 여러 나라들이 미국의 빈곤화에 영향을 받아 연쇄적으로 빈곤해졌어요. 이렇게 전 세계가 갑자기 가난해지는 현상을 ⑰세계 대공황이라고 합니다.

세계 대공황은 모든 플레이어가 강제적으로 참여하는 게임 이벤트나 마찬가지였는데, 일본은 거듭되는 빈곤화 이벤트로 인해 나라의 경제 상황이 엄청나게 침체되었어요. 인신매매로 딸을 파는 일까지 일어날 정도로 심각한 상황이었습니다. 그래서 일본은 이렇게 말했습니다.

중국을 공격해야겠다

중국을 공격할 계획을 세운 일본인

일본은 중국의 이곳을 공격했습니다. 이 사건이 ⑱**만주사변입니다⑰**. 만주사변을 통해 일본은 이 지역을 얻었지만, '오늘부터 이곳은 일본 땅'이라고 명시하면 주변 나라의 시선이 또 복잡해질 것이 불 보듯 뻔했어요. 그래서 **이 지역에 새로운 나라가 독립⑱**한 것으로 공표하고 실제로는 일본이 지배하는 애매한 방식으로 차지했습니다.

⑰ 만주사변(1931년~1933년)

⑱ 만주국의 성립(1932년)

⑰ 세계 대공황 참조 → P.106
⑱ 만주사변 참조 → P.266
⑲ 국제연맹 참조 → P.103

그런데 이러한 일본의 움직임을 보고 ⑲각 나라의 지도자가 모인 세계적인 회의에서 이렇게 말했습니다.

일본이 한 짓은 좀 너무했다고 생각하지 않습니까?

세계적인 지도자가 모인 회의, 국제연맹

일본은 새로 얻은 지역에서 철수할 것을 요구받았는데, 오히려 일본이 이 회의에서 탈퇴해 버렸습니다. 일본이 세계적으로 고립되어 가는 분위기에서 ⑳당시의 총리대신이 암살당하는 등 상당히 혼란스러운 상황이 되었어요. 이후 일본은 한술 더 떠서 이렇게 말했습니다.

만주사변에서 진군하는 일본군

만주사변의 원인을 조사하는 사람들/ 리튼 조사단

또 중국을 공격해야겠다

일본, 고노에 후미마로(1891년~1945년)

일본은 **중국의 남쪽을 또 침공했습니다⑲**. 이렇게 일어난 전쟁이 ㉑중일 전쟁입니다.

⑳ 5.15 사건: 1932년 5월 15일. 일본 해군 소속 급진파 청년들이 일으킨 집단 테러 사건. 국회에서 서로 발목 잡으며 훼방을 놓고 정권 획득만이 목표인 정당을 보며, 경제공황으로 빈곤에 시달리는 국민들은 환멸을 느꼈다. 이 상황에 분노한 말보다 행동이 앞서는 성격의 해군 장교가 총리 관저에 난입해 이누카이 쓰요시 총리를 암살했다. 주모자에 대한 처벌이 너무 가벼웠기 때문에 이후 테러를 조장하는 결과를 낳기도 했다.
㉑ 중일전쟁 **참조 → P.268**

图 동아시아의 세력 지도(1938년경)

폐허가 된 상하이에서 싸우는 일본군

무모한 전쟁을 일으키다
1940년 무렵~현재
태평양 전쟁의 패전

이 전쟁으로 인해 일본의 영토는 엄청난 피해를 입었는데, 이때 유럽에서 ㉒제2차 세계대전이 시작됩니다. 어수선한 상황 속에서 일본은 **강대국 중 하나인** ㉓프랑스의 영토였던 이곳을 추가로 차지해 버립니다图. 그러자 세계 최강 초강대국 미국이 이렇게 말했습니다.

미국

일본이 또 나쁜 짓하네,
일본하고 석유 거래는 끝이야

㉔미국은 일본과의 석유 거래를 중단했는데, 석유가 없으면 전쟁을 지속하기 힘들어지기 때문에 일본 입장에서는 큰일이었습니다.

㉒ 제2차 세계대전 **참조 → P.110**

㉓ 프랑스령 인도차이나: 1887년~1945년. 현재의 캄보디아, 베트남, 라오스 일대 지역. 1859년 나폴레옹 3세가 해외 파병을 통해 이 지역 일대를 점령했다. 이후 프랑스는 영토를 확장해 석탄과 쌀을 대량으로 생산하는 지배 정책으로 경제를 풍요롭게 했다. 제2차 세계대전 중 나치에게 프랑스 본국이 공격을 받자, 그 틈을 타서 일본이 풍부한 자원을 노리고 침공했다. 전쟁이 끝난 후에는 프랑스군에 대한 반란이 일어나 각국이 독립했다.

㉔ ABCD 포위망: 1941년. 미국(America), 영국(Britain), 중국(China), 네덜란드(Dutch)가 일본에 제재를 가하기 위해 결성한 포위망. 일본인의 자산 동결, 석유 대일 수출 금지 등으로 협력해 대응했다. 경제적으로 궁지에 몰린 일본은 이러한 제재를 'ABCD 포위망'이라고 규정하고, 신문 등을 통해 선동해 국민들의 위기감과 적개심을 부추겼다.

㉕ 헐노트(Hull note): 1941년. 미국의 국무장관이었던 코델 헐이 제시한 각서. '프랑스령 인도차이나에서 철수', '만주국 승인 불가' 등이 명시되어 있었고, 이 내용을 타협할 수 없었던 일본은 '최후통첩(협상 종료를 알리는 사실상의 선전포고)'으로 간주하고 전쟁에 돌입했다.

⑳프랑스의 아시아 지역 영토를 차지 /
프랑스령 인도차이나 획득(1941년)

석유가 없어서
여유를 부릴 수 없게 된 일본

그리고 미국은 일본에 이렇게 말했습니다.

㉕일본 어서 철수해라

미국

그러자 일본은 이렇게 말했습니다.

미국 가만두지 않겠어

일본, 도조 히데키(1884년~1948년)

일본은 **미국의 영토였던 하와이를 공격했습니다㉑**.

이렇게 일어난 일본 vs 미국의 전쟁이 ㉖태평양 전쟁입니다. 그리고 일본은 적극적으로 침략 활동을 벌여 연전연승을 거듭했고, **당시 영국을 비롯한 강대국의 식민지를 이곳저곳 점령하면서 영토가 어마어마하게 늘어났습니다㉒**.

㉑진주만 공격(1941년)

㉒일본의 세력 지도(1941년)

㉖ 태평양 전쟁 참조 → P.114

하지만 역시 세계 최강국인 미국의 힘은 막강했고, 점차 일본의 기세는 꺾여갔습니다. 또한 동시에 진행 중이던 중일 전쟁도 힘들어졌고, 미국의 일본 본토에 대한 폭격도 본격화되었으며, 게다가 일본과 동맹이었던 멀리 유럽의 독일과 여러 나라가 속속 항복하면서 일본은 심각한 위기에 처하게 됩니다. 그리고 미국이 이렇게 말했습니다.

최신 무기를 투입하겠다

미국, 트루먼(1884년~1972년)

미국은 일본에 ㉗원자폭탄을 투하했고 일본의 전력은 괴멸되었습니다. **그런 와중에** ㉘러시아 지역의 거대한 나라까지 거세게 쳐들어오자㉓, 빠져나올 방법이 없는 절망적인 상태에 이르게 되었어요. 일본은 이렇게 말했습니다.

우리의 패배입니다

일본, 스즈키 간타로(1867년~1948년)

이렇게 해서 ㉙여러 전쟁에서 일본의 패배가 결정되었습니다. 이로 인해 일본은 차지했던 영토를 모두 잃다시피 했고, 일본 본토도 불바다가 되었으며, 미국에 점령당하게 되어 제국주의 체제가 완전히 소멸했습니다.

㉗ 히로시마·나가사키에 원폭 투하 참조 → P.115
㉘ 소련의 대일전 참전: 1945년 8월 7일. 소련의 스탈린이 '일본과 전쟁하지 않겠다'고 약속한 소일중립조약을 일방적으로 파기하고 일본 영토를 침공했다. 조약에는 '조약의 파기 통보는 1년 전까지'라고 못 박혀 있었기 때문에 소련의 갑작스러운 참전은 일본의 뒤통수를 친 것이나 다름없었다. 소련군은 만주 지방과 조선, 자카르타와 쿠릴 열도에 침입한 후 약탈과 폭행을 일삼았다. 일본의 포츠담 선언 수용 이후에도 소련군은 전투를 계속했고, 현재 '북방영토'로 불리는 섬들을 차례로 점령했다.
㉙ 포츠담 선언: 1945년. 독일 베를린의 교외에서 트루먼(미국 대통령), 처칠(영국 총리), 스탈린(소련 총리)이 회담을 가졌다. 연합국이 일본에 최종적으로 요구하는 내용을 정리한 선언이다. 기본적으로 일본에 '무조건 항복'을 요구했다. 선언문에는 이를 받아들이지 않을 경우 '신속하고 완전한 파멸이 있을 것'이라는 내용도 적혀 있었다. 당시 스즈키 간타로 총리는 이 선언을 받아들일지 말지 판단을 유보하기 위해 '묵살한다'라고 말했지만, 일본 정부는 이 말을 '거절한다(reject)'로 오역해 해외 각국에 발표했다. 이것이 포츠담 선언의 거부로 받아들여져서 히로시마와 나가사키에 원자폭탄이 투하되는 등 '파괴'적인 상황이 초래되었다.

나가사키에 투하된 원자폭탄 / 팻맨

23 러시아 지역의 초대국이 무섭게 침략해 오다

여담이지만, 이후 일본은 천황이 정치권력을 갖는 구조를 없애고, 30전쟁을 포기하기로 했어요. 그리고 31패전의 잿더미에서 힘겹게 부활해 점점 부유한 나라로 거듭나서, 오늘날 이 책을 느긋하게 읽을 수 있을 정도로 평화로운 나라가 되었습니다.

도쿄 올림픽 개회식(1964년)

오사카 만국박람회의 태양의 탑(1970년)

단계적으로 완성되고 있는 도쿄의 스카이트리

핼러윈 행사로 붐비는 도쿄 시부야,
이 나라의 미래는 어떻게 될까?

30 일본국 헌법: 1946년. 11월 3일에 공포되어 기념식을 하고 1947년 5월 3일부터 사용되기 시작했다. 1948년에 공휴일로 헌법기념일을 정할 때 원래는 11월 3일로 정하려 했으나, 마침 이날이 메이지 천황의 생일이기도 한 것을 우려한 연합군 최고사령부(GHQ)가 반대해 헌법기념일은 5월 3일로 제정되었다. 헌법 내용으로는 '주권재민(전문)', '상징천황제(제1조)', '평화주의(제9조)', '기본적 인권 존중(제11조)' 등을 바탕으로 규정되어 있다. 현재 자료가 있는 177개의 현행 헌법 중 비개정인 채 그대로 사용되고 있는 헌법으로는 세계 최고의 장수 헌법으로 꼽힌다.

31 고도 경제성장: 1955년~1973년, 1년간 GDP 성장률이 10%를 넘었던 일본의 경이적인 발전기. 성장의 주요 요인으로는 전쟁 전부터 축적된 기술을 잘 도입할 수 있었던 점과 '황금알'이라 불리는 젊은 노동자를 많이 확보할 수 있었던 점 등을 들 수 있다. 또한, 1960년부터 제2차 이케다 하야토 내각은 '10년 동안 국민 소득 2배 증가'라는 구호를 내걸고 농촌에 잠자고 있던 돈을 수출 산업에 투입해 해외 무역으로 엄청난 수익을 올렸다. 하지만 1973년에 제4차 중동전쟁 발발로 인한 오일쇼크가 유가 상승을 부채질하면서 고도 경제성장에 제동이 걸렸다. 참조 → P.153

마치며

지금까지 대략적인 인류의 역사를 살펴봤습니다. 인류의 역사를 제대로 배우면 배울수록 인류의 역사가 별로 훌륭하지 않다는 것을 알게 됩니다. 근본적으로 인류는 원숭이에 불과하다는 것도 느끼게 되지요.

하지만 분명히 원숭이는 자기가 인간보다 열등한 동물이라고는 생각하지 않겠지요. 원숭이들은 어쩌면 자신들을 다른 생물과 구분되는 특별한 생물이라고 여기면서 조직 체계를 만들고 있을지도 모릅니다. 하지만 동물원에 찾아가 인간의 입장에서 제3자의 시선처럼 객관적으로 원숭이를 관찰하면 '아, 역시 원숭이는 아무것도 모르는구나'라고 깨닫게 됩니다.

우리 인간은 자신이 다른 생물과 수준이 다르다고 인지한 상태로 조직 체계를 만들어가고 있습니다. 과연 이러한 자기 인식이 옳은 것일까요? 제3자의 시선으로 인간을 객관적으로 관찰하면 어떨까요? 즉, 역사를 제대로 공부하면 어떨까요? 근본적으로 인간은 원숭이랑 크게 다르지 않다는 사실을 알 수 있을 겁니다.

인간인 우리는 이상하게도 인류의 역사가 어떠했는지 잘 모르는 경우가 많습니다. 그럼에도 불구하고 여전히 우리가 특별한 존재라고 믿으며 살아가고 있지요. 왜 그럴까요?

애초에 우리가 살아 있는 지금 이 시간도 역사 위에 존재합니다. 그리고 인류의 역사는 결코 그리 대단하지 않습니다. 맞아요. 한마디로 우리 현대인들도 대단하지 않은 존재라는 뜻입니다.

참고문헌

- 『ローマ史再考』田中創 (NHK出版、2020)
- 『イスラーム世界事典』片倉もとこほか (明石書店、2002)
- 『フランスの歴史を知るための50章』中野隆生ほか (明石書店、2020)
- 『ロシアの歴史を知るための50章』下斗米伸夫ほか (明石書店、2016)
- 『中国の歴史を知るための60章』並木頼寿ほか (明石書店、2011)
- 『地域からの世界史2　中国 (上)』礪波護 (朝日新聞社、1992)
- 『地域からの世界史3　中国 (下)』森正夫ほか (朝日新聞社、1992)
- 『地域からの世界史5　南アジア』辛島昇 (朝日新聞社、1992)
- 『地域からの世界史6　内陸アジア』間野英二ほか (朝日新聞社、1992)
- 『地域からの世界史7　西アジア 上』屋形禎亮ほか (朝日新聞社、1993)
- 『地域からの世界史8　西アジア 下』永田雄三ほか (朝日新聞社、1993)
- 『地域からの世界史10　地中海』松本宣郎ほか (朝日新聞社、1992)
- 『地域からの世界史11　ロシア・ソ連』和田春樹 (朝日新聞社、1993)
- 『地域からの世界史12　東ヨーロッパ』森安達也ほか (朝日新聞社、1993)
- 『地域からの世界史13　西ヨーロッパ (上)』佐藤彰一ほか (朝日新聞社、1992)
- 『地域からの世界史14　西ヨーロッパ (下)』松村赴ほか (朝日新聞社、1993)
- 『地域からの世界史15　北アメリカ』猿谷要 (朝日新聞社、1992)
- 『地域からの世界史18　日本』大江一道 (朝日新聞社、1993)
- 『岩波イスラーム辞典』大塚和夫ほか (岩波書店、2002)
- 『イスラム教入門』中村廣治郎 (岩波書店、1999)
- 『軍と兵士のローマ帝国』井上文則 (岩波書店、2023)
- 『古代ギリシアの旅』高野義郎 (岩波書店、2002)
- 『古代ギリシアの民主政』橋場弦 (岩波書店、2022)
- 『古代ローマ帝国──その支配の実像──』吉村忠典 (岩波書店、1997)
- 『世界歴史8　西アジアとヨーロッパの形成 (岩波講座)』大黒俊二ほか (岩波書店、2022)
- 『世界歴史9　ヨーロッパと西アジアの変容 (岩波講座)』大黒俊二ほか (岩波書店、2022)
- 『中国の歴史 (上)』貝塚茂樹 (岩波書店、1964)
- 『中国の歴史 (下)』貝塚茂樹 (岩波書店、1970)
- 『中国の歴史③　草原の制覇　大モンゴルまで』古松崇志 (岩波書店、2020)
- 『フランス革命はなぜおこったか』柴田三千雄 (岩波書店、2012)
- 『メソポタミア文明入門』中田一郎 (岩波書店、2007)
- 『歴史上』ヘロドトス (岩波書店、1971、松平千秋 訳)
- 『ローマ帝国の国家と社会』弓削達 (岩波書店、1964)
- 『一冊でわかるアメリカ史 (世界と日本がわかる国ぐにの歴史)』関眞興 (河出書房新社、2019)
- 『一冊でわかるイギリス史 (世界と日本がわかる国ぐにの歴史)』小林照夫 (河出書房新社、2019)
- 『一冊でわかるインド史 (世界と日本がわかる国ぐにの歴史)』水島司 (河出書房新社、2021)
- 『一冊でわかるギリシャ史 (世界と日本がわかる国ぐにの歴史)』長谷川岳男ほか (河出書房新社、2022)
- 『一冊でわかる中国史 (世界と日本がわかる国ぐにの歴史)』岡本隆司 (河出書房新社、2020)

- 『一冊でわかるイタリア史（世界と日本がわかる国ぐにの歴史）』北原敦 (河出書房新社、2020)
- 『一冊でわかるオーストリア史（世界と日本がわかる国ぐにの歴史）』古田善文 (河出書房新社、2023)
- 『一冊でわかるオランダ史（世界と日本がわかる国ぐにの歴史）』水島治郎 (河出書房新社、2023)
- 『一冊でわかるスペイン史（世界と日本がわかる国ぐにの歴史）』永田智成ほか (河出書房新社、2021)
- 『一冊でわかるドイツ史（世界と日本がわかる国ぐにの歴史）』関眞興 (河出書房新社、2019)
- 『一冊でわかるトルコ史（世界と日本がわかる国ぐにの歴史）』関眞興 (河出書房新社、2021)
- 『一冊でわかるフランス史（世界と日本がわかる国ぐにの歴史）』福井憲彦 (河出書房新社、2020)
- 『一冊でわかるロシア史（世界と日本がわかる国ぐにの歴史）』関眞興 (河出書房新社、2020)
- 『一冊でわかる東欧史（世界と日本がわかる国ぐにの歴史）』関眞興 (河出書房新社、2023)
- 『一冊でわかる北欧史（世界と日本がわかる国ぐにの歴史）』村井誠人ほか (河出書房新社、2022)
- 『古代ギリシア人の24時間』P・マティザック (河出書房新社、2022、高畠純夫ほか 訳)
- 『図説中世ヨーロッパの暮らし』河原温ほか (河出書房新社、2015)
- 『図説フランス革命史』竹中幸史 (河出書房新社、2013)
- 『図説ギリシア　エーゲ海文明の歴史を訪ねて』周藤芳幸 (河出書房新社、1997)
- 『図説古代ギリシアの暮らし』高畠純夫ほか (河出書房新社、2018)
- 『図説ソ連の歴史　増補改訂版』下斗米伸夫 (河出書房新社、2021)
- 『中世ヨーロッパ全史 上　王と権力』D・ジョーンズ (河出書房新社、2023、ダコスタ吉村花子 訳)
- 『第三帝国の歴史——画像でたどるナチスの全貌』W・ベンツ (現代書館、2014)
- 『アメリカ合衆国の発展』清水博 (講談社、1978)
- 『イスラームとは何か』小杉泰 (講談社、1994)
- 『新書イスラームの世界史1　都市の文明イスラーム』佐藤次高ほか (講談社、1993)
- 『新書イスラームの世界史2　パクス・イスラミカの世紀』鈴木董 (講談社、1993)
- 『新書イスラームの世界史3　イスラーム復興はなるか』鈴木董ほか (講談社、1993)
- 『エリザベス一世』青木道彦 (講談社、2000)
- 『オスマン帝国』鈴木董 (講談社、1992)
- 『ギリシア文明とはなにか』手嶋兼輔 (講談社、2010)
- 『暮らしの年表　流行語100年』講談社 (講談社、2011)
- 『古代インド』中村元 (講談社、2004)
- 『古代中国——原始・殷周・春秋戦国』貝塚茂樹ほか (講談社、2000)
- 『三国志の世界』金文京 (講談社、2005)
- 『疾駆する草原の征服者——遼 西夏 金 元』杉山正明 (講談社、2005)
- 『神聖ローマ帝国』菊池良生 (講談社、2003)
- 『世界史の中のパレスチナ問題』臼杵陽 (講談社、2013)
- 『ソビエト連邦史』下斗米伸夫 (講談社、2017)
- 『大清帝国』石橋崇雄 (講談社、2000)
- 『地名で読むヨーロッパ』梅田修 (講談社、2002)
- 『ドイツ誕生』菊池良生 (講談社、2022)
- 『都市国家から中華へ——殷周 春秋戦国』平勢隆郎 (講談社、2005)
- 『ローマはなぜ滅んだか』弓削達 (講談社、1989)
- 『ロシアとソ連邦』外川継男 (講談社、1991)
- 『イギリス帝国史』フィリッパ・レヴァイン (昭和堂、2021、並河葉子ほか 訳)
- 『ソ連史』松戸清裕 (筑摩書房、2011)
- 『ヴィクトリア女王　大英帝国の"戦う女王"』君塚直隆 (中央公論新社、2007)
- 『貨幣が語るローマ帝国』比佐篤 (中央公論新社、2018)
- 『漢帝国』渡邉義浩 (中央公論新社、2019)

- 『古代オリエント全史』小林登志子 (中央公論新社、2022)
- 『古代メソポタミア全史』小林登志子 (中央公論新社、2020)
- 『三国志』渡邉義浩 (中央公論新社、2011)
- 『史記』貝塚茂樹 (中央公論社、1963)
- 『周』佐藤信弥 (中央公論新社、2016)
- 『シュメル』小林登志子 (中央公論新社、2005)
- 『台湾』伊藤潔 (中央公論社、1993)
- 『台湾の歴史と文化』大東和重 (中央公論新社、2020)
- 『唐』森部豊 (中央公論新社、2023)
- 『ナチスの戦争1918-1949　民族と人種の戦い』R・ベッセル (中央公論新社、2015、大山晶 訳)
- 『南北朝時代』会田大輔 (中央公論新社、2021)
- 『ビスマルク　ドイツ帝国を築いた政治外交術』飯田洋介 (中央公論新社、2015)
- 『百年戦争』佐藤猛 (中央公論新社、2020)
- 『フランス革命』立川孝一 (中央公論社、1989)
- 『文明の誕生』小林登志子 (中央公論新社、2015)
- 『物語イスラエルの歴史』高橋正男 (中央公論新社、2008)
- 『物語エルサレムの歴史』笈川博一 (中央公論新社、2010)
- 『物語中東の歴史』牟田口義郎 (中央公論新社、2001)
- 『物語アメリカの歴史』猿谷要 (中央公論社、1991)
- 『物語イギリスの歴史 (上)』君塚直隆 (中央公論新社、2015)
- 『物語イギリスの歴史 (下)』君塚直隆 (中央公論新社、2015)
- 『物語中国の歴史』寺田隆信 (中央公論社、1997)
- 『イスラームの生活を知る事典』塩尻和子ほか (東京堂出版、2004)
- 『ギリシアを知る事典』周藤芳幸ほか (東京堂出版、2000)
- 『古代ローマを知る事典』長谷川岳男ほか (東京堂出版、2004)
- 『いっきに学び直す日本史　近代・現代』安藤達朗ほか (東洋経済新報社、2016)
- 『鉄を生み出した帝国』大村幸弘 (日本放送出版協会、1981)
- 『[新版]ローマ共和政』F・イナール (白水社、2013、石川勝二 訳)
- 『古代末期――ローマ世界の変容』B・ランソン (白水社、2013、大清水裕ほか 訳)
- 『ディオクレティアヌスと四帝統治』B・レミィ (白水社、2010、大清水裕 訳)
- 『ローマ帝国――帝政前期の政治・社会』P・ル・ル (白水社、2012、北野徹 訳)
- 『ローマ帝国の衰退』J・シュミット (白水社、2020、西村昌洋 訳)
- 『ローマの起源――神話と伝承、そして考古学』A・グランダッジ (白水社、2006、北野徹 訳)
- 『古代ローマの日常生活』P・マティザック (原書房、2022、岡本千晶 訳)
- 『アメリカを知る事典』斎藤真ほか (平凡社、1986)
- 『新イスラム事典』日本イスラム協会ほか (平凡社、2002)
- 『新版南アジアを知る事典』辛島昇ほか (平凡社、1992)
- 『ヘレニズムとオリエント』大戸千之 (ミネルヴァ書房、1993)
- 『アメリカ史 上 (YAMAKAWA SELECTION)』紀平英作 (山川出版社、2019)
- 『アメリカ史 下 (YAMAKAWA SELECTION)』紀平英作 (山川出版社、2019)
- 『アメリカ史1 (世界歴史大系)』大下尚一ほか (山川出版社、1994)
- 『アメリカ史2 (世界歴史大系)』大下尚一ほか (山川出版社、1993)
- 『イギリス史1 (世界歴史大系)』青山吉信ほか (山川出版社、1991)
- 『イギリス史2 (世界歴史大系)』今井宏ほか (山川出版社、1990)
- 『イギリス史3 (世界歴史大系)』村岡健次ほか (山川出版社、1991)

- 『イスラームのとらえ方』東長靖 (山川出版社、1996)
- 『イタリア史1（世界歴史大系）』松本宣郎ほか (山川出版社、2021)
- 『イタリア史2（世界歴史大系）』齊藤寛海ほか (山川出版社、2021)
- 『北アジア史』護雅夫ほか (山川出版社、1981)
- 『スペイン・ポルトガル史 上（YAMAKAWA SELECTION）』立石博高 (山川出版社、2022)
- 『スペイン・ポルトガル史 下（YAMAKAWA SELECTION）』立石博高 (山川出版社、2022)
- 『スペイン史1（世界歴史大系）』関哲行ほか (山川出版社、2008)
- 『スペイン史2（世界歴史大系）』関哲行ほか (山川出版社、2008)
- 『世界史リブレット1 都市国家の誕生』前田徹 (山川出版社、1996)
- 『世界史リブレット2 ポリス社会に生きる』前沢伸行 (山川出版社、1998)
- 『世界史リブレット3 古代ローマの市民社会』島田誠 (山川出版社、1997)
- 『世界史リブレット23 中世ヨーロッパの都市生活』河原温 (山川出版社、1996)
- 『世界史リブレット27 宗教改革とその時代』小泉徹 (山川出版社、1996)
- 『世界史リブレット28 ルネサンス文化と科学』澤井繁男 (山川出版社、1996)
- 『世界史リブレット29 主権国家体制の成立』高澤紀恵 (山川出版社、1997)
- 『世界史リブレット33 フランス革命の社会史』松浦義弘 (山川出版社、1997)
- 『世界史リブレット49 ナチズムの時代』山本秀行 (山川出版社、1998)
- 『世界史リブレット114 近世ヨーロッパ』近藤和彦 (山川出版社、2018)
- 『世界史リブレット人001 ハンムラビ王』中田一郎 (山川出版社、2014)
- 『ドイツ史 上（YAMAKAWA SELECTION）』木村靖二 (山川出版社、2022)
- 『ドイツ史 下（YAMAKAWA SELECTION）』木村靖二 (山川出版社、2022)
- 『ドイツ史1（世界歴史大系）』成瀬治ほか (山川出版社、1997)
- 『ドイツ史2（世界歴史大系）』成瀬治ほか (山川出版社、1996)
- 『ドイツ史3（世界歴史大系）』成瀬治ほか (山川出版社、1997)
- 『トルコ史（YAMAKAWA SELECTION）』永田雄三 (山川出版社、2023)
- 『フランス史 下（YAMAKAWA SELECTION）』福井憲彦 (山川出版社、2021)
- 『フランス史1（世界歴史大系）』柴田三千雄ほか (山川出版社、1995)
- 『フランス史2（世界歴史大系）』柴田三千雄ほか (山川出版社、1997)
- 『ロシア史1（世界歴史大系）』田中陽兒ほか (山川出版社、1995)
- 『ロシア史2（世界歴史大系）』田中陽兒ほか (山川出版社、1994)
- 『ロシア史3（世界歴史大系）』田中陽兒ほか (山川出版社、1997)
- 『ロシア史 上（YAMAKAWA SELECTION）』和田春樹 (山川出版社、2023)
- 『ロシア史 下（YAMAKAWA SELECTION）』和田春樹 (山川出版社、2023)
- 『中国史 上（YAMAKAWA SELECTION）』尾形勇ほか (山川出版社、2019)
- 『中国史 下（YAMAKAWA SELECTION）』尾形勇ほか (山川出版社、2019)
- 『中国史1（世界歴史大系）』松丸道雄ほか (山川出版社、2003)
- 『中国史2（世界歴史大系）』松丸道雄ほか (山川出版社、1996)
- 『中国史3（世界歴史大系）』松丸道雄ほか (山川出版社、1997)
- 『中国史4（世界歴史大系）』松丸道雄ほか (山川出版社、1999)
- 『中国史5（世界歴史大系）』松丸道雄ほか (山川出版社、2002)
- 『南アジア史1（世界歴史大系）』小西正捷ほか (山川出版社、2007)
- 『南アジア史2（世界歴史大系）』小谷汪之ほか (山川出版社、2007)
- 『南アジア史3（世界歴史大系）』辛島昇ほか (山川出版社、2007)
- 『詳説世界史B 改訂版』木村靖二ほか (山川出版社、2017)

초등학생도 이해할 수 있는 **세계사**

발행일 2024년 12월 10일 초판 1쇄 발행
2025년 2월 20일 초판 2쇄 발행
지은이 삐악삐악 속보
옮긴이 허영은
발행인 강학경
발행처 시그마북스
마케팅 정제용
에디터 최윤정, 양수진, 최연정
디자인 정민애, 강경희, 김문배

등록번호 제10-965호
주소 서울특별시 영등포구 양평로 22길 21 선유도코오롱디지털타워 A402호
전자우편 sigmabooks@spress.co.kr
홈페이지 http://www.sigmabooks.co.kr
전화 (02) 2062-5288~9
팩시밀리 (02) 323-4197
ISBN 979-11-6862-300-2 (03900)